U0919160

中小学职初心理教师百问百答

周瑾　李正刚　秦蓁　主编

文匯出版社

CONTENTS

目录

第二部分　学校心理健康教育活动 /53

第三部分　学校心理辅导室建设 /93

前　言

随着上海市教委对中小学心理健康教育工作的愈加重视，加之上海市中小学心理健康教育合格校建设的全面铺开，一些学校引进了新入职的心理教师，进一步充实了学校的心理健康教育的力量。这些职初心理教师，一部分是刚从高校毕业，一部分是从其他学科转岗过来，他们对学校心理健康教育充满热情，但都面临适应新岗位的挑战。受上海学生心理健康教育发展中心的委托，静安区承接了为职初心理教师岗位适应撰写培训读本的任务。

本书力图在学校全新的工作环境中，让职初心理教师通过讲述自己在工作、生活中的经历和故事，平静地梳理纷乱的思绪，在相互沟通交流之中，融释一切的苦恼和烦忧，使内心最终归于宁静和喜悦。

本书努力以百问百答的形式，从如何上好心理健康教育活动课、如何开展学校心理健康教育活动、如何做好学校心理辅导室建设、如何开展学生心理辅导和危机干预、如何开展家庭心理辅导、如何参与学校系统育人工作、如何促进心理教师自身成长等方面给予引导和点拨。本书有操作要领、有方法、有案例、有实践经验，针对性强，帮助职初心理教师适应现状、聚焦问题和促进自身成长。

首先，适应教育教学的现状。职初心理教师在工作岗位上需要了解学生内心世界、掌握心理调适、适应现实的学校工作环境；需要通过知晓职初教师普遍存在的问题，清晰明白自身在学校教育教学过程中所需的学科教学知识和相关专业知识、技能，进而能够顺利地与学生、家长、同事进行交流，架起心灵沟通的桥梁。

其次，聚焦多样性的服务对象。职初心理教师在把握学生的知识、能力、人格等方面的发展目标时，往往会存在许多困惑和问题。通过职初心理教师问题的分享，聚焦课程教学的关键点、日常言行影响、人格力量感染等教育要素，掌握必要的心理健康教育原则和心理卫生工作方法；迅速在学校、家长与学生的多维结构中科学、有序开展工作；正确对待学生的心理挫折，关心学生、帮助学生分析挫折原因并消除障碍。

第三，促进自身成长。“工欲善其事，必先利其器。”职初心理教师要提高教育教学质量，就要加强自己的教学能力，成为一个心理健康、自我形象良好的中小学教师。职初心理教师在情绪控制方面，面对不良情绪的反应要合理、适度；能够控制可能发生的冲动行为，化消极被动情绪为积极主动的建设性行动，善于调控自己的教学行为和日常生活；努力做一名有理想信念、有道德情操、有扎实学识、有仁爱之心的好教师。

在本书编写过程中，静安区中小学的骨干心理教师倾力参加了编写活动，本书也得到了上海学生心理健康教育发展中心、静安区教育局、静安区教育学院等领导和专家的支持与指导，在此一并表示感谢。

本书由钟向阳、杨红梅统稿，周瑾定稿。限于编者的水平，书中一定有不少差错和不足之处，敬请广大读者批评指正！

第一部分　中小学心理健康教育活动课

第 1 问　设计心理课主题和目标时需要注意什么

• 情景园

A 老师刚刚开始上心理课。学校给学生订了《心理健康自助手册》，但是按照教材按部就班地上课，总感觉少了趣味和“灵魂”。为了上好心理课，A 老师购买了各家出版社的心理教材，订阅杂志、浏览心理教师之家之类的网站，并且非常珍惜听课学习的机会。每次看到自己心动的好课，A 老师都会拿教案在自己的课上试上。可是她发现：有的教学设计看起来很好，自己上起来却总是“水土不服”，学生远没有自己想象中投入。有时候观察到学生中的一些普遍问题，想要放到课上讲一讲，又觉得无从下手，担心一不小心就变成了说教。所以，虽然每周只要备一个教案，却依然让 A 老师烦恼不已。

• 明镜台

选题和目标制定是上好心理课的第一步。区别于其他学科，心理课目前并没有课程大纲和课程标准。教育部印发的《中小学心理健康教育指导纲要（2012 年修订）》(以下简称“《纲要》”）中，学校“心理健康教育的总目标是：提高全体学生的心理素质，培养他们积极乐观、健康向上的心理品质，充分开发他们的心理潜能，促进学生身心和谐可持续发展，为他们健康成长和幸福生活奠定基础”。《纲要》明确指出，心理健康教育课程目标应该以发展性辅导为导向，注重学生健全人格的培养和潜能的开发，具体目标包括：培养学生积极的自我意识，培养学生健康情绪和情感，引导学生发现和发挥其潜能，建立个人和社会的和谐关系。在内容上，则可以分为学习辅导、人格辅导、生活辅导和生涯辅导等。

文件提供的目标和内容，给了我们选题的大目标和方向，但具体到每一节课上些什么，却是选择越多越烦恼：和学生成长相关的内容，似乎都可以放到心理课上。不过，换个角度想，拥有选题和制定目标的自由，也给了我们心理教师发挥创造力和研究能力的平台，这正是心理课的最大魅力。

• 智慧谷

1. 调查访谈，发现学生的“问题”

心理教师要善于观察学生，可以通过与学科老师交流、与学生访谈、做家长或者学生咨询、课上和课后观察、新闻媒体报道等途径了解学生此阶段正在发生的普遍现象和值得关注的问题。

如何确定这是不是一个普遍的问题呢？最好的方式是进行课前调查和访谈。需要注意的是，无论是课前匿名调查（学生可以自己选择是否实名），还是小组访谈，都是一个“了解信息”的过程，绝不是“批评教育”，更不能“秋后算账”。在尊重学生的基础上，才能够了解学生的真实状态。

2. 转换视角，理解学生的“需要”

从教师视角观察到的学生问题，往往是成年人价值观体系下的“问题”。而心理课需要做的转化，是看到问题现象背后学生的需要。比如，当我们观察到进入青春期后学生出于对性的关注、好奇和敏感而做出一些不得体的探索行为，在心理课上要做的不是给这些行为贴上道德的标签，而是和学生讨论如何看待“性”，并以合适的方式获取性知识；当我们看到部分孩子沉迷于追星或者网络游戏，我们需要理解学生在偶像和游戏背后的自我认同、成功体验的需求。制定心理课目标的过程，就是从学生的需要出发，搭建学生需求和社会要求之间的桥梁。

如何更好地理解学生的“需要”？理论学习可能是一个“捷径”。发展心理学、社会心理学、学习心理学等理论研究可以帮助我们更加科学地理解学生现象背后的心理发展机制，也避免心理课的目标受制于教师的个人经验，使之建立在更加科学的基础之上。同时需要注意的是，心理学是一个正在发展中的学科，很多理论和理念都在更新之中，我们需要不断学习、更新理论储备。

3. 聚焦目标，确定引导的方向

确定选题、理解需要之后，要聚焦并描述一节课的目标。目标决定了后续活动的选择和教师引导的方向。一个学生身上的现象可以从很多不同的角度进行引导，而一节课能够达到的目标是有限的，因此，一节心理课的目标一定要具体而清晰。

比如，“培养人际交往技能”是心理课常见选题，但是围绕“人际交往”的选题，有“学会欣赏”“学会包容”“学会拒绝”“换位思考”“主动表达”等多个主题，一节课的时间显然无法面面俱到，只能选择一二。而在“主动表达”的主题下，需要根据学生的情况将目标聚焦。比如，以学生中常见的“语言攻击”现象为例，我们可以聚焦语言带来的伤害，从预防校园欺凌的角度帮助学生区分“玩笑”和“嘲笑”，学习应对玩笑；也可以聚焦语言对人际关系的影响，鼓励学生使用正向语言来促进人际关系。从“微小”的角度切入，课才不会“泛泛而谈”。在描述课程目标的时候，需要具体，避免使用空洞的词汇。比如以“玩笑”为主题的课，可以具体到“了解每个人对玩笑的接受程度不一样，知道开玩笑时需要遵循的法则，学习用积极的方式去修正和应对生活中的玩笑”；而以“言语有温度”为主题的课，则可以具体到“觉察言语在人际互动中的影响，避免使用负面言语伤害他人；感受正向言语带来的积极影响，学习用言语给予他人支持”。

目标决定了后续活动的选择和教师引导的方向。小而少、具体清晰的目标，将便于后续活动的设计和课堂目标的实现。

本文执笔：上海市时代中学　朱雅勤

第 2 问 心理课的课堂基本环节有哪些

• 情景园

B 老师曾经是一位学科教师，因为个人爱好和学校工作需要，在接受了专业培训以后成了学校的心理教师。B 老师平时就擅长和学生交流，虽然她对胜任心理咨询工作很有信心，却对上心理课心里没底：自己上学的时候并没有上过心理课，工作后听过的心理课也屈指可数，还真不知道该怎么上。听说心理课要以活动体验为主，于是她就从团体心理游戏中选择了一些有意思的游戏给学生做。可是实践下来效果却不理想：游戏套游戏，学生参与积极但是分享发散，B 老师都不知道怎么收尾，一节课常常在吵吵闹闹中匆匆结束。

• 明镜台

B 老师的困惑在于：心理课该如何组织课堂环节？的确，心理课和其他学科不一样，不注重知识的讲授，而更注重学生的活动体验和经验分享。但是，过分追求心理课的“体验性”，就将心理课变成了游戏活动的堆砌，忽视了学生的经验分享，就会使得心理课流于形式，而不能够有效完成教学目标。游戏活动促进学生体验只是心理课教学方法的一种，讨论分享、互动交流、联系生活这些活动环节才是心理课的重点。

一节课的结构设定，就像一篇文章的构思或者一部电影的编剧，在表达上纵然千差万别，却也有很多共性：环环相扣、首尾呼应、留有余味，让人有代入感和共鸣。通常，好的心理课是结构清晰的：首先，每个环节的活动都指向教学目标的分步完成。一节课的教学目标一以贯之，各环节活动之间有统一感。其次，环节之间逻辑顺畅、过渡自然。课的结构要符合学生的认知规律和习惯，如从感性到理性，从过去到将来，从自己到他人（或者从他人到自己），从态度认同到行为习得等。最后，课堂整体节奏得当。在一节课中有动有静、有体验有反思、有悬念有起伏，能够在 40 分钟的时间里抓住学生的注意力，让学生有投入有收获。课堂教学的三个主要环节——导入、展开、结束，各环节活动设计需要教师费更多思量。

• 智慧谷

1. 导入环节：热身破冰，激发兴趣，引入话题

和其他学科一样，心理课的导入环节很重要：时间不能花费太多，又要在短时间里吸引学生的注意力，激发学生参与的积极性和兴趣。

心理课通常用“热身活动”或者“破冰活动”来进行导入，其目的是让学生尽快兴奋、活跃起来，积极地投入到接下去的各种形式的活动中，尽情参与和开放自己。为了达到这一目的，我们往往通过一些小游戏或者互动讨论让学生身体、思维或者言语“动起来”。为了顺利衔接导入后续主题活动，在选择、设计导入游戏的时候可以做些主题融入。比如，讨论“考试焦虑”的课前用“抓手指”的游戏进行热身，其指令关键词可以设定为“考”——听到“考”字就要抓和逃，这既可以让学生兴奋起来，又可以在游戏分享中引出“紧张”等和考试相关的情绪，更可以通过“游戏中，听到‘考’字时你体会到了怎样的情绪？在现实生活中，考试来临时你会有怎样的情绪？”这样的提问顺利衔接进入考试相关的主题。

当然，导入活动的形式需要视课的主题和后续活动的形式而定。有的主题需要学生活跃起来，而有的主题可能需要让学生静下来。游戏往往能够让学生兴奋和活跃，而冥想放松、故事、歌曲、影视短片则可以创设情境，让学生进入和课的主题有关的思考，也是非常好的导入方式。

2. 展开环节：呈现问题，讨论分析，领悟习得

心理课的教学模式和教学方法比较丰富，如何促进学生的领悟习得最能够体现教师的创造力。在主题展开的过程中，教师一般采取情境体验、游戏体验、案例讨论、角色扮演等形式，引导学生参与、体验、感受和领悟。一般来说，展开

环节会设计 1—3 个活动，逐步进行问题的呈现和分析讨论。

以讨论学习动机的《为学习加油》一课为例，展开环节包括：通过冥想活动引导学生回顾学习历程、评估表达当前的学习动机水平；通过兴趣班学习的案例讨论思考不同的动机对学习带来的影响，强化学生学习经历中的积极体验。在展开的过程中，教师用到了情境体验、社会计量、调查结果分享、案例分析讨论等丰富的活动形式，推动话题的层层推进。

3. 结束环节：回顾反省，计划展望，祝福激励

结束环节必不可少，否则一节课就会“虎头蛇尾”“戛然而止”。好的结束活动能够巩固教学效果，给学生留下回味。心理课的结束通常不必像学科教学那样对所学知识进行归纳与总结，在形式上可以有很多创意和选择：可以引导学生回顾刚才进行的讨论和活动，以个人或者小组的方式分享本节课最有感受的部分；也可以引导学生结合本课活动对课后（未来）进行规划和展望，促进课堂上的领悟在生活中的延伸。

由此可见，心理课课堂环节只是一个大的结构框架，在活动设计上给教师留有充分的弹性空间，这也正是心理课的魅力所在。

本文执笔：上海市时代中学　朱雅勤

第 3 问　怎样设计符合学生兴趣的心理课

• 情景园

同行前辈告诉C老师：心理课要从学生的需要出发，要注意观察、了解学生。学校领导也语重心长地告诉C老师：希望心理课能够聚焦学生中的“真问题”。因此，C老师很注重观察学生，也常常在办公室和老师们讨论学生的问题。所以，C老师的选题很贴近学生的实际，比如青春期交友问题、师生关系问题、亲子沟通问题、学习习惯问题、时间管理问题……可是，让C老师感到不解的是，这些选题明明都是“热点”，学生参与兴趣却是寥寥，参与发言的学生很有限，有时候甚至成了老师一个人唱“独角戏”。这让C老师感到很受挫，是选题出了问题，还是活动设计有问题呢？该怎么设计符合学生兴趣的心理课呢？

• 明镜台

我们常常说，心理课“参与越多，收获越多”，激发学生的主动参与，有两个基本条件：选题目标符合学生的需要（有意义），活动设计符合学生的兴趣（有意思）。

在选题上，C老师注重观察学生，从学生的问题出发进行选题，是一个非常不错的视角。但是，学生的问题到底是“学生困惑的问题”还是“老师困惑的问题”，却是需要仔细甄别的。老师观察到的问题，往往是学生不符合我们的期待和要求的“问题”，比如：青春期两性交往过密、学生对师长不够尊重和理解、学习动力不足、习惯散漫……而学生困惑的问题却可能是：两性交往中的绯闻和同伴压力、师长的高要求和不理解、学习中没有成就感和乐趣……在同一个“问题”

上，学生的“需求”和老师的“要求”并不一致，而我们心理教师需要在发现学生的“问题”后，判断学生的需求所在，增加对学生问题的接纳和理解，共情到位，话题的意义才更能够被学生接纳（更多建议参见本书《设计心理课主题和目标时需要注意什么》一文）。

活动设计是否符合学生的兴趣，也是影响学生课堂投入度的一大因素。以下将重点说说关于活动设计的建议。

• 智慧谷

1. 多一些学生分享，少一点教师讲解

心理课的价值取向不是认知，而是经验的、活动的、生成的。因此，在课上，我们要尽可能多地让学生分享自己的经验，而不是教师给予学生以经验。教师适度自我表露，可以拉近与学生的距离，并给学生示范。比如，有关青春期异性交往的话题比较敏感，学生会有一些戒备，老师分享自己少年时期的情感故事可以很好地促进学生的分享，也可以暗含一些“过来人”的经验。但是，教师的分享只是学生的借鉴参考，而不是权威，否则学生就会压抑自己的表达。学生是课堂的主角，教师自我定位于在学生分享的基础上做适度引导、提炼和总结即可。

2. 设计全员参与的活动，让每个学生都有表达的空间

以班级为单位的心理课需要面向全体学生，重视个体差异，才能更好地引导他们。在班级中，有的学生外向、表达能力强、乐于公开表达观点和分享经验，有的学生内敛、不善于表达、不愿意公开发言，为了让所有学生都能够有积极主动参与学习和活动的机会，可以设计个别活动、小组活动、集体活动等环节，还可以设计绘画、书写、操作等非言语表达的环节，让不同层次和特点的学生都有参与的机会。比如，组织“怎样的男孩女孩更受欢迎”的活动，可以先请学生自己在纸上写出受欢迎的男孩女孩的特质，再做小组讨论汇总，最后进行班级的交流，就能够保证每一个学生对该讨论都有不同的参与。而在分享“心情不好怎么办”的时候，可以提供给学生写一写、画一画、说一说、演一演等不同的表达形式，增加活动的趣味。

3. 活动设计有新意，适合学生的年龄、心理特点

人的注意力有“喜新厌旧”的特点，如果教师在课上总是组织同一种形式的活动，学生渐渐就会失去兴趣。所以，心理课常常需要“玩”点不同的，让学生保持新鲜感。当我们用到心理课的经典游戏或者活动时，教师需要根据学生水平和目标进行调整和改编，使之更好地符合学生的年龄特点。若活动形式明显低于学生年龄层，学生会觉得“太幼稚”而失去兴趣；当活动形式超过学生年龄水平，学生会因为“太难理解”而放弃。比如，时间管理课程中为了让学生明白“重要的事情优先做”，会用到“石头、沙子和水”的活动，对于高年级的学生，可以直接呈现情境，但对于低年龄段的学生则由教师做实验演示或者请学生动手操作更好。融入教师的创意，根据学生特点改编、设计活动（而不是简单照搬经典活动），也可以避免学生在小学、初中、高中不同阶段心理课中遇到同一个活动的尴尬局面。当然，有一些经典活动（游戏）或者素材（绘本、动画短片）在不同年龄阶段都适用，但教师在提问引导上需分层，使之符合学生的认知水平。

总之，心理课的活动设计关键仍然是“从学生出发”，尊重学生的年龄、认知、个性特点，尊重学生的主体地位。当我们用有意思的方式探讨对学生有意义的话题，就一定能够激发学生参与的热情。

本文执笔：上海市时代中学　朱雅勤

第 4 问　怎么吸引学生投入心理课、体验活动

• 情景园

这是 Z 老师成为心理教师的第三个年头，前两年她认真思考、精心备课，终于将七年级心理课的课程体系建立起来，可最近她又碰到了新问题：同样的话题、同样的活动，好像激不起学生的兴趣，在专用教室上课情况还好些，如果碰到特殊情况，在教室上课就会发现有些同学参与度不高，还在心理课上做其他学科的作业。当 Z 老师发现学生上课走神、注意力不集中的问题之后，她询问原因，可同学们却支支吾吾……Z 老师课后找了几位同学来咨询室坐一坐，聊一聊，她发现其实学生对心理课是很有热情的，学生们觉得心理课能让他们放松，但有时候讨论的话题却不是他们感兴趣的……Z 老师恍然大悟，陷入了沉思。

• 明镜台

心理课和其他学科不一样，它强调学生的自我探索和自主成长，而这一切都建立在课堂的活动体验上。因此，让学生投入到心理课的活动中去，非常关键。Z 老师的学生在有些课程当中表现出参与度低、兴趣不大的原因可能有以下几个方面：

1. 不够了解学生，教学话题的选择不适切。Z 老师在前两年的教学工作中将重心放在了教材和资料的学习与准备上，但对所教初中生的年龄特点、心理期待、关注的热点和需求了解得比较少，有些课没有从学生的实际需要出发去做选择和调整。比如，以前的学生会因为自身外在的缺陷而不满意或者自卑，但现在的学生却发生了改变，他们对自己的外形的接纳度比较高，甚至觉得自己很帅、很漂

亮，那么再去跟他们讨论接纳青春期的外貌自我就显得没那么必要了。

2. 在合适的话题之下，活动形式的设计没有考虑到让每个学生“动”起来。心理健康活动课的命根子在于动。精心设计好活动形式是辅导成功的关键。如果心理教师自己成为课堂的主体，或者太过注重知识的传授和灌输，而少了学生的参与，少了学生团体内部的交流和互动，也会降低学生的学习兴趣和学习动机。在教室里上心理课，的确会降低学生的学习效果，因为传统的秧田式座位不能为学生活动创造有利条件，也不利于学生间的互动。

3. 课程从标题到形式，再到内容和素材的选取缺乏新意。同样一节课，标题“友谊的价值”就不如“人际大富翁”有趣。同样的故事、同样的活动带给不同届的学生，会带来不同的效果，特别是如今信息技术飞速发展，学生所获取的知识和信息也在迅速地更迭变化，如果还拿几年前学生追的星，比如 SHE、飞轮海和今天的学生讨论、分享，他们一定都没有听说过。与学生的生活缺少连接，那么这节课就会变得空洞乏味。

• 智慧谷

根据以上原因，如何培养学生对心理课的学习动机，让他们投入到心理课的体验活动中来，我们有以下一些小建议。

1. 建立良好的师生关系和民主型的互动方式

师生关系是影响心理辅导的主要因素之一。教师的互动风格是所有影响班级环境的因素中作用最大的。如果教师的辅导倾向于对学生的接纳、认同、赞赏、协助等“民主型”，学生团体活动的参与就会表现出积极、自发、主动、合作等态度，也乐于为团体的发展贡献力量。在心理课程的开始，就要将营造心理课安全温馨的学习环境、建立良好的师生关系作为重要教学目标。

2. 了解学生，确定适应学生发展的主题和话题

备课不仅要备教材，而且要备学生，且要根据学生的变化不断调整。我们可以通过日常观察、访谈、聊天、小型座谈、问卷调查等方式，了解学生希望学习什么，他们现阶段的困惑是什么，他们希望解决什么问题，他们关注的热点有哪些，喜欢哪些活动形式……我们也可以从班主任老师和年级组长那里，了解学生

现阶段成长中需要提供哪些方面的助力，然后分析收集来的素材，与教材相结合，找到那些共通的联结点，选择主题，再在主题之下切分小而精的话题。当方向找准了，心理课不仅有趣，而且有效。

3. 精心设计，让教学的每个环节都充满新鲜感

（1）将有意义的标题变得有意思。好的标题能调动学生参与，引发思考，比如："兔斯基变'行'计"，"向左走、向右走"，这些标题看着就很有趣，也不是一眼就能看明白，为整节课设置了大大的悬念。

（2）活动形式有新意、有动感。心理课的活动形式非常丰富，有冥想、绘画、游戏、竞赛、辩论、角色扮演、情景体验等方式，要善于运用多种形式，并能加以改造，变成适合相应年龄段、服务本话题的方式。

（3）素材的选择要多样、新颖。我们一般会选择绘本故事、视频资料、新闻事件等作为教学素材，有些素材具有典型性，可以经常使用，还有些素材具有时效性或时代性，就需要用更新颖的进行替代。

（4）座位形式、分组方式多样化。学生之间互动方式的变化也可以带来新鲜感和趣味性，我们可以根据课堂内容的需要安排不同的座位，集体活动可以安排环形或马蹄形、辩论可以安排矩形，心理剧可以安排剧场形，分组讨论可以采用梅花形，当然分组讨论的组员也可以发生改变，不建议分组之后座位一成不变，如果每次课都是和一些老面孔合作、讨论、分享，会限制心理活动的互动性和趣味性。

本文执笔：上海市育才初级中学　丁蓉

第 5 问　怎么促进心理课中学生进行情感分享

• 情景园

入职 5 年的 D 老师在准备一节挫折教育课。在备课的过程中，D 老师发现，这节课至关重要的点在于学生乐于并敢于说出自己的挫折经历，并分享自己的成长感悟，让全体同学在分享和聆听同伴的成长故事时，加深对挫折的积极体验。

在接下来的几次试教中，D 老师发现让学生开放分享真不是件容易的事情。挫折事件本身往往暴露了自己最无力的至暗时刻，许多学生觉得难以启齿。在课堂上让学生写下挫折事件时，有一部分同学敷衍地写下“考试没考好”之类的短语，还有一部分同学干脆什么都没写。学生这样的反应让 D 老师不知所措。接着 D 老师开始陷入沉思：为何这样一节设计精巧、主题动人的课会激不起学生的共鸣，不能让他们高度卷入地开放分享呢？是不是忽略了一些细节的处理，忽略了学生的情感发生过程？

• 明镜台

心理课上，让学生联系自己的生活实际，分享生活事件和情绪感受，是再常见不过的教学方式了，每一位心理教师都希望学生能敞开心扉，开放分享。可为何不论什么主题的课堂中，让学生开放分享较难做到呢？我想原因可能有以下几方面。

1. 心理课堂氛围还不够安全。心理课要遵循相容性原则，相容性体现在师生、生生之间人格上的平等、情感上的相容，创造出无拘无束、畅所欲言的氛围，形成师生、生生之间最佳的“心理场”。安全的课堂氛围，可以让学生打消顾虑，不用担心同伴的议论、嘲笑，不用担心老师的评价。

2. 情境的创设还不够自然和具体。心理课要以个体的经验为载体，就必须遵循体验性原则。因此，在课程设计中要充分考虑这些体验，通过创设一定的情境、营造一定氛围、提供一定的时空来实现。

3. 分享的方式过于单一。当分享方式仅局限在大组的集体分享时，一方面学生承受的压力较大，另一方面也会削弱课堂的趣味性，学生的注意力容易涣散，不利于全体学生参与分享。

4. 学生分享之后得不到恰当、积极的反馈。每个人都希望自己的分享被听到、被看见、被肯定、被珍惜，如果来自教师或者伙伴的反馈是积极的、恰当的，会让分享者增强自信，会让倾听者产生共鸣，激起分享自己经验的欲望。

• 智慧谷

对于D老师的困惑，我们有以下一些小建议。

1. 营造心理课堂的安全氛围。我们在心理第一课中就可以明确心理课的课堂约定：真诚、倾听和分享，并在每一节心理课中强调。如果遇到较多分享学生成长经历的主题时，可以在课前再次郑重约定，我们可以这样说："这节课上，我们会分享许多故事，有些是我们自己成长过程中的故事，所以希望大家能遵守我们心理课的约定，真诚地讲述故事，并做到认真倾听、不评判、不议论，开放分享。另外，我希望大家将所有的故事都留在心理课堂上，课后不再做互相的讨论。"

2. 教师真诚、自然的自我暴露。在学生分享成长故事前，心理教师讲述自己的成长经历，将学生看成自己人，一方面可以降低学生的心理防御，另一方面学生从教师那里学会了如何分享。例如，D老师可以先分享自己在初中阶段遇到的一个挫折事件并写下来，字大醒目地贴在黑板上，然后再让学生分享。

3. 分享的内容和要求的设置要有限定，PPT呈现有条理。举个例子，D老师想让学生分享自己的一个挫折事件，如果我们换个讲法："现在请大家回想一件过去发生的，令你印象深刻的困难或挫折事件。（可以是当时处理得不错的，或是现在你可以平静面对的，可以是学业上的、与人相处的，也可以是能力提升等方面的。）"我们会发现第二种讲法更能带入我们的思考，而且这样的限定避免了学生的自我防御，将分享的内容从挫折故事转变为让自己面对挫折的成功经历。另外，在 PPT 呈现具体要求时，不建议以一大段文字的形式出现，建议以多行的短句或关键词的方式呈现，简洁明了，方便学生理解。

4. 分享的方式多样化。常见的分享方式有小组分享和集体分享。集体分享的效率最高，但不适合一开始就使用，在此之前可以先自我体验、小组分享，在小组分享中让组员推选出有共鸣的或者典型的案例再进行集体分享，这样会大大减轻集体分享者的压力。

5. 反馈要及时、到位、感同身受。想要分享促分享，分享之后的反馈就是架构起一个个分享的桥梁。如果学生得到的反馈只是“好”“你真棒”“我能感受到你当时的感受”之类的话语，那他会觉得比较空洞、没有被认真对待。建议教师反馈可以分这样四步：第一步，共情，理解他当时的处境；第二步，肯定，不论是他上台来分享的勇气，还是他当时的处理，或是此时的感悟；第三步，提炼，提炼他有效的应对方式，总结学生的人生感悟；第四步，补充，如有需要，补充其他的应对，拓展学生看问题、解决问题的角度。最后，我觉得还要留一些时间给倾听的学生，让他们发发声，让伙伴彼此看见，让课堂流动起来。

本文执笔：上海市育才初级中学　丁蓉

第 6 问　心理课怎么进入导入活动

• 情景园

工作第一年的 L 老师感觉心理课确实不太好上。就拿每次课的导入环节来说吧，每次备课时总是绞尽脑汁去找一些既能让学生尽快活跃起来，又贴合主题，能够自然而然推进活动过程的热身活动。但怎么可能每次都找到跟主题贴合度高的热身活动？而且有时候即使有一个很合适的热身活动，也不一定能在课堂中很好地发挥作用。学生就觉得好玩、热闹，最后形式漂亮的热身活动反而冲淡了辅导的主题。有时一些学生感觉热身活动很幼稚，就一点都不认真参与，既浪费了时间，又没有达到预期的效果。心理课要怎么进入导入环节才比较好呢？

• 明镜台

L 老师对于活动的设计非常用心，光是导入环节就动足了脑筋。而他感到设计导入环节困难，有时热身活动吸引不了学生的参与，这些问题的出现可能有以下几个原因。

1. 误以为导入的形式就只有热身活动。话题导入是教学过程的重要环节，心理课话题的导入环节不仅能牢牢吸引学生的注意力，激发他们参与课堂的兴趣和积极性，而且能创设轻松、温暖的心理氛围，顺利过渡到相关的辅导主题，帮助学生迅速进入角色，积极参与接下来的各类活动中。话题导入的形式多种多样，而热身活动只是其中一种。热身的本质是“启动”，让学生兴奋、活跃起来，它是一种预备状态，热身活动也不局限于热身游戏，它可以是一个简短的游戏，一个感人的故事，一段触动心弦的音乐……如果在设计导入环节时，只想到采用热身活动的方式，或是认为热身活动就等同于热身游戏，那么可用的活动素材就很局限了，就会出现想不出活动的情况。

2. 热身活动设计时可能忽略了学生的实际情况。热身活动的设计除了最好能围绕教学目标，与主题有一定的关联之外，还需要考虑学生的年龄特点。比如，小学生好奇心强、好动、喜欢模仿，思维是直观、具体而形象的，因此在低年级阶段可以考虑做游戏、健身操、带动跳等方式；而根据中学生的心理状态、理性思维发展的特点，在高年级阶段可以采用一些有难度的游戏，并且要强化活动后的分享环节。

3. 在导入环节的活动上花费较多时间。课堂导入是教师通过简短的方法，引导学生迅速进入学习状态的教学行为方式，是要为课堂主题服务的，不能单单只为了活跃课堂氛围，更不能占用大量时间，喧宾夺主。如果在“启动”阶段耗费过多的时间，就有可能使之后的主题活动缺少分享与交流的时间，一节课最终变成只有热闹花哨的活动，没有情感的交流和思维的碰撞。热闹的游戏导入，学生固然玩得开心，但游戏过后可能降低学生对本节课的兴趣和重视程度。

• 智慧谷

关于心理课导入环节的开展，我们有以下几点建议。

1. 把握课堂导入的几个原则。“转轴拨弦三两声，未成曲调先有情”，为了确保活动效果，心理课堂的导入要遵循以下原则：（1）尽量全员参与，让每个学生“动起来”，有参与感。如果因场地等条件受限，难以做到全体参与，可以通过邀请其他同学担任观察员等方式参与到活动中来。（2）契合课堂主题，导入活动不是为动而动，应尽量选择与主题相关的活动，让学生的身体动，情感动，思维动，更快地进入状态，进入主题。（3）贴合学生心理，导入环节的设计符合学生的身心特点，贴近学生的生活和兴趣，以学生喜闻乐见的方式开展。（4）把握活动时长，一般以不超过 5 分钟为宜。

2. 采取形式多样的导入方法。在不断的实践中，同行们已经积累了许多经验和方法，概括起来有如下几种：

（1）游戏导入：在导入环节使用游戏能最大化地调动学生身体和大脑的兴奋

度。如在“倾听”主题的心理课堂，学生听老师的指令做出相反的动作或完成抓逃的动作，立刻就会兴奋活跃起来。

（2）案例导入：这里的“案例”是广义的，包含心理案例、心理故事、心理实验等。案例与故事要选取发生在学生身边具有典型性的事件，这样更容易引起学生的共鸣，产生兴趣。同时要对呈现的案例进行加工处理，避免对号入座带来的伤害。案例呈现的方式可以多样化，可以采用教师直接讲述法，或事先用录制好的片段或现场表演来呈现，或经过语言加工，用心情日记或信件的方式呈现在课件上。

（3）多媒体导入：通过图片、声音、动画、视频等多种媒体信息，为学生创设各种生动的情境，可以在观看前后提出与主题相关的问题，启发学生思考。

（4）调查导入法：结合课前在学生间所做调查的结果引出主题，或通过现场小调查所呈现的结果导入话题，也可以直接呈现一个他人所做的调查及相关数据。

（5）自我袒露导入：在请学生分享自己的经历之前，教师真诚地向学生袒露自己的经历和感受，既可以营造平等尊重的氛围，拉近师生的距离，又可以对学生有良好的示范作用。要注意的是，教师的自我袒露要适时、适度、不喧宾夺主。

除此之外，还有“提问导入”“开门见山”“引导回忆导入”等。不论采用哪一种导入方法，教师都应让学生在一种开放、平等、轻松、愉悦、和谐的课堂氛围中进入角色，开始活动。

本文执笔：上海市五四中学　唐晓岚

第 7 问　心理课一到游戏时间就刹不住车，怎么办

• 情景园

小张老师是一位入职不到半年的小学心理教师。她知道心理课强调学生的参与和体验，因此，常在心理课上设计很多游戏活动。学生们非常喜欢这些游戏，积极参与，热情很高，但是当小张老师宣布游戏结束，要开始接下来的学习环节时，学生们却停不下来，继续沉浸在游戏中，有时甚至到了下课铃声响起时才收尾，小张老师只能匆匆做个总结就下课了。小张老师非常苦恼：学生一到游戏时间就刹不住车，这可怎么办呢？

• 明镜台

1. 心理课强调互动与体验，开展游戏活动值得肯定。心理课是一种活动课程，强调参与性、互动性、体验性、情境性，借助团体互动，让学生在活动中去体验、感受，从而促进身心健康成长，游戏活动是心理课上常用的教学方式。小张老师心理课上的游戏深受学生欢迎，参与投入度高，这是值得肯定的。

2. 心理课不是游戏课，在游戏体验之后，还需深入推进。我们还要看到另一个非常重要的方面：心理课不等于游戏课，也不等于玩的课。游戏活动是心理课的重要环节，但心理课上的游戏不能只追求“学生玩得很开心”，“场面热热闹闹”。学生参与游戏、充分体验后，教师还要引导他们去感悟和反思，把游戏中的感受和想法与同伴交流、分享，把收获的经验沉淀下来，这样才能促进活动的深入开展，从而实现教学目标。这需要教师对一节课的教学环节和层次结构有整体的把握，动静结合，使学生在轻松愉快的氛围中得到自助、互助和提高。

3. 缺乏课堂管理经验，导致难以把控游戏时间。小张老师作为一名新手教师，教学经验有限，课前准备不足，课堂管理技巧欠缺，这可能也是导致她难以把控游戏时间的原因。

• 智慧谷

对于小张老师的苦恼，有以下一些小建议。

1. 根据教学目标和环节设置选择合适的游戏形式

要想清楚，在这节课的这个环节中，开展这个游戏的目的是什么，是破冰热身、引入主题，还是促进体验、引发思考？根据不同的目标，选择相匹配的游戏形式。如果是作为破冰导入，可以选择要求简单、容易上手的小游戏，时间控制在 3—5 分钟之内，目的是让学生兴奋活跃起来，积极投入接下来的活动。如果是围绕主题展开的游戏，是整节课的核心环节，那么就需要给学生留出充分的体验时间，并设计好游戏过程中的引导部分和游戏后的分享交流环节。总之，游戏活动是途径、是形式，游戏要围绕教学主题，促进教学目标的实现，避免“为了游戏而游戏”的本末倒置情况。

2. 课前做好充分准备，要对游戏过程“心里有数”

在备课设计游戏时，可以问问自己：这个游戏我玩过吗？我对游戏过程熟悉吗？我有没有清晰明了地呈现游戏规则？对学生来说，这个游戏的难度合适吗？他们大概需要花多长时间玩这个游戏？在过程中可能会遇到什么困难和问题？需要我提供哪些指导和帮助？在备课时就要充分预估学生的实际情况，对游戏进行优化调整，特别是当我们面对年龄较小的学生时。比如，降低游戏难度，给予必要的提示和指导，借助学生学习活动单促进游戏的开展，使用更结构化的游戏活动等等。

3. 尝试一些课堂管理小技巧，提高对课堂游戏活动的把控力

在游戏开始前，教师可以先说明流程环节，告诉学生我们先开展游戏，游戏时间是多久，游戏结束后还要进行分享发言、小组讨论、全班交流等，让学生有一定的心理预期，而不是戛然而止。游戏开始后，教师可以借助时钟、秒表、计时软件等工具，让学生清楚地看到游戏时间的提示，从而自我调整游戏进度。在

游戏过程中，教师要走到学生中巡视，看到有需要、遇到困难的学生，及时帮助指导；看到进展缓慢或落后的学生，可以提醒注意游戏时间。

本文执笔：上海市第一师范学校附属小学　曹琳珠

第 8 问　有些游戏活动，孩子们说以前上过，怎么办

• 情景园

最近 L 老师在上一节七年级关于注意力的心理课时，用了“抓和逃”的游戏作为热身活动。谁知刚说了活动的名字，就有同学表示这个游戏小学里早就做过了。其实这样的情况已经不止一次了，有时活动刚开始进行，就有同学表示这个游戏在其他课上别的老师也组织过，还有的时候曾经做过这个活动的同学会迫不及待地跟周围的同学透露做这个活动的“套路”。每当这时，L 老师既无奈又气恼，自己安排好的流程好像一下子被打乱了。可是活动就这些，总会遇到学生说做过的情况，该怎么办呢？

• 明镜台

在实际上课的过程中，心理教师确实会遇到学生说这个活动做过了，那个视频看过了的时候。每当这个时候，不光是学生的新鲜感减少了不少，连心理教师也会感到上课的热情低了不少。那么为什么会出现这样的问题呢？原因可能有以下几个方面。

1. 心理课的内容与其他学科的教学内容有所重合。以《道德与法治》学科为例，其课程目标中，有如下几条：感受生命的可贵，养成自尊自信、乐观向上、意志坚强的人生态度；学会调控自己的情绪，能够自我调适、自我控制；能了解青少年身心发展的基本常识，掌握促进身心健康发展的途径与方法……这些课程目标与教育部《中小学心理健康教育指导纲要（2012 年修订）》中所提出的心理健康的教育目标极其相同，这种目标上的一致性造成了课程内容、活动形式的

雷同。

2. 体验式教学方式逐渐渗透到其他的学科中。心理课强调学生个体经验，尊重学生的主体地位，以各类活动为载体，让学生获得体验与感悟。随着教学改革的不断深入，这种没有说教和灌输痕迹的教育方式被越来越多的老师接受。不光是其他学科的教学中开始运用活动体验的形式，主题班会课、夏令营活动、团建活动中，学生有越来越多的机会接触到这类有心理味的活动。而这些活动大多来源相似，难免出现活动雷同，甚至“撞车”的情况。

3. 游戏活动设计有难度，“拿来主义”更方便。心理课备课较为烦琐，要求心理教师有充足的活动储备，但是现有能用的活动总是有限的，特别是开课年级较多的心理教师，常常会感到第一年还有不少活动可用，但是第二年上下来活动资源就基本枯竭了。要自己挖空心思设计出符合主题的游戏又不是一件容易的事，老师们更习惯于在游戏辅导的参考书中或在各类培训中去获取活动的资源，当学到一些新鲜又有趣的游戏活动时，就会如获至宝，迫不及待想要学以致用。而各学段的心理教师各自为政，缺少交流，往往是一个活动你用我也用。如果直接采取“拿来主义”，没有任何改造，就容易出现千人一面的情况。

• 智慧谷

1. 了解其他学科中蕴含的心理教育的内容。心理教师可以有意识地去了解其他学科中心理内容的设置，向相关学科教师了解这部分课程的实施过程，思考不同学科之间相似教学内容的侧重点、实施方式的差异。最简单的办法就是将相关学科的教材借来，自己好好翻阅一下，做到知己知彼，心中有数，避免活动“撞车”。

2. 依据学生现有的认知水平和特点选择活动。活动的设计要考虑到学生现有的思维水平和接受能力，与学生的年龄特征相符。如果不分年级，不看对象，没有经过再加工、再改造，就将看来、学来的活动生搬硬套在自己的学生身上，就会有风险。同一个主题在理念深度的把握上，活动的设计上，要针对不同的年段而有所区别。

3. 新角度让旧活动玩出新意。心理课堂有很多经典的热身活动，我们可以在这些活动的基础上加以深挖和改进，此举比重新设计一个新活动要快且更为成熟。如“抓与逃”游戏，常见的用法只是最后询问学生成功抓住几次，有没有成功逃脱，由此来导入“注意力”“亲子关系”等话题。有一位老师对游戏后的常见提问进行改进，由此来导入“享受学习过程”主题的心理课。在游戏结束后，询问学生两个问题：你共听到多少个关键词？你能说出刚刚那段文字的大概意思吗？学生们往往只关注抓和逃的成功与否而忽略了过程。同样形式的活动，如果能给学生提供一个全新的思考角度，也能让学生有一种眼前一亮的感觉。

4. 主动邀请，不做失去兴致的旁观者。如果当堂课上有学生说做过这个活动，教师可以邀请其中某个同学来给大家介绍活动的规则，或邀请他们成为活动的记录员和观察员，也可以采访他们再次参加这个活动有什么新的感受，作为观察员有什么新的发现。这种主动的邀请可以调动那些参与过活动的同学的积极性，防止他们失去兴致而成为一个冷眼旁观者。

总之活动不等于游戏，如果我们能面向学生的生活经验，去发现他们的所思所感，去搜集那些小事件、小花絮、小矛盾……如果我们能紧跟时代的脚步，敏感地去捕捉海量信息中的各种信息和资源，那么活动的材料也会源源不断地涌现出来。

本文执笔：上海市五四中学　唐晓岚

第 9 问　心理课中是否要对学生进行引导

• 情景园

小刘老师是一位刚刚走上工作岗位的年轻心理教师，给小学四年级的学生上心理课。一次，在课堂上讨论“如何缓解生气情绪”这一话题时，有一位学生说，可以双手握拳用力地捶打桌子；另一位学生则说，生气时谁来招惹自己，就把气撒在谁身上。小刘老师此时不知该如何回应，心里冒出很多疑虑：不是说心理课上没有是非对错之分吗？我是不是应该理解包容，不加干预呢？但两位学生的发言确实不妥，如果我直接否定或者讲道理，好像又变成了灌输教育，那究竟该怎么办呢？

• 明镜台

小刘老师的疑虑，也是很多年轻心理教师经常遇到的困惑：在心理课教学中，当学生表达有误时，教师是否应该引导？有些老师认为，心理课上教师应保持价值中立原则，因此不敢引导；有些老师觉得需要引导，却不知如何恰当引导。

教育部印发的《中小学心理健康教育指导纲要（2012 年修订）》指出，心理健康教育的总目标是提高全体学生的心理素质，培养积极健康的心理品质，促进身心健康和谐发展。这一总目标决定了心理课作为开展心理健康教育的重要途径，是有明确的育人目标的，即培养学生健全的人格、良好的社会适应性和良好的心理品质。为了实现心理课的育人目标，尤其是面对未成年人学生，教师需要有价值观上的导向性。蒋薇美老师在《怎样上好心理课》一书中也指出，心理课“要注重价值导向”，“要引导学生建立积极、正确的价值观和人生态度，鼓舞学生走向光明人生”。[①] 因此，在心理课的教学中，需要心理教师对学生进行一定的价值引导。

• 智慧谷

当学生在心理课上表达有误时，教师可以用恰当的方式进行引导，以下建议供参考。

1. 坚持并强调“尊重生命”的底线原则

刘老师的课上，学生提到以用手捶打桌面的方式来缓解情绪，这是一种伤害自己的行为，明显违背了心理课促进学生身心健康发展的育人目标。这时，教师需要明确制止，防止该行为的持续或扩散，并需要向学生强调“尊重生命”的原则：在学习、生活、与人交往的过程中，既不能伤害自己，也不能伤害别人，这是每个人都要做到的。

2. 通过教师的及时反馈，对内容进行澄清

反馈可以更加清楚、真实地把学生的情感和观点反映出来。反馈要建立在对学生理解、尊重和接纳的基础上，用平等、商量的语气来提问。比如，当学生提到用伤害自己或向他人发泄的方式来缓解情绪时，可以问：“平时你是这样做的吗？当时你的感受如何？”学生可能回答会这样想，但没有做过。教师可以帮助学生做个澄清：“当你生气时，感觉身体里有一团火，一定要把它发泄出来才会舒服一点，是吗？”在反馈、澄清之后，再进一步引导学生自我反思、自我修正：“你很想对自己或对别人发泄，你觉得这种做法怎么样？有没有更合适的方法呢？”

3. 充分发挥心理课朋辈互助的优势，利用同伴群体的影响力进行引导

有时，学生并不认为自己的观点或做法是不恰当的，甚至班级里有些同学也抱有这样的观点，这时教师可以变被动为主动，把这一生成性的问题变为全班讨论的话题，引导学生充分地交流、表达、辩论。可以请其他同学说出自己的感受，讲述自己的想法，如“对于 ×× 同学的发言，你有什么想说的？”“如果你成了别

① 蒋薇美. 怎样上好心理课[M]. 上海：上海科技教育出版社，2016.

人生气的发泄对象，你是什么样的心情？有什么感受和想法？”“如果看到自己的好朋友这样做，你想对他说些什么？”也可以和全班学生一起，围绕不当表达，共同探讨某个做法可能造成的后果和影响，如：“如果我们用这样的方式来处理情绪，可能会给自己和周围人带来什么影响？”通过同伴之间观点的碰撞，引导学生深入思考，并做出调整。

4. 个别学生需要教师在课后持续关注

如果心理教师发现个别学生在某个问题上有严重的固执、僵化，或者有明显、激烈的情绪反应，还需要在课后对其持续关注，如有必要，可进行个别辅导。

本文执笔：上海市第一师范学校附属小学　曹琳珠

第 10 问 心理课如何兼顾形式活泼与体验收获的平衡

• 情景园

刚刚入职的 B 老师，成了一名初中心理教师，心理课是她工作的主要阵地。她很花心思，本科期间所学的团体辅导课程给了她许多灵感，她非常喜欢将一些团体游戏带入课程，一方面游戏可以激发学生的学习兴趣，另一方面她希望学生在游戏中有所悟、有所得。如她所愿，学生们玩得很开心，课堂也很热闹。但每次一到游戏之后的分享环节，学生沉默，课堂氛围一下子冷却下来，感觉游戏与分享之间有一道难以跨越的鸿沟。B 老师心里浮现出了一系列问题：如何将团体游戏的功能最大化？如何让学生在游戏体验之余，能够多一些体验与收获呢？

• 明镜台

游戏体验是心理课中经常使用的教学形式，它轻松活泼，学生的参与度高，特别适合小学阶段和初中低段。B 老师在课程实施时遇到游戏和分享之间不能很好地衔接，课堂热闹有余但体验收获不足的原因可能有以下几点。

1. 游戏设计的意图或目标不够突出。游戏环节是为了整节课的目标服务的，如果在进行游戏设计时只考虑游戏的形式怎么有趣，而忽视了游戏活动的意图，则可能会弱化学生对游戏的核心体验，活动之后会出现学生天马行空、不着边际的分享，学生的体验收获会大打折扣。

2. 从游戏到分享之间需要时间，需要耐心地静静等待。B 老师因为刚入职，习惯将课程准备得满满的，当课堂中出现短暂的冷场时，会有些慌张和尴尬，这很正常。但学生从参与游戏到游戏后的分享，还需要经过回顾、回味、总结和感悟的过程，它需要一点时间，对于有些班级的学生可能需要的时间更长，需要教师的引导、激发更多。

3. 分享环节的问题设置不恰当。游戏设计精巧、要求描述明确之后，我认为分享环节的问题设置是最值得好好推敲和设计的，它对学生的游戏体验及收获的质量起着决定性的作用。如果问题设置得太宽泛、层次太浅或太深，有可能会出现学生不知道该说什么，或者说的都是空洞的大话，而非自身的个人体验。

• 智慧谷

根据以上原因，小 B 老师应该怎样调整，让自己的课程形式活泼、受学生欢迎，又能让学生有收获、有成长呢？不妨试试以下几个小妙招。

1. 紧扣教学目标，思考活动意图，设计游戏环节。游戏活动是为教学目标服务的，一个小活动一般对应一个教学目标，大型游戏对应 1—2 个教学目标，当目标确定之后，调整好游戏的难度和形式。比如在设计“谁最大牌？”这个游戏时，游戏的意图是让学生有大局意识，意识到团体内部信息的共享可以有效促进合作。这个跟扑克牌有关的活动本身需要一点脑力，因此在给初中生做活动的时候，难度可以适当降低，这样可以让学生体验到完成这项任务，最需要的是大局意识与合作，避免其他因素的干扰。在形式上，所使用的教具越简单、越醒目越好，形式太烦琐，也会让游戏目标不够突出，流于形式。

2. 教师要从容笃定，信任学生的真实感受。心理教师的这份从容笃定从哪里来？我觉得来自教师自己对这个活动的体验与感受，如果这个游戏连教师自己都没有参与过、体验过、思考过，则很难将一个好的活动带给学生。所以，活动设计中教师也可以玩一玩、想一想，在课堂上也能让学生充分地玩一玩、想一想，我们的感受大同小异，相信学生有感受，就像相信自己一样。

3. 巧用 4F 提问法展开活动分享。分享环节的问题要精心设计、由浅入深、由表及里。4F 提问法就是一个非常好的提问工具，下面就用学生观看视频 *A true story*（关于 free hugs 的由来）之后的提问分享，举例说明这 4 个 F 分别是什么。

（1）Fact——我看到。具体问题如：在这个视频中你看到了什么？学生可以分享他所有的看见、发现，这个问题的目的是让学生重新回顾学习材料或者游戏过程，让学生再次卷入刚才的经验。

（2）Feeling——我感觉。具体问题如：看到视频中的陌生人热情相拥，带给你什么样的感受？或者可以问，你印象最深刻的场景是什么，带给你什么样的感受？这个问题进入感受的层面，让学生觉察到自己的感受，进入情感体验。

（3）Finding——我认为。具体问题如：你认为是什么让这么多人都愿意卷入这项 free hugs 的运动？或者是什么让这个拥抱活动发生了变化，从没有一个人参与，到后面一万个人参与？这个问题将学生带入理性思考的层面，思考和领悟核心观念。

（4）Future——我将来。具体问题如：如果有人邀请你加入 free hugs，你会接受吗？让我们一起在班级范围内体验一次吧。最后一个问题指向未来，指向实际的行动，便于将内在认知转变为外化的行动，达到心理课改变行动的目标。

本文执笔：上海市育才初级中学　丁蓉

第 11 问　心理课怎么兼顾学生的共性成长与个性发展

• 情景园

赵老师从事心理教师的工作已经两年多了，他知道心理课要面向全体学生，着眼于发展性目标，在课堂上他会和学生一起探讨成长中的共性问题。但他在平时教学中发现，不少学生有自己的特殊需求。最近，赵老师在思考：在心理课教学中，心理教师在关注所有学生共性成长的同时，如何去兼顾个别学生的个性发展？两者之间应该怎么协调呢？

• 明镜台

1. 心理课的目标定位决定了在教学中要满足学生的共性成长需要。正如赵老师所言，心理课的课程目标定位是面向全体学生的发展性心理辅导，是为全体学生服务的，我们在设计教学内容时要考虑到全体学生的共同需求及共性问题，在活动安排上也要做到全员参与，这是心理教师在执教心理课时必须遵循的原则之一。

2. 学生的共性成长与个性发展，教师要平衡兼顾，避免顾此失彼。学生的共性成长与个性发展，两者之间并不矛盾。在满足学生共性成长需要的基础上，教师也要兼顾个别学生的需求，比如，学生有自己独特的性格特点，有自己想要解决的问题，也有自己想要提高发展的方向。

当然，在关注全体学生的同时，又要帮助到个别学生，而且这种帮助还应该是不露声色、不留痕迹的，这对年轻教师来说是一个很大的挑战，非常考验教师的自身素养、专业化水平和教学能力。如果不能很好地平衡这两方面，往往会造成顾此失彼的结果。

• 智慧谷

对于如何在心理课教学中协调学生的共性成长与个性发展，有以下几条建议供参考。

1. 营造良好的课堂氛围，尊重学生的主体地位

心理课的课堂氛围应是安全、接纳、温暖、友善、和谐、宽松的，要建立好尊重、平等、民主的师生关系和生生关系，激发和调动学生的自觉性和积极性。心理课上的发言没有“标准答案”，教师要鼓励学生讲真话、实话，不说空话、套话，让学生有话可说、有话敢说，真正做到“言为心声”。在这样的关系和环境中，学生才能敞开自己的内心世界，充分表达和呈现个人需要，并在互动中完成自我探索和自主发展。

2. 主动发现个别学生的需要，并给予关注

（1）课前备课时，教师要充分了解学生，不仅要了解整个班级、整个年级的教学对象的心理特点、困惑和期待等，还应了解哪些学生可能有具体问题和个别需要，在备课时就把这些因素考虑进去，看看能否在达到教学目标的同时，也回应到个别学生的需要。

（2）课堂教学中，在条件允许的情况下，教师可以有针对性地为个别学生主动创造机会来满足他们的需要。比如，在“化解同伴冲突”主题的角色扮演中，就可以邀请经常与同学发生矛盾的学生参与进来；也可以把某个经常打电子游戏的学生的典型案例适当加以改编，成为讨论“手机管理”主题时的素材。这些做法都会对当事人产生较大触动，能够启发他们对自身问题的深层次思考和领悟。

3. 精心设计活动形式，为学生的自主创造和个性发展提供空间

（1）教师要创设活动，让学生能充分、真实地表达自我。可以多开展游戏、故事、情景体验、角色扮演等活动，有效调动学生的参与性，让学生更好地敞开心扉，真实地表达自我，发现解决问题的办法。教师可以多组织小组讨论，让学生有机会更充分地表达自己的想法，也更能获得同学的真诚关注，这样自主性也能得到增强。

（2）教师可以设计个性化的心理课作业。心理课有时还需要教师布置适当的作业，教师在设计心理作业时，可以将口头作业与笔头作业相结合，鼓励学生尝试绘画、书写、音乐、舞蹈、摄影、戏剧等多种形式，学生可以有一定的弹性选择空间，可以用自己喜欢的方式来完成作业或作品，这也是给学生展示个性、施展才华的平台和机会。

本文执笔：上海市第一师范学校附属小学　曹琳珠

第 12 问 怎么评估心理课的有效性

• 情景园

心理课的课程目标是以全体学生的发展性心理辅导为导向，注重每个学生健全人格的培养和潜能的开发。既然开设了心理课，就应该在学生自我认识、社会适应、人际交往等方面带来某些变化，产生一定的效果。王老师每次备课确定教学目标时都会心存疑惑，通过短短一节课的时间，教学目标的完成度到底如何，有没有给学生带来帮助，能带来多少帮助，能不能促使学生在上述这些方面发生积极的变化，心理课的学习效果如何评估……这些问题总是萦绕在王老师的心头。

• 明镜台

王老师是一位非常善于反思的心理教师，他的疑惑也是许多心理教师共同的困惑，这可能有以下几个方面的原因。

1. 缺少评估心理课学习效果的评价工具。从理论上来说，每一个教学活动都可以从“过程”和“效果”两个方面来进行评价，心理课的教学当然也不例外。心理课的过程评价，主要是针对教师部分，从活动的目标设置、内容设计、教师专业能力等多个方面给予活动本身的评价。而心理课的效果评价，主要以学生的反应及其认知和行为的改变作为评价依据。过程的评价主要看设计与操作，往往一目了然，具有可量化的指标，也形成了一些业内普遍认同的形成性评价工具。如心理健康教育课评价表（蒋薇美），中小学生心理辅导课形成性评价表（钟志农）等。而学习效果的评价涉及个人身上产生的实际改变效果，很难客观地去衡量和评价，衡量标准也是见仁见智，因此目前仍没有一个比较统一、各方基本认同的评价标准，缺少一套科学的、被普遍认同又能相对稳定地应用于各种不同对象和场合的评价工具。虽然也有辅导教师通过前后测对比的方式去判断活动的有效性，但是因为统计烦琐、耗时耗力，即使是专职心理教师也常常望而却步。

2. 对心理课学习效果的即时呈现抱有较高的期待。个人的成长是一个漫长的动态变化过程，认知的改变和行为的变化也并不是完全同步的，在此期间还受到家庭、学校、社会许多复杂因素的影响，不可能一蹴而就。心理课学习效果的评价具有滞后性的特点，我们很难在一节心理课后当即对学习效果进行评估，更不能期待用评价文化课教学目标达到与否的标准去衡量心理课的目标达到程度。

• 智慧谷

正是这些客观的原因，使得我们在评价心理课学习效果时遇到了一些困难，这可能就是王老师感到困扰的原因所在。但是这并不意味着我们无法去评价心理课学习的有效性。也许我们可以从以下两个方面做一些尝试。

1. 注重活动过程，以观后效。对于学生认知和行为的改变不必追求立竿见影的效果，而要多关注学生参与活动的过程。学生对于活动的关心度如何，有没有带着责任感和兴趣积极投入活动，有没有在活动中袒露真情、坦诚交流、浓浓分享，这些都是评价一节心理课当堂效果是否明显的指标。此外，温暖、安全的团体氛围，平等、和谐的师生关系、生生关系也是体现学习效果的重要内容。我们相信，一堂心理课只要活动过程规范，扎扎实实，符合团体动力发展规律，那么它的辅导效果就是可以预期的，学习效果最终也能慢慢显现出来。

2. 收集反馈信息，评价学习效果。心理课学习效果的评价主要基于学生的信息反馈，具体的方法有如下几种：（1）问卷法。可在班级或年级内对学生进行辅导效果的问卷抽样调查，调查问题的设计可以根据不同的辅导目标和对象进行调整。（2）观察法。对学生的情绪变化、态度及行为的表现进行现场观察，也可以在课后对学生的生活、学习、行为习惯、人际关系等方面的改变程度进行跟踪观察。虽然观察法一目了然，形象直观，但是观察结果易受主观因素的影响，无法第一时间获得反馈信息。（3）访谈法。通过对学生、教师、家长的访谈，了解学生在心理课学习后的变化情况。（4）叙述法。教师可以在每个学期的最后一节课，根据学生的年龄特点，通过口头或书面的形式，总结分享自己这一个学期心理课的一些收获与改变，通过分享成长经验，增进对自我的认识，互相启发学习他人的经验。

本文执笔：上海市五四中学　唐晓岚

第 13 问　心理课上成了心理知识讲授课，怎么办

- 情景园

入职满一年的王老师在教学汇报时，学校许多老师带着好奇心想来听听心理课到底是什么样的。王老师用心准备了汇报课，他也听到了这样一种声音：这个心理课堂看起来很热闹，学生都在参与活动，气氛也很好，可学生玩了一节课下来到底能学到多少东西呢？是啊，在许多人眼里，一门课，总得教点什么，让学生学到点什么，似乎这样才是一节有价值的课，否则便是一节无用的课，自己岂不是也成了只会上无用课的老师？

王老师随即做了调整，想尽办法在活动中多讲一些心理学的概念和知识，并请同学们做好笔记。比如什么是考试焦虑，有哪些应对策略；艾宾浩斯曲线是什么，有哪些记忆方法……王老师感觉，以后别人要是问起“心理课教什么，能学到点什么”，自己也能理直气壮地回答了。可是，一堂课下来，王老师发现，学生们“蔫”了。心理课上成了知识传授课，怎么办？

- 明镜台

希望学生学有所“得”，是老师们共同的心愿。王老师希望利用自己的一亩三分地，能让学生在活动之余多学到一些知识，多掌握一些技能和方法，这让我们看到了王老师的认真与负责。调整后的心理课似乎多了很多“学科味”，这种学科化倾向的出现可能来自以下几方面的原因。

1. 对于心理健康教育活动课的定位模糊。心理活动课的根本价值取向，不是要让学生懂几条心理学原理，或者掌握几种调节心态的知识，而是要促使学生在

团体的助力下获得情感的体验、心灵的碰撞，让学生在体验和感受中，获得一些方法，审视自己的内心，反思自我的成长。从这个角度来说，心理课不是一个传授讲授过程，而是一个自我探索过程；不是一个说教灌输过程，而是一个情感交流过程；不是一个价值判断过程，而是一个体验感悟过程，强调学生的自我探索和自助发展。①

2. 新手教师对自身价值感的热切渴望。在传统学科教学的思维模式中，教师不仅认为自己应该把握整个课的进程，还认为最后学生都应该在理性层面上有所悟、有所升华，只有这样才能体现出课的效果。而实际工作中，心理教师常常会因为“活动过热化”“课堂无序化”等问题，对心理课的实效性产生怀疑，也容易产生挫败感。于是就会出现与其让大家觉得热热闹闹，什么也没有学到，不如教一些知识和方法，反而更有用一些，也更能体现自己的专业性等这样的想法。

除了新手老师会遇到这样的问题，从其他学科“半路出家”转行过来的心理教师，因为缺少上心理课的专业知识，加上习惯了以往学科教学的授课模式，也容易使心理课出现学科化的倾向。

• 智慧谷

对于王老师的困惑，我们有以下一些小建议。

1. 回归角色初心，保持心理活动课的本色。在心理课上，心理教师是能催化出温暖、安全氛围，不断促进生生、师生交流的引导者角色，正因为这个角色的特点，我们也能比其他老师更容易了解学生，走近学生。学科教学的思维模式认为：一堂课上完，学生一定要在理性层面上有认识才能说达到了目标，才有效果。其实不然，只要学生参与到活动中，在体验的基础上有所思考，就会扰动他自身固有的认知系统、反应系统，以后遇到同样的事情时，可能就会重现上课的体验，那就可能改变原来的应对方式，在这种改变中有所悟。这种悟的意义不亚于学生在理性层面的思辨而得到的“升华”。虽然这种效果不像其他学科可以即时呈现，

① 蒋薇美. 怎样上好心理课[M]. 上海：上海科技教育出版社，2016.

但又何尝不是一种学有所“得”呢？而这也正是心理课的本色与特色。

2. 在精进专业的过程中增加价值感。激发学生产生体验与感悟，获得成长，不是靠几个概念或是靠一些技巧就能实现，而需要心理教师精心设计活动环节，真正让学生动起来。活动情境的创设，分享环节问题的设计，回应与引导的技巧等等，这不是一朝一夕就能掌握的技能，需要我们在实践中慢慢体会，逐渐掌握。多给自己一些时间，在这个过程中提升自己的专业能力以及活动的有效性，克服挫败感，增加价值感。

3. 避免学科化倾向的几个注意事项：

（1）心理学的概念视学生年龄、教学内容适度进行讲解。在学生理解心理现象、学习心理调适方法的过程中，极有可能需要帮助学生了解一些心理学的原理、方法和概念。在讲解这些具有学科特点的内容时，需要关注学生的年龄特点，以“情绪 ABC 理论”为例，小学生可能就不会提这个名词，而是提“换一种想法”；初中生可能会提，但是不会讲太多原理；高中生则可能提及非理性思维，让学生理解这个理论在生活中的表现。如果一味为了讲解理论而讲理论，就很容易走到学科知识传授的路上。

（2）注意课堂上的师生关系，以平等尊重关系为前提，以讨论沟通为基本手段。合理安排座位，走到学生中去，从空间上打破“教师中心”的授课模式。传统的座位排列方式，增加了师生之间的“心理阻隔”，也是传统教学中教师的权威性和学生被动性的重要生成因素之一。

（3）在活动设计的过程中，以学生的学习逻辑，而不是以教师的讲述逻辑为设计逻辑。注重活动的设计与体验，而不是讲求对学科知识结构的系统化、条理化。不用文化课的模式去提问（“是不是这样？”“对不对？”），不追求一种正确的、标准的答案。在总结时少用文化课的习惯用语，如：“我们这堂课主要学习了……”等等。这些表达方式都在给学生传递一种信息——这是老师在讲授知识。这种暗示会抑制学生主动参与的主体积极性。

本文执笔：上海市五四中学　唐晓岚

第 14 问　心理课中怎么运用绘画技术

• 情景园

D 老师是一位初中心理教师，最近尝试将绘画的形式引入到心理活动课中。D 老师发现，每节课都似乎有可以让学生“画一画”的东西，于是“彩笔”成了心理课的必备工具。多数学生很喜欢，但是，D 老师也发现，有些孩子在绘画的时候精益求精，很难在短时间里完成作品，在集体分享环节也依然沉浸于自己的作品，不能投入到分享交流中；也有些同学不擅长画画，不得不用更多的文字来表达，在展示的时候就会比较退缩；也有学生喜欢对别人的作品评头论足甚至嘲笑，导致学生不太愿意分享……D 老师开始反思：如何才能让绘画技术更好地在心理课中发挥作用？

• 明镜台

将绘画技术应用于心理活动课中，D 老师做了很有意义的尝试和实践。常规的心理辅导多是以言语为媒介来进行，但是对于言语表达能力尚弱的小学、初中学生来说，非言语的辅导形式是有益的补充，而绘画是一种深受学生喜爱的表达媒介。绘画作为情感表达的工具，将潜意识的内容视觉化，将人的经验与感受，象征性或具体地展现在画纸上，表达出绘画者较为真实的内在，为其心理呈现与心理发展提供较好的切入口。而且，人往往对绘画的防御心理较低，会不自觉地把内心深层次的动机、情绪、冲突、价值观和愿望等投射在绘画作品中，甚至会将被隐藏或被压抑的内容释放出来。同时，中小学生充满丰富的想象力和创造力，绘画对他们有一种天然的吸引力，借助线条和色彩，可以有效释放、调节和疏导情绪。在绘画的过程中，学生可以进一步理清自己的思路，把无形的东西有形化，把抽象的东西具体化为心理意象。所以，围绕心理意象主题的绘画过程本身就是一次学生发现自我、认识自我、反思自我、探索自我的旅程。①

对于学生来说，绘画是表达情绪、情感、观点的媒介，而对于教师来说，在课堂上的主要任务就是促进学生的言语和非言语的表达，以及促进生生、师生之间的彼此看见（听见）。对于如何在心理课上用好绘画技术，相信D老师在经过摸索之后一定也会有很多经验体会，以下建议和一起探索的小伙伴探讨。

• 智慧谷

1. 绘画的活动形式服务于活动目标

并不是所有的心理课都适合通过绘画技术来完成，教师要根据学习的主题和目标灵活地设计学习方式。在同一主题下，绘画可以和冥想等其他活动形式相结合，如在《为学习加油》一课中，请学生冥想回顾自己的学习历程后将意象通过简单的图画表达出来。有些课适合以绘画作为主题活动，如自我意识辅导中的《我的自画像》、情绪辅导中的《为情绪画像》；但是，绘画主题心理课最好和其他形式的心理课穿插进行，形式的变化有助于让学生保持新鲜感。

2. 提供支架，让绘画表达变得简单

由于课堂时间有限，绘画活动也需要设置明确的时间，同时强调心理课的绘画活动不在于技法和美观，只在感受的真实表达。在布置绘画任务之前，可以用详细的指导语结合范例给予学生指导。比如，在《为情绪画像》一课，以《头脑特工队》中不同角色形象的设计灵感作为导入，让学生想一想："从卡通形象设计的角度，你最喜欢哪个形象设计？哪个形象让你最有共鸣？"引出"我们对各种情绪有很多相似的感受，比如忧郁是深沉的、迟缓的蓝色，快乐是明亮的、灵活的黄色。但是这种感受也可能会有差异，比如同样是愤怒，有人感觉是火，有人感觉是一团乱麻……（展示图片）"。在铺垫之后，学生比较容易在短时间里展开想

① 佟颖. 绘画技术在初中心理健康教育中的应用[J]. 基础教育论坛，2019（05）:23-25.

象，而不至于“无从下笔”。当然，对于实在难以用绘画表达的学生，也允许他们使用绘画之外的表达形式，比如文字或者肢体语言。

3. 创造自由、安全、尊重的活动氛围

绘画的过程是自我探索的过程，需要自由安全的氛围，学生才能放松地打开心灵，与内在的自我对话。

（1）活动过程的管理。外界的环境紧张或嘈杂，会阻碍绘画者的表达。所以，教师在指导学生进行绘画之前，要特别强调在整个过程中保持安静，不去观看与评价别人的绘画。操作细节体现对学生的积极关注，这样学生才更愿意放下自身防御，创作出契合心灵的作品，并愿意拿出来和大家分享。

（2）分享环节的指导。在分享的环节，创设从同桌分享、组内分享到班级分享的不同交流平台，让每位学生视自己的开放程度和身边的伙伴交流。教师强调尊重、不评价与保密原则——不强迫别人分享，不要求分享的程度；对别人的画作不做评价；认真倾听和尊重他人的发言，并给予积极的反馈和真诚的支持，在发表自己的见解时，使用“我觉得……”“我的感受是……”“我想……”之类的句式。集体分享时，应尽量避免深层次的自我暴露，以免心灵受伤，对于绘画内容特殊而需要跟进的学生，教师可以在课下进行一对一交流辅导。

绘画技术在心理活动课中的运用，既为学生表达情绪和了解自我提供了良好的途径，又为教育者走近学生心灵提供了很好的契机。教师若有心将学生的绘画作品制作成心理课成长档案的一部分，可以让心理课在学生成长生涯中留下更加明晰的足迹。

本文执笔：上海市时代中学　朱雅勤

第 15 问　如何将音乐运用在心理活动课中

• 情景园

小吴是刚入职的心理教师，还处在边听课学习边备课摸索的见习期。有一次她去听带教老师的课，发现了音乐的魅力——学生上好体育课，大汗淋漓、情绪激动，但带教老师让学生先趴在桌子上，放了一首非常舒缓的音乐，同时，老师进行了身体放松的指导语。小吴发现：学生慢慢静下来了，整个教室的氛围也变得不一样了，感觉室温都降下来了，没有开始那么闷热了。她觉得音乐好神奇，迅速改变了场域的氛围。在备课的过程中，小吴还观看了学生音乐拓展课表演“杯子节奏舞”，被学生默契的配合和击打时的喜悦深深吸引。小吴不禁思考：类似的音乐活动是否可以引入到课堂中？

• 明镜台

小吴老师作为一名还在见习期的心理教师，像一块海绵一样，不断在课堂和日常生活中吸收多元化的信息，而且在接收信息后能非常用心地去思考，不是拿来直接就去用，而是思考如何把人家那里吃到的“鱼”，琢磨出自己可以“渔”，这种思考非常有价值。

小吴老师还具有一定的研究意识和探索精神。备课时，她留意到活动中音乐的使用，她会想去了解比较不同音乐对学生自我探索的影响，想要增加活动的层次性，这种科学严谨的态度是非常值得肯定的。

• 智慧谷

音乐在心理课中已经被广泛使用，基于笔者的经验，目前音乐在心理课中的运用途径主要有以下几种。

1. 将音乐用于冥想与放松。小吴的带教老师在一开始给学生做的是音乐肌肉放松训练，学生会聆听音乐，在老师的语言下，调整自己的呼吸，主动式的肌肉渐进放松训练对于改善兴奋紧张状态是有帮助的，同时音乐的作用是促进生理和精神的放松，使学生更容易进入放松状态，并形成一个引发放松反应的条件反射的信号，所以固定的已经被学生接受的音乐更能帮助进入放松状态。音乐可以选择一些带有自然声音的白噪音，如鸟鸣、流水、海浪声、雨滴声等，开场有些情境的想象引导，慢慢进入身体的放松会更好些。不过这一形式在人数较多的集体使用时，会遇到一些阻碍，比如有些学生会对想象引导和身体放松产生阻抗，会忍不住笑。老师对此不做评价，可告知这种反应是很正常的，告知可以不做身体的放松，好好聆听音乐即可。也可适当调整音乐和指导语的比例，音乐为主，指导语为辅，主要目的是让学生能沉浸在音乐的氛围中，放慢呼吸节奏。

2. 烘托课堂辅导活动的氛围。关于小吴老师问到的有关音乐的选择，只要是学生普遍喜欢，听着舒服，能产生共鸣，跟随音乐变化而身心感受会发生变化的都可以。课堂中的学生能积极主动参与并体验到“此时此地”，就已经起了积极的作用。并不存在一种音乐一定会引起某种情绪，也要注意到在课堂中某个同学对某一种音乐的特异性，可做私下的单独交流，原因可能是引发了他的特殊成长记忆。同时可以选择先贴合学生现在情绪状态的音乐来带一段，引起共鸣后，再逐渐改变音乐的情绪色彩。尤其是和其他艺术形式相结合时，比如“随意涂鸦线条”，当不同情绪色彩的音乐出现时，让学生去观察涂鸦线条有没有变化，是怎样的变化，会让你联想到什么，对自己有些什么新的发现，从而可以有更深入的自我探索。

3. 将音乐运用于主题活动。使用有歌词的歌通常要充分利用歌词，帮助学生展开联想，或在认知上找到共鸣。《静心听花开》一课中开头就用了歌曲的联想，引发学生联想到熟悉的场景并为它命名。比如猜歌名的游戏，需要去仔细听清歌词，这在注意力主题可以使用，包括歌词的复述、哼唱相同旋律，在记忆力主题、多元智能的主题都可以做一些有趣的活动。

小吴老师想到的“杯子舞”这样的有打击节奏的活动，若改良一下确实也很适用于合作主题的活动中，在小组经历“和谐—杂乱—新的和谐”的过程中，非语言的默契就形成了。笔者曾尝试让某个学生在一个八拍里即兴击打出节奏，让其他成员试着去重复回应他，可以发现这种“被听见，给回应”的方式非常受孩子们的欢迎。当然，除了打击的节奏，让学生合唱旋律，在发声中有即兴的配合和回应，也会有很好的效果。可见，在心理课堂中被听到的声音，不只是语言。

本文执笔：同济大学附属七一中学　金小燕

第 16 问　心理活动课中如何有效运用游戏辅导

• 情景园

今年是徐老师心理工作的第二年，经过一年的摸爬滚打，对心理活动课怎么上已经有了一个概念。在不多的实战经验中，她发现学生非常喜欢心理课中的游戏。常常有其他学科的老师问她："你们心理课在干吗，好热闹呀！""是不是只做个游戏就算啦？"徐老师能感觉到心理课中游戏不是简单的玩，但是她也很困惑：如何理解游戏的价值、如何更好地选择和组织游戏，才能让游戏发挥心理辅导的效果？

• 明镜台

游戏的确是中小学心理辅导的有效方式之一：《游戏力》一书中提到，儿童青少年的成长期有很多焦虑的情绪可以在游戏中释放，游戏是一次有惊无险、刺激好玩路程的邀请。游戏中最重要的部分是"联结"，和同伴在游戏中的联结会让学生感到安全、自信和快乐。同时，游戏中也会有分离和失联的状态，这时通过重建联结，在游戏中不断体验到和他们变化的关系，"联结—断裂—重新联结"，投入游戏后的孩子非常兴奋、忘我，会把孩子的"能量杯"蓄满。同时在游戏情境中或团体游戏竞争时，会启动孩子大脑的安全系统：察觉危险—拉响警报—理性评估—行动实践—解除警报，这一在游戏过程中自我的掌控感对青少年来说非常重要。

小徐老师之所以提出这个问题，说明她认识到游戏不是简单的玩，课堂运用游戏需要精心设计。其实，小徐老师也可以放轻松，用游戏的状态创造性地加以发挥，允许自己在运用游戏的过程中“急中生智”，实践后有疑惑去思考再不断改善，会飞速成长的！

• 智慧谷

1. 游戏选择宜简单，不宜复杂。要想让全员参与活动，就需要游戏工具非常简单。我曾经在新生入学的第一节课全体总动员，玩了一个“粉笔接力赛”，让每一组成员选择一种颜色的粉笔，在黑板上接力写出代表入中学后的心情词语。结果现场十分热闹，孩子们对在课上随意的走动非常兴奋，同时小组竞争增加了紧张感，大家快速写下答案，当一黑板的心情词语呈现出来时，所有同学像观看一幅集体创作的作品一样笑容满面，当发现有人和他有一样的心情时，产生的联结就治愈了。还有一个游戏是“解忧杂货铺”，每个同学匿名写下自己的一个烦恼，投入老师的“邮箱”，然后每节课前抽取其中之一，请同学回复，提供自己的思考和建议。这样的游戏都耗时不多，全员参与。

可以随机分组，课前让学生挑选喜欢的卡片，或者是不同颜色、形状的卡纸，入组后还可以完成“七巧板”的拼贴，分组后又迅速参与合作。

2. 游戏规则宜清晰，有奖惩。游戏规则的制定语言简洁明了，可增加配图说明，有动作要领的可提前制作视频，把游戏中可能会出现的情况提前告知，违规行为的处理也在游戏前有所强调。在游戏过程中发现游戏规则不够完善的，可停下来听取学生的意见，达成一致后修改，下一轮重新开始。

不遵守游戏规则的同学有他当下的需求，比如渴望被看见，为小组出头，求胜欲比较强等，可以做一个共情的回应。还有些同学是一兴奋就行为失控的，对此可以在旁边准备几把“暂停椅”，像拳击运动员一样，及时叫停、休息调整，下局再出发，这样能让违规学生先离开情境，冷静一下，也没有被惩罚的感觉。

小组游戏中的计分就是非常好的方式，活动的获胜者不用实质的物质奖励，可以抽取一个机会卡，一项集体完成的真心话或大冒险行动，或行使某项特权，比如作业减免一次等，会非常好地激发学生游戏的参与度和热情。

3. 游戏的反馈注重来自学生。游戏后的语言反馈是一种过程性评价，也可以设计几个自我反馈的问题，比如回想刚才大家游戏中的反应：“我发现

__________。我当时采取的行动是__________。这个行为的自评恰当指数是☆☆☆☆☆，互评恰当指数是☆☆☆☆☆，经过这次体验，下次我可以采取的行动是_________。”这是对游戏过程中行为的反馈。如果是整个活动的反馈，还可以设计一个表格的形式：

活动名称	入门	进阶	达人
穿越时空之门	□我能参与体验游戏，并尝试可能的方法。	□我能在游戏中，体会领导者或被领导者的角色感受。	☑我能了解领导者和被领导者的角色差异，并说出两者对团体的重要性。

有游戏的过程，有对过程中体验的觉察，对自己行动和表现的反思，我想这样的游戏才是心理课堂中的游戏。

本文执笔：同济大学附属七一中学　金小燕

第 17 问　在心理活动课中如何运用心理剧技术

• 情景园

王老师对心理剧很感兴趣，她会尝试在心理课上组织学生进行角色扮演和情景演练。最近，王老师也在思考：在心理课上如何运用心理剧技术？是不是只有角色扮演和情景演练两种方式？

• 明镜台

1. 心理剧技术能够助力心理课教学

心理剧是一种特殊的戏剧形式，也是一种团体治疗的方法。将心理冲突和情绪问题呈现在舞台上，能帮助参与者在戏剧演出中体验或重新体验自己的思想、情绪、人际关系等，在安全的氛围中，探索、释放、觉察和分享内在自我，以宣泄情绪、消除内心压力和自卑感，增强当事人适应环境和克服危机的能力。[①]

心理剧强调充分的体验，引导个体逐渐开放自己的肢体和心理，去触摸自己真实的感受；强调互动的过程；强调自发性和创造力，触发个人对一个情境做出适当的反应。心理活动课也强调学生的参与体验，重视深入的课堂互动和生动的现场生成，可以说心理剧与心理活动课在上述这些特点上不谋而合。将心理剧技术应用于心理活动课，能够提高心理课的效能，它可以成为实现辅导目标的有力手段，使活动设计具有灵活性和创造性。

---

① 张日昇. 咨询心理学[M]. 北京：人民教育出版社，2009.

2. 在心理课中运用心理剧技术，要避免只呈现外在形式，而忽视内在价值

教师在心理课上运用心理剧技术时，常会出现一些误区。比如，有些教师会精心准备好剧本，请学生提前排练好，在课堂上表演出来。准确地说，这是一种“情景呈现”，而非心理剧体验。此外，有些教师在引导学生讨论话题时会采用情景演练等形式，但只是把请学生“说一说”，变成“演一演”，单纯追求形式的变化，而忽视了对学生内在心理活动的觉察与激发，可以说是“只在皮毛，不在内里”。总之，在心理课中运用心理剧技术，不能只停留在“表演”这一外在形式，而是要更加重视其内在价值——对心理冲突的呈现，对内在自我的探索。

• 智慧谷

下面，以上海市中小学心理健康活动课大赛的三节获奖课为例，说说笔者对于在心理课中运用心理剧技术的个人想法，供参考。

1. 运用“雕塑”“角色扮演”等技术，促进学生对情绪的觉察、表达和理解

青浦高级中学的吕槟老师曾经执教过《对话学习压力》一课。多名学生组成一个小组，借助多种颜色的丝巾和抱枕等道具，用肢体完成一个“雕塑”，传递他们对“压力”的理解。雕塑的运用，让学生把平日里时常能感受到，却看不见说不清的压力变得形象化、具体化。比如，压力变成了困住他们手脚的丝巾，成为拉扯却无法放手的纽带，成为压在背上却挪不开的抱枕。接下来，吕老师还引导学生重新审视压力源，并表达自己身在压力中的感受和想法，探索积极解压的方法。

2. 运用“空椅子”“角色交换”等技术，促进学生对同伴、他人和人际关系的理解，改善人际关系

小学阶段的学生常常以自我为中心，从自己的角度去考虑问题，可能会导致一些人际冲突。江宁学校的齐越老师就针对这一问题，设计了《友谊的小船换换座》一课，指导学生使用“空椅子”和“角色交换”的方法，站在对方的立场去体验同学的情绪，理解同学的想法，增强自身对人际关系的理解，改善僵化的自我中心特点，从而调整自己的行为，促进同伴关系更加和谐融洽。

3. 运用“替身”“独白”等技术，促进学生的内在自我对话，探寻解决问题的

方法

笔者执教过《桌上有颗棉花糖》一课，教学目标之一就是引导学生用自我对话的方式来提高自控力。自我对话是发生在大脑内部的心理活动，“替身”技术的运用，能够引导学生把内在的心理活动用具象化的方法表达出来。把学生面对诱惑时头脑中的两种对立想法，形象地称为不断引诱你的 Y 小姐和希望你能坚持下来的 N 先生，学生们就“替身”为 Y 小姐和 N 先生，通过连续几轮的对话，促进主人公的思考，并最终自己做出负责任的决定。

4. 教师可发挥自身的创意，探索尝试运用更多其他心理剧技术

除了以上提到的技术之外，还可以尝试运用这些心理剧技术：运用社会计量的光谱图等方法，请学生在课堂上通过不同的站位来表达自己的观点和选择，能够快速且直观地呈现出整体的态度和立场。教师提供一个与学生实际相似的剧本的前半部分剧情，留下开放式的结尾，请学生续写剧本并表演，在这一过程中，学生能够主动参与、积极思考，自发地找到解决问题的方法，从而达到心理健康教育的目标。心理剧技术在心理课教学中的运用还有很大的空间，心理教师们可以充分发挥自身的自主性和创造性，在心理课教学中探索尝试运用更多的心理剧技术。

本文执笔：上海市第一师范学校附属小学　曹琳珠

第二部分　学校心理健康教育活动

第 18 问　如何确定心理社团的组织结构和框架

• 情景园

新学期，新任心理教师小 A 接到“组建学校心理相关社团活动”的工作任务。小 A 学习阶段除了大学时随便混了一下“舞蹈社”“排球社”之外，并没怎么关注社团活动，更别说组建社团了。小 A 几乎没有任何社团组建经验，于是迅速上网搜索了一下，百度词条说“学生社团是学生根据自身兴趣、爱好、信仰、个性等，申报学校批准，按照一定的章程自发组织的具有固定成员和特定活动范围的学生组织机构”。百度词条的解释给小 A 带来了满脑的压力和迷茫：按照什么章程？申报批准有什么程序？向谁申报？不申报会怎么样？特定活动范围由谁来定？如何确定社团的组织结构和框架？……这一系列问题让小 A 对社团组建工作无从下手。

• 明镜台

组建心理社团是中小学心理健康教育的基本工作内容之一。教育改革让教育界越来越注重学生综合素质的培养，学生社团是学生综合素质发展的重要基地，组建社团并指导学生社团活动，是教师职业的基本工作内容之一。《中小学心理健康教育指导纲要（2012 年修订）》中提出：“要将心理健康教育与班主任工作、班团队活动、校园文体活动、社会实践活动等有机结合，充分利用网络等现代信息技术手段，多种途径开展心理健康教育。”《上海市中小学心理健康教育达标校和示范校评估指标（2017 年修订版）》A3–B8–c13 将“社团活动”作为一个重点评估内容。

组建心理社团的工作在实践中充满灵活性。学生社团在每个学段的基本定位和要求各不相同，每个学校的社团定位和活动风格也有差异。目前看起来，学生社团的概念和具体要求形式多样，并没有过于绝对化的标准。鉴于此，职初教师小 A 面对心理社团的组建任务感到困惑是正常的。

• 智慧谷

小 A 老师接到任务之后，迅速上网搜索，这种求助行为是值得赞赏的成长状态。了解相关理论是工作的第一步。

首先，小 A 需要花更多的时间了解市、区教育界对于学生社团组建的相关政策和要求，从上海市、区各中小学现有的心理社团来看，呈现以下特点：（1）教师在社团中的参与率依学段而不同。高中心理社团的学生自主性更强，初中心理社团的教师参与度更高，小学心理社团尤其依赖相关教师的设计与指导。（2）心理社团的功能比较灵活，形式也多样。有些学校注重把心理社团纳入校园文化建设的部分，重在课余对全校学生进行心理科学常识的普及；有些学校重视社团成员的个人兴趣体验，如心理剧社团；有些学校把心理社团与同伴心理辅导员的工作紧密结合，发展社团的同伴辅导功能……（3）心理社团发展可以与教育系统中的许多资源相结合。上海市区经常有关于学生社团的一些评比活动，如上海市中小学心理协会每年组织的“优秀心理社团”评比，或与德育相关的一些学生优秀团体评比等，这些评比活动一方面将为社团的发展提供方向指引，另一方面也是社团发展获得更多支持资源的有效平台。

其次，小 A 还需要充分了解本校学生社团的组建制度，了解学校的社团文化建设背景以及学校心理健康教育活动的基本内容，并以此设定心理社团的组织设想与功能定位。了解学校已有社团的类型和活动风格，了解学校系统对心理社团的期待，等等。这些信息将帮助小 A 确立心理社团在学校的基本形式和功能定位。确定社团组织的功能定位之后，按照学校社团组建的章程要求设定心理社团的组织结构和框架。

最后，小 A 老师在了解以上工作基础之上，再具体确定社团组织结构和框架。以下以上海市某初中的心理社团组织结构和框架为例。

1. 学校心理社团的主要功能定位

（1）心理社团作为学校校园文化建设的一部分，宣传科学的心理健康理念和方法；

（2）心理社团成员通过积极的实践体验，促进自身的健康成长；

（3）心理社团成员之间同伴互助，在自我成长的同时，促进“高关爱”成员的健康成长。

2. 社团成员结构的基本情况

目前该校现有社团成员 43 名。其中 9 名为“高关爱”学生：一部分是班主任向心理辅导室推荐的“高关爱”学生，另一部分是学校起始年级心理档案测试软件筛查出的“需要关注”学生。其他 34 名成员来自社团每学期的正常招聘结果。

3. 形成社团组织结构

43 名成员分成 7 组，每组 6—7 人。组长由心理教师推荐和学生自荐结合产生。组长的活动组织能力较强，性格包容性更大。9 名“高关爱”学生相对平均分散在 7 组之中。“高关爱”学生成员的“特殊”性仅心理教师一人了解，社团建设强调善意与包容，成员的招录资格与学习成绩和其他荣誉无关，重在普遍参与。

4. 社团组织依据活动的主要形式和功能分组

值勤组、广播组、板报组、心理剧组、拓展活动组、读书组、后勤组等。

5. 社团组织结构框架示意图

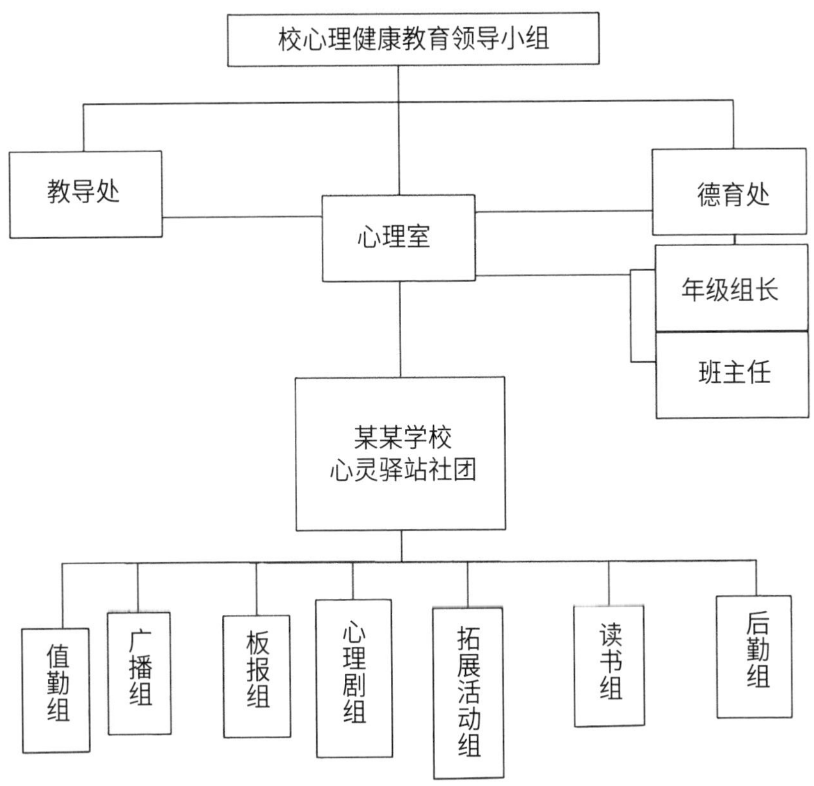

本文执笔：上海市市西初级中学　何菊美

第 19 问　如何制定心理社团活动方案

• 情景园

小 A 在与领导及工作伙伴讨论之后，经过仔细斟酌，确定了学校心理社团的基本功能定位，接下来小 A 需要进行心理社团活动方案的设计与构思。

小 A 花了一些时间了解学校其他社团组织，也有机会看到了一些社团的活动方案。小 A 发现有些社团从组织结构到具体实施方案都很详尽，但也有不少方案很显然是从网上复制粘贴的，甚至还听到一些老教师的说法："社团活动方案，随便写写，应付应付就好了，没人会看的，不用太在意……" 对此，小 A 疑惑了："社团活动方案重要吗？"

• 明镜台

新教师小 A 在组建心理社团的初期对身边的社团及社团活动有所观察，这点值得赞赏。实践中，小 A 会看见不同的社团类型，也能感受到不同老师带领社团的不同风格。有些老师工作更投入、认真，有些老师看起来更随意。不管周边老师的风格如何，小 A 看到的都只是一个片段，并没有办法去了解前辈们的工作全貌。对于周边老师的说法，小 A 需要保有留白空间。

小 A 作为新教师组建心理社团，毋庸置疑，确定社团活动方案非常重要。凡事预则立，不预则废。心理社团活动方案，一方面呈现的是小 A 组建社团的具体设想，一方面也将帮助小 A 在未来的社团活动实施过程中提供依据。

• 智慧谷

一般来说，心理社团活动方案包含有两种类型，一类是社团组织整体运作实践的方案；另一类是社团某项主题活动的活动方案。

心理社团组织整体运作实践的方案，体现的是社团组织框架及功能，呈现社团活动的具体实施细节。在此方案中，需要明确社团的组织活动规则，明确社团各个职能部门及其基本功能，明确社团现有的资源及基本保障体系。基本包含以下内容：组织背景，社团活动宗旨，活动目标，活动内容，活动形式，人员分工及其职责，社团活动规则，保障条件等。此方案是社团实际活动过程中的依据，小 A 可以起草本方案，但之后一定要请相关部门一起讨论，在和学校系统达成一致之后，方能推行。

心理社团某项主题活动方案，体现的是相关主题的系列活动设计。这类方案可以基于社团整体运作方案的框架，由心理教师或社团骨干成员按照需要制定。常见的心理社团主题活动方案有多种形式：心理游戏、心理剧表演、心理读书沙龙活动、心理实验、同伴团体活动、心理影片鉴赏活动，等等。不管哪种主题的专题方案，基本也包含以下内容：活动名称，活动目标，活动面向群体，所需时间，活动步骤，操作要点，操作建议或说明，等等。

不管哪类方案，我们在制定的时候，都需要注重方案的科学性、规范性。心理社团活动方案，要遵循心理健康教育的科学规律，符合育人的基本理念，具体实施有价值、有意义。

建议小 A 在制定学校心理社团活动方案的时候，注意以下方面。

1. 充分讨论

小 A 需要与学校社团管理的有关部门（比如教导处或学生处）合作，了解社团常规的活动内容及学校要求。

小 A 需要与学校心理健康教育工作小组的领导及其他成员合作，讨论并明确社团活动的基本功能定位、活动范围、活动成效，等等。

在充分讨论之后，小 A 可以通过起草社团活动方案，进一步梳理并明确心理社团组织在学校心理健康教育工作中的定位。

2. 注重科学性

心理社团活动的方案，必须依据科学性原则设定。社团活动的背景，需要符合区域背景及学校基本情况。社团活动的原则、宗旨，需要符合国家、市、区的相关心理健康教育的文件思想与原则。社团活动的目标和内容都要符合学生成长的基本规律等。

3. 注重实践性

学校建设学生社团组织，是素质教育的基本要求，是为了提升学生的综合素质能力，是为学生的能力发展提供实践机会。社团活动方案在具体实施中，需要注重实践与体验。方案中的主要内容需要体现实践体验的基本设置，包括实践体验的场所、内容、方式等。

4. 注重学生的主体性

学校提供保障条件，教师发挥指导作用，学生是实践的实施主体。通过方案，具体明确学生实践的范围，学生在实践中成长的价值，学生在社团活动中的成长空间等。

5. 注重评估和反馈

随着时间的推移，学校心理社团客观存在人员变化的情况。心理社团方案制定中需要设定中期和后期的评估与反馈机制。评估和反馈，一方面是为社团成员提供反思和成长的机会，另一方面则是体现教师对社团的重要指导作用。评估和反馈的形式可以灵活多样，比如选择或设计自评问卷、开展自评和他评相结合的座谈会、指导教师开展一对一访谈等。评估和反馈过程中，应注重积极导向、成长导向。

本文执笔：上海市市西初级中学　何菊美

第 20 问　怎么选择社团成员

• 情景园

心理教师小 A 新组建了学校的心理社团。社团成员的招募计划一出，很多班主任都推荐了他们心目中适合心理社的人选，加上一部分小 A 自己面试招募的同学，心理社终于成立啦。但是小 A 老师发现：有不少成员是班主任指定来的，因为他们是班主任眼里的“问题学生”，所以班主任推荐来的学生中，有几位已经有“多动症”诊断，还有几个都是不太受老师和同学欢迎的“问题”生。小 A 老师带着这支心理社团队伍，这一年的社团工作开展得非常艰难。

面对新的学年，小 A 决定一定要好好选择社团成员。小 A 现在的困惑是：心理社拒绝那些“问题学生”是不是不太合适？该怎么选择社团成员？

• 明镜台

心理社社团成员应该是什么样的人？

理论上来说，学生社团是学生依照兴趣自愿加入的学生组织，不应该有太严格的限定标准。但是从实践来看，很多学生社团中成员的招募，除了考虑本人的兴趣和意愿之外，一般还会考虑相关的专业基础。比如辩论社会选择更擅长语言表达的成员，机器人社更倾向于选择有编程基础的学生，篮球社更在意身高，等等。在实践中，社团成员的选择，是需要与社团组织的功能定位相匹配的。

从学生特点来说，不同年龄段的学生能力和自主性各不相同，社团成员选择也各有不同的运作原则。高中阶段，学生的自主能力更强一些，学生多数有能力依照兴趣或意愿选择社团活动，社团指导老师可以在社团成员的选择上适当放松，可以由社团骨干成员主导。但是在初中，尤其是小学，组建社团的初期以及成员选拔，社团指导教师的引导作用就很突出。

心理社团在实践中和其他类型的社团也有明显不同。心理社团对成员基本能力无具体而明显的限定。在客观环境中，有些人可能存在偏见如“有问题的学生应该去心理社”，也有些学校领导会有一些相应的期待如“心理社可以帮助一些困境学生”，家长也可能会期待“我的孩子参加心理社会让心理变得更健康”……这些认知或期待，也会给心理社团组织老师带来一些压力和干扰。

• 智慧谷

心理社团是学校心理健康教育工作的一部分。心理教师组建心理社团，应该结合学校心理健康教育的总体工作，结合心理社团的功能定位，确立成员的选择标准，澄清大家的期待，减少误解和偏见。这将为后续心理社团的工作开展奠定良好的基础。

如何选择社团成员？不同阶段，注意点各有不同。

（一）选择社团成员之前

1. 明确学校心理社团的功能定位。在和学校系统相关工作伙伴共同讨论之后，明确学校心理社团的功能，结合学校心理社团的组织框架和工作方案，设定社团不同成员的活动内容，基于此，设定社团成员的基本能力要求和成员的未来发展方向。

2. 做好校内外的社团活动前期宣传。通过不同渠道开展宣传工作。对学校其他教师及家长做好心理社的功能定位常识的普及和宣传，对全体学生做好心理社的主要活动内容及未来发展的宣传。这些宣传，一方面展现社团组织老师的人格魅力，另一方面将帮助小 A 减少环境中其他人的偏见和误解，也将帮助增加社团对学生的吸引力。科学、充分的社团招募前期宣传，有助于以后社团活动的顺利开展。

（二）选择社团成员过程中，需要综合考虑以下因素

1. 本校学生年龄段的特点。针对不同年龄段学生，在选择成员的时候，社团指导教师的指导作用不同。高中阶段可以放权给社团骨干成员主导。初中阶段可

以结合社团骨干成员的建议共同讨论决定。小学阶段则主要由教师决定。

2. 本校心理社团的功能定位。现有的心理社团功能定位，比较多见的有综合型和专项型。综合型的心理社团承担学校心理常识的宣传、同伴关怀、专题活动等多项功能。专项型则主要突出某主题，比如心理剧社、心理游戏社、心理电视台等。如果是综合型的心理社团，成员需要承担对校园文化传播的职能，对成员的人际沟通、基本学科的理解能力和行动执行能力等都有要求；综合型心理社团成员承担同伴关怀的功能，那么对成员的人际互动能力、积极关怀能力等有要求；专项主题社团则相对比较简单，主要更关注成员本人的兴趣和意愿，以及时间空间的便利。

3. 心理社团的普适性。不管是什么功能类型的心理社团，社团的主体是学生。学生们在社团中获得实践和体验，并促进自我发展，因此，不适合一些“特殊学生”的加入。“特殊学生”主要指有“中重度”心理医学诊断的学生，如诊断为“重度抑郁”“自闭症”“双相障碍”“精神分裂”，等等。因为这类学生应该属于心理医生或专职心理教师的工作对象，一般的社团成员很难有能力科学恰当地陪伴其成长。

（三）确定社团成员之后

1. 社团指导老师需要对社团成员投入充分的信任和支持。用人不疑，疑人不用。社团指导老师面对招募来的新成员，必须拥有包容与发展的视角。也许老师会发现有些成员不符合期待，但是，当成员确定之后，不管社团指导老师有无不满，都必须给予社团成员充分的信任和支持。这不仅是社团建设的基础，是社团凝聚力的重要载体，也将是社团能在学校长久发展的必须。

2. 社团指导老师需要以促进社团成员个体发展为重要任务。每个成员可能怀着不同的愿望来参与社团。指导教师在完成学校社团的功能定位之时，也不能忽略成员个体的成长和发展。在具体的社团工作实践过程中，小 A 需要了解成员们的成长心愿，帮助成员们克服成长过程中的困难，帮助成员们获得更好的个体成长。

本文执笔：上海市市西初级中学　何菊美

第21问　社团组织的目标和基本要求包括哪些

- 情景园

王老师作为刚入职一年的心理教师，深受学生们的喜爱。校长表扬了王老师并希望他能够在每周心理健康活动课的基础上，再组建心理社团，开设心理社团课。王老师欣喜之余不免有些忐忑，毕竟，心理社团和心理健康活动课面向的学生年级和学生数量可能都不一样。心理社团组织，到底有哪些目标和基本要求呢？

- 明镜台

学校为什么会推动开展心理社团组织？其中的原因，主要是因为心理社团组织具有重要的实践价值。

心理社团组织是学校心理健康教育的重要内容。学校心理健康教育的目标在于促进学生的全面发展，仅仅依靠心理活动课是不够的。学校面向全体学生，招募一批对心理健康教育有浓厚兴趣，或对心理辅导有需求的学生加入心理社团，以他们为核心开展一系列活动，以点带面建立学生的心理互助机制，在专业心理辅导教师指导下，开展广泛的心理互助社团活动，是心理健康教育的有效策略。

心理社团组织是学生学习心理健康知识，并在实践中互相影响的重要平台。青少年学生正处在一个身心发展极为迅速的时期，他们在成长过程中会遇到种种困惑和问题。学生可以在社团中学习有关的知识帮助自我了解、自我成长，也可以在社团中积极体验，互相积极影响，获得更多的成长体验。

心理社团是心理教师专业素养充分发挥的机会。心理社团组织，作为学校相对稳定的组织，是心理教师更深入地与学生建立联结，更持续地推动社团人际良性互动，更科学实施教育设想的实践机会。

心理社团是学校打造特色品牌的窗口。学校可以依据总体设计，打造系列化的心理社团活动。在长期的实践积累中，形成学校的品牌特色。比如静安闸北一中心小学的关于“多动症学生干预”的社团活动实践，静安区市西初级中学的“高关爱学生干预”的社团活动实践等，都成了学校教育实践的品牌特色。

• 智慧谷

关于心理社团组织的基本目标和基本设置，可以参考以下建议。

（一）社团组织的目标确立，需要考虑社团建设的总体目标和具体目标

1. 总体目标

（1）学生层面：提高社团成员的心理素质，培养积极乐观、健康向上的心理品质，培养社团成员的助人意识与助人能力，在同学当中发挥有益的辐射作用。

（2）教师层面：使教师成为课程的研究者、开发者和实施者，培养教师主动解释课程、开发课程的能力，促进教师的专业成长。

（3）学校层面：凸显学校在心理健康教育的办学特色，解决学校心理健康教育工作中存在的问题，进一步促进学校教育教学的发展。

2. 具体目标

（1）学生层面。如：提高社团团体凝聚力；提高成员自我心理素质；觉察同学中存在的异常现象并及时向老师反馈；在同学当中宣传正确的心理健康知识；运用所学心理知识帮助有需要的同学等。

（2）教师层面。如：提高教师科研能力和素养，养成严谨求实的工作作风；提高教师合作学习的能力；提高教师专业素养和专业知识，促进教师专业化成长；提高教师创新精神和创新能力等。

（3）学校层面。如：体现学校办学特色，提高社会声誉；打造社团成为学校心理健康教育的特色项目；解决学校在心理健康教育发展中存在的问题，形成“由点及面”的网络体系，有效进行危机干预等。

（二）社团组织基本要求包括以下方面

1. 社团组建方式。经学校批准后社团可开展活动，社团名称可由学生和辅导老师共同讨论确定，学生自愿加入。

2. 社团招募方式。一般每学期初进行社团招新和人员调整，控制人数避免增加管理难度。坚持“自愿参加”和“双向选择”的原则，社团老师和成员一经确定，无特殊情况一学期内不得变更。

3. 活动时间地点。社团辅导老师制定科学合理的活动计划，每次按计划坚持开展活动，并做好记录。活动时间和地点相对固定。学校努力为社团活动的开展创造条件。各班班主任要熟知本班参加各社团的学生名单和活动时间。

4. 社团考勤管理。各社团成员和辅导老师按时到指定地点集合，不迟到不早退。学生因事因病不能参加活动的要提前请假。活动前辅导老师先点名，如人数不全务必核查原因。活动中加强学生管理，避免学生中途无故离开。班主任要做好配合工作，组织好教学，合理安排课外辅导和卫生值日，督促学生按时参加社团活动。因班级事务、课业辅导、病假事假等有学生不能参加社团活动的，班主任要主动和社团老师沟通。社团老师因病因事请假或因工作原因不能开展社团活动的，要于当天中午前通知班主任，并由班主任传达给学生。①

5. 活动过程要求。每次活动时社团辅导老师要认真组织，注意文明礼仪、纪律卫生，加强安全教育，避免发生安全事故。

本文执笔：上海市静安区万航渡路小学　黄烨

① 林贝，傅如凤，陈爽，黄瑜. 小学心理社团校本课程开发方案[J]. 中小学心理健康教育，2019（022）.

第 22 问　社团活动的内容包括哪些

• 情景园

王老师正着手准备心理社团课程的方案设计，其中对“社团活动内容”这一主体部分尚存在些许疑惑。心理社团课程和平时面向全年级的心理活动课程的内容肯定有所区别，那社团活动到底可以包含哪些具体内容呢？

• 明镜台

心理社团活动的内容，充满灵活性。教育现状中，不同学校心理社团的活动内容也颇有差异。作为新教师，难免有些疑惑。

纵观现有实践，心理社团活动的内容制定主要可以参考以下思路。

1. 基于学生发展的需求。心理社团活动以学生为主体，服务于学生的成长需求。老师在确定社团活动内容之前，可以对学生团体中的成长特点、典型发展方向等做好情况调查，基于调查结果设定社团活动内容。

2. 基于学校现有资源。心理社团活动的开展，是一个长期的工作。各校的工作实践中都会积累一些现有的资源，可能是相关的校本课程内容，也可能是相关的学校特色资源，或者是教师的专业优势，等等。比如，青浦某高中心理教师具备多年的校园心理剧学习及实践的经验，基于此，该校开设的学生心理社团内容设定以校园心理剧为主体内容。基于本校现有资源设定社团活动内容，可以吸收前人的经验，利用现有的素材、场地等资源，这些都有利于社团活动的开展。

3. 基于学校发展需求。心理社团活动是校园文化建设中重要的一部分，需要在学校总体发展的背景下设定内容。如此，可以促成心理健康教育与校园文化的融合，也有利于形成该校心理活动的特色。比如，静安某小学以绘本阅读为特色建设校园文化的品牌，该校心理社团把绘本表演作为心理社团活动的重要内容，打造了区域的心理社团特色品牌，很受学生欢迎。

• 智慧谷

社团活动是学校教育的重要载体，学生社团是校园文化的重要组成部分，心理社团的原则是“充实心灵”“助人自助”“服务学生”，在学校现有的心理健康教育活动基础上，营造更好的健康校园文化氛围，使心理健康教育成为学校的一道特色风景。

关于心理社团的活动内容，具体可以参考以下方面。

1. 以成员“心理建设”为重点。针对本校学生的心理发展特点及实际需求，设计多板块的活动内容，主题可以包括“团队熔炼、人际交往、自我认识、情绪辅导、学习辅导、生命教育、职业辅导”等。

2. 以“心理委员”培训为重点。培养社团成员胜任班级心理委员，从心理委员的角色入手，分别开展培训。此外，还可以增加辅导实践环节，提高成员的运用能力。

3. 以创建校园心理环境为重点。可以利用社团组织，依托校园公众号、广播站等空间，进行心理知识普及、心理困惑的疏导工作。比如“心理广播栏目”可以更直接地向师生宣传和普及心理健康知识，宣传学校心理咨询室和心理健康教育工作。节目主题可以包括学习烦恼、人际关系、考试专期、性格、心态等。“学校公众号”平台也可创设心理栏目，传播心理教育理念、解决师生心理烦恼、方便师生交流、加强家校联合，为促进全体师生心理素质健康发展提供更好的服务。

4. 根据校“心理健康活动月”活动计划，在社团中组织规模性系列活动。例如开展心理健康讲座、观看心理电影、心理征文比赛、心理剧表演等活动。

5. 开展师生心理沙龙等团体辅导。以团辅的方式，有针对性地帮助有需求的师生缓解心理压力，使他们获得更好的发展。

6. 组织室内外团体训练游戏。利用游戏的方式，寓教于乐，提高社员的心理素质，激发潜能，促进人格更好更快发展。训练内容可借鉴参考促进成员自我探索的游戏，集思广益互助解难的游戏，以及建立相互信任与彼此接纳的游戏等。

本文执笔：上海市静安区万航渡路小学　黄烨

第 23 问　如何指导同伴心理辅导员开展同伴心理互助

• 情景园

中学心理教师小 A 在学校组建了一支同伴心理辅导员队伍，这些同伴辅导员们积极热情，有效充实了学校心理辅导的网络，扩展了心理专职教师的工作空间，部分满足了更广大学生的心理需求。但是，在实践中，这支同伴辅导员队伍也常常给小 A 带来一些困扰。比如，一些同伴辅导员有机会接触到同伴中的特殊个案，投入了许多精力，却无效果，常常很受挫。还有一些同伴辅导员过于主动热情，反而破坏了自己原有的人际关系……这一系列现实，都让小 A 觉得指导同伴辅导员开展同伴心理互助工作，其中大有学问。

• 明镜台

同伴辅导员参与同伴心理互助工作，这种工作思路已经在欧美和我国台湾等地都被验证是有意义有效果的一种尝试。这也是目前符合我国国情和校情的一个工作有效探索。一方面，学生群体中存在着天然的接近性和求助的便利性，另一方面，学校心理专业的资源比较有限，实际上难以满足学生群体的心理成长需求。同伴辅导员的存在，具有接近的优势，同时有效丰富了学校的心理资源。

但是，客观来看，同伴辅导员本身的角色是同龄学生，一方面生活阅历有限，另一方面心理专业基础也欠缺，再加上同伴辅导员本人同时面临来自成长、学业等多方面的压力。鉴于此，对于同伴辅导员的功能定位，需基于其学生身份而设定。

综合一些学校的已有实践来看，很多学校同伴辅导员的角色先是“同伴”，建立心理联络的网络，提供“陪伴”作用，然后再是“辅导”，适时承担部分心理辅导的功能。这种定位一方面丰富了学校的心理资源网络，另一方面也减轻了同伴辅导员本人的压力。

总体来说，指导同伴辅导员开展同伴心理辅导的工作，心理教师需要同时有两种工作思路：一是利用同伴辅导员开展学校同伴心理互助工作，二是科学帮助同伴辅导员个体健康成长。

• 智慧谷

在工作实践中，心理教师指导开展同伴心理辅导工作，需要做到以下方面。

1．科学选择同伴辅导员。同伴辅导员角色，一方面需要具备工作热情，另一方面也有个性特点和能力基础的要求。具有较好的共情能力、人际关系良好的学生优先考虑，学业学有余力的学生优先考虑，获得家庭支持的学生优先考虑，等等。

2．为同伴辅导员的发展提供环境便利。同伴辅导员在承担具体工作之后，不可避免会对其在班级的时间或事务产生一些影响，所以学校在组建心理同伴辅导员队伍的同时，需要获得相关班主任和任课老师的理解和支持。同时，学校需要提供正面宣传的机会，认可同伴辅导员的工作，这是推动同伴辅导员队伍长效发展的有力保障。比如，有些学校常会在学年末举办心理同伴辅导员表彰大会。这种方式一方面是对同伴辅导员本人的鼓励，同时也是为其日后的同伴辅导工作提供环境支持。

3．对同伴辅导员实施系列培训。同伴辅导员参与学校工作的同时，需要接受较完善的培训。需要培训的基本内容包括：心理咨询的基本伦理（如中立原则、保密原则等），基本的人际互动技巧（如恰当倾听、学会共情、科学提供支持等），基本的心理咨询技术（如认知调节、情绪调节等），危机干预（如危机的简单识别与危机干预的常规思路等），及其他一些关于心理辅导的常识，等等。这些培训，一方面可以帮助同伴辅导员掌握基本的助人理念和技术，另一方面可以帮助同伴辅导员本人客观科学地认识自我，了解自我的优势和局限。培训可在同伴辅导前期实施，也可以结合同伴辅导工作过程开展。

4. 澄清工作范围。同伴辅导员的工作范围，并不仅仅是对同伴进行一对一的“辅导”。同伴辅导员对同伴提供心理援助的方式和途径是丰富的。常包括对同学普及心理健康教育的一些常识，向同伴介绍心理求助方式或途径，关注身边同学的基本心理动态，及时向相关专业人员报告同学中的异常信息，为伙伴提供心理支持，配合辅助心理教师的相关工作，等等。这些内容都属于同伴辅导的范畴。

5. 强调同伴辅导员的工作边界。同伴辅导员首先是一个学生，作为未成年人，他们本人的成长和发展是第一位的。同伴辅导工作不能超越他们的学生身份所能承担的边界。有些学校的危机个案如果有同伴辅导员参与，心理专业老师会轻松和方便很多。但是，这种做法实际上笔者并不赞同。因为陪伴一个危机个案，对成年的心理教师而言都是困难重重，压力巨大。学生同伴辅导员过多参与危机个案，很有可能会对其自身成长造成伤害，这是不科学，也是不应该的。所以，笔者认为，有“中重度”相关医学诊断的个案、精神分裂个案、双相障碍个案、危机个案等，这类的困难个案是心理专业工作人员的工作范围，都不适合学生同伴辅导员参与。这是对同伴辅导员本人成长权利的基本保护。

6. 关注成员个体的成长。同伴辅导员在参与学生同伴心理辅导的过程中，他们可以获得更多的成长资源，可以有更丰富的成长视角，可以发展更科学的自助能力，等等，这些都将是这些成员本人的成长收益。但是，在他们成长的过程中，他们也将面临很多困惑或困难，心理教师需要密切关注他们的成长需求，适时提供心理资源，帮助成员们更顺利地成长。

本文执笔：上海市市西初级中学　何菊美

第 24 问　如何在心理社团建设中发挥自媒体的作用

• 情景园

小 H 是入职一年的心理教师，对每周一次的心理社团活动格外上心，用心设计和带领活动。阶段性整理社团活动的资料和随笔时，她发现有一些很有意思的内容和思考值得分享，也有一些不容易梳理清楚的部分希望得到指点、释疑。

平时，她在朋友圈、微博、社群里会留意心理专业内容的分享，也会关注一些心理、教育类的公众号，对感兴趣的文章也会在文末留言、发表观点。这触发了她的一个思考：能不能把自媒体的力量引入社团建设中？如何在心理社团建设中发挥自媒体的作用？

• 明镜台

学校可以利用自媒体开拓心理社团建设的新空间，这符合当下时代背景的需求。适逢网络时代，年轻教师更是“互联网的原住民”，小 H 从过往在教育自媒体获取学习资讯的经验中，主动联结，想探索如何在心理社团建设中发挥自媒体的作用。这是一个很好的选题，也是一个需要细分了解和学习实践的方向。

网络时代，只要有一部手机在手，人人都可以成为“媒体发言人”，微信、QQ、微博、各种短视频平台、公众号等自媒体平台的发展，让信息传播、分享、互动变得越来越便捷和丰富。自媒体因平台不同，受众群体、传播效果、反馈视角会相应变化。

自媒体的运用，服务于优化心理社团的建设，需要定期评估和调整用力方向与力度。当我们在确认可行的领域学习、努力、深耕不辍，或早或晚定会有效果体现。当自媒体有合适的内容、观点呈现和传播，官媒的关注、深度采访和报道将带来强有力的宣传效应，让深藏校园日常的心理社团的工作价值得到肯定和发扬。

• 智慧谷

心理教师在建设心理社团的过程中，可以有计划地充分发挥自媒体的作用。实践中，需要注意以下方面。

1. 澄清需求。把自媒体和社团活动进行联结的过程中，需要确认预期的需求。是要搭建一个平台，承载社团活动的内容、学员风采的展示，来宣传、普及心理知识、打造社团品牌，还是想在自媒体平台和同行进行共同成长型的专业探讨，做社团活动方案的征集、比稿、讨论、案例分享，合作完成调研、合理合规分享部分数据等，来提高社团活动的品质？确认之后，再考虑采用哪些合适的资讯分享和互动模式。

2. 注重细节。自媒体的利用过程充满细节。在自媒体平台发布社团活动内容、专题内容时，案例去实名化，配发照片如非必要，尽量选用仅含有学生侧影、背影的场景。学生自主分享的内容，根据本人意愿决定是否实名制。以上内容，在社团成员加入时进行告知，并得到社团成员的知情同意。

需要注意的是：自媒体在提供便捷的同时也存在信息泄露、原创版权等问题，所以，在平台进行分享互动时，适度暴露和隐私保护的尺度就需要特别留意。所涉及的引用的部分要征得原作者同意并注明出处，原创的图文视频稿件要做标注、加 logo 水印，在醒目处标识“转载须同意”的说明。

3. 具体操作。作为教师个体，建立个人教育公众号是一个可选项，为社团建设搭设个性鲜明、自主高效的自有平台，它在打破朋友圈、专业圈、社交圈的局限的同时，可以吸纳、融入各方资源，为社团建设的发展提供助力。

（1）可以将社团活动的框架构思、主题设定、方案设计和落实过程等，以案例实录的方式进行分享，邀请同行进行线上交流，对于小伙伴们普遍感兴趣的选题可以自愿加入进行方案比稿，共同做深度学习。

（2）选取社团活动的部分段落、社团成员表现突出的亮点在平台做分享、点评，适度亮相、破圈，和学校的心理主题广播、每年的心理月活动做关联。让社团成员、所在班级、家庭从中获得成长、成功体验和荣誉感。

（3）在社会影响力较大的突发事件发生时，在其他与教育对象密切相关的特定时段、特定事件背景下，及时启动线上线下相应的调研和观点表达，让社团活动的小课堂具备更广泛的数据支持，以便适度跟进、精准联动、服务于更广泛的人群。

（4）以社团成员共成长的话题和家长产生同频共振，得到家庭的支持和跨行业的资源补给，如：学生实地体验、探访、了解家长的工作场景，采访、记录、分享，让社团成员和更多人通过对专题的跟进，对生涯规划、生涯发展、职业认知等有多元化的了解。

（5）了解学校的教育规划和阶段重点以及其他学科的教学和任务特点，结合心理社团的活动特点，主动贴合、规划联结，在跨学科的互动中发挥社团和社团成员的作用，以社团活动中的案例、事例为例，由点及面地做推动，及时形成便于平台传播的推文，跟进、推动、优化和调整、宣传心理社团的建设和作用。

本文执笔：上海市静安区闸北第三中心小学　陈来秀

第 25 问　如何借助社团力量推进学校心理系列活动

• 情景园

一年一度的“心理节”即将来临，学校希望王老师可以筹划一系列心理类活动。王老师不禁想到自己带的心理社团，是否社团里也可以开展活动与学校心理节相挂钩呢？那具体如何利用心理社团更好地推进学校的心理节活动？

• 明镜台

学校心理节、心理周系列活动以学生为主体，使学生在增长自身心理健康知识的同时，关注他人的心理健康，并通过各种互动活动，使心理健康理念深入每一个学生心中。

学校心理节、心理周系列活动，是大型的校园文化活动。这些系列活动跨越日常班级、年级的限制，参与的人数多，参与的层次丰富，具有较大的影响力。这些系列活动基于校园现有文化的基础开展，并丰富、充实着校园文化。这是宣传普及心理健康科学理念的重要机会。

心理社团成员是学校心理节、心理周系列活动开展的重要力量。心理社团成员可以充分向身边的同学宣传各项活动内容，承担其中的各项具体工作，及时反馈各项活动效果，并为以后的活动提供经验总结。心理社团成员是学校大型心理活动的重要骨干力量。

心理社团成员参与学校心理节、心理周系列活动，对心理社团的发展有重要意义。学校心理节、心理周系列活动是校级的大型活动，成员们在参与具体活动过程中获得了丰富的体验机会，展现了社团特点，扩大了社团的校级影响，这些都是心理社团在学校获得良性成长的重要基础。

所以为了更好地推动学校心理节、心理周的活动，并且促进学生全面、健康发展，我们可以以社团建设为契机，发挥社团成员的带头作用，更好地推动学校心理节、心理周活动的开展。

• 智慧谷

关于心理社团如何推进学校心理节、心理周的系列活动，建议关注以下方面。

1. 举办有特色的主题性心理健康教育活动。将教育活动是否受欢迎、是否具有实用性和是否真正具有功能效果，作为是否保留或延续该活动的标准来进行分析讨论，既评价并改进心理社团的工作，又促进心理健康教育活动的不断创新和突破，不遗余力地培育和强化心理社团特色活动的心理健康教育功能。

例如：可在社团中开展“心理沙龙”“心理剧表演”等活动，为发展学生潜能提供舞台。学生在编演过程中实现心理自助，在观看共享中实现心理互助，在活动参与中感受关爱，培养技能，接受助人、助己的心理健康理念，并以此来传播关爱、传递温暖，让关爱与温暖洋溢校园的每一个角落，从而营造学生之间、师生之间关爱互助的健康氛围。

2. 可以借助各类媒体开展一系列实践活动。如创办校心理周刊、建立和更新学校心理健康公众号、编辑出版校园心理小报并开设心理健康专栏，如在校刊中创设心理栏目，办家庭教育简报等，传播心理教育理念、解决心理烦恼，方便师生交流、加强家校联合，为促进全体师生心理素质健康发展提供更好的服务。

另外还可以开通校心理求助热线、举办心理健康教育橱窗展等，也可以借助班级举办各类主题宣传活动，使心理健康教育有机地渗透到校园文化建设中。

3. 充分发挥心理社团的朋辈辅导作用。发挥朋辈辅导功能是提升学生心理社团内涵的必然举措，也是发挥学生在心理健康教育中主体性的根本途径。在高年级学生中，通过对学生心理社团成员进行相应培训，使其掌握倾听、共情、反馈等心理咨询的技巧，并运用到日常为广大同学提供专业、有效的心理服务中去，及时干预、分散同学存在的不良情绪，防范同学情绪上和心理上的异常，进而有效地防止突发事件的发生。虽然朋辈咨询从专业上、技巧上远远不能和专业咨询相比，但也可以作为学生摆脱心理困境，寻求外部帮助的一种重要形式。在朋辈交往中，学生心理社团成员能够切实实现“非指导性”原则，在一种良性互动中，以各自的亲身经历和感受，为朋辈交往营造较高的信任度和较强的亲和力，使对方在无形中获得一些实用性的建议或方法，实现化解心理障碍的目标。与此同时，通过心理社团成员倾听别人心理问题的过程，可以进一步加深对自我认识、自我分析的自我认知，在帮助别人走出心理困境的同时提高完善自我。

4. 与班级日常学习或生活相结合。心理社团成员可以在班级及自己朋友圈中宣传心理健康知识、传播心理健康理念，促进广大同学对心理节活动的参与度，形成心理自我保健意识。既扩大了教育面，也可以使学生在身边寻找合适人员倾诉烦恼，及时缓解或消除一般性心理困惑，帮助壮大心理健康教育队伍，帮助学校及时掌握各班级的心理气象，及早进行心理危机的预警和干预，促进平安校园建设。

本文执笔：上海市静安区万航渡路小学　黄烨

第 26 问　怎么设计心理活动月，实现全覆盖参与

• 情景园

学校一年一度的“心理活动月”又将到来，王老师着手设计相关活动。学校希望王老师将活动对象覆盖全校各年级，这不禁让王老师有些烦恼：每个年级的学生特点都各不相同，如何才能设计出更有针对性的活动，从而更好体现“心理活动月”的意义？

• 明镜台

心理健康教育活动月于每年 5 月举行，旨在围绕一定的主题，通过一系列内容丰富、形式多样、针对性强的活动，在师生中宣传心理健康知识，营造全校师生关注心理健康、重视心理健康的良好氛围，促进学生全面发展和健康成长。从这个角度上说，调动学生参与活动的积极性、实现全年级全覆盖参加活动，的确是心理活动月有效性的保障。

心理健康教育活动月开展的一系列心理活动可以使学生通过一定的活动形式与他人互动，互相启发，互相诱导，形成团体的共识和目标，进而改变成员的观念、态度和行为。但是不同年级的学生心理发展状态不同，只有根据他们的年龄特点设计出适合的心理活动，才能使“心理活动月”活动不流于形式，落于实处。

• 智慧谷

要设计好一次心理健康教育活动月的活动，首先要对心理健康月的活动要求进行解读。上海市每年在举办心理健康活动月之初，都会下发相应的文件，明确当年度的活动主题和重点项目。例如，2017 年中小学心理健康教育活动月的主题是“健康校园，美丽心灵”，以发展性心理健康教育与积极心理学理念为主导，围绕主题广泛开展各类心理健康教育活动，用多种心理辅导的表现形式，特别是通过微视频的制作与宣传，充分宣传心理健康教育的理念与知识，营造良好的校园心理氛围，提升学生对自身、对他人心理健康的觉察与关怀，促进大、中、小学心理健康教育的系统衔接和共同发展。从中我们可以看到，该年度的心理健康月就是要以微视频等形式为主，宣传心理健康的理念和知识，促进学生对自己心理健康状况的觉察，对他人心理健康的关心。

学校在开展相关工作的时候应如何进行呢？下面以风华初级中学 2017 年心理健康教育活动月的组织为例，加以说明。

1. 组织机构

组长：校长

副组长：副校长

主要成员：德育主任、心理教师各年级组长和班主任、各班心理委员

2. 参与人员：全体学生

3. 活动时间：2017 年 3—5 月

（1）“5・25 心理健康教育宣传月”主题升旗仪式

活动时间：2017 年 5 月 13 日

内容：1. 相声《少年心事知多少》。2. 情景剧《花开应有时》，讨论如何正确地对待、处理关于青春期的问题。3. 心理健康教育活动月倡议书。

（2）“5・22 主题班会”

结合不同年级学生的需要与特点，各个班级召开一次主题班会，相关主题为：

六年级　我的名字——名片设计（自我辅导）

七年级　青春・叛逆・成长（青春交往）

八年级　生活因为你而精彩（应对挫折）

九年级　调整心态，自信迎考（中考辅导）

（3）年级主题黑板报

活动内容：各班通过自己搜集或心理教师提供的相关资料，制作一期以“阳光心态，健康成长”“拥抱自信，展翅高飞”为主题的黑板报。

（4）微视频制作培训与征集

活动时间：2017 年 5 月 6 日—5 月 25 日

参与人员：各班心理委员

活动地点：心理咨询室

活动内容：此次活动旨在动员心理委员，选择合适的主题制作心理健康教育宣传微视频，并组织开展心理微视频的评选活动。

（5）心理微视频展播与评选

活动时间：2017 年 5 月 25 日

参与人员：各班心理委员、年级组长

活动内容：展播各班级制作的微视频，并进行优秀视频评选。

在以上的案例中，我们发现，风华初级中学的心理健康教育活动月活动覆盖了全年级、每个班级，并且点面结合开展相关教育宣传活动。从中我们有如下几个启发：

借助学校已有的组织结构，卷入相关部门和相关人员。风华初级中学的活动就专门成立了组织部门，在相关部门的带领下，除了学生，各年级组长、班主任甚至学科老师都有相应的任务——可以担任组织者，负责班会、黑板报工作；也可以担任评委，参与学生作品评选——这样既可以让心理健康教育活动月的活动得以顺利进行，也能推动教师更多了解学生的心理健康状况。

善于借力学校已有的各种阵地和平台。例如学校的升旗仪式、班会课、午间广播、社团活动，都是学校已有的教育阵地，学校的宣传板、电子屏、公共活动空间等都可以成为心理健康教育活动月纸质材料、电子媒体进行宣传、动员的平台。

要在理解心理月要求的基础上，结合学生的实际需要，选择适合学生的切入口，并且设计系列活动。风华初级中学的活动，结合“健康心灵”这个主题，选择了各个年级最需要关注的话题——六年级的适应、七年级的青春期身心变化、八年级的抗逆力、九年级的中考减压，让班级开展班会课、制作相应的黑板报，这些活动是群体性的活动，容易操作且影响面广；还动员了学校的心理委员，集中骨干力量，选择心理健康的相关话题，制作微视频展播，既有宣传作用，又有评选作用。这样点面结合，学生可以结合自己的需要参加活动。

当然，在实践过程中，更多的老师们积极发挥聪明才智，结合学生年龄特点，创新了许多活动形式。例如，心情故事演讲、四格漫画展览、TED演讲、游戏活动体验、动画视频展播、学生手抄报绘画等，这些都是学生喜闻乐见的活动。

本文执笔：上海市静安区万航渡路小学　黄烨

第 27 问　怎么调动学校资源开展心理月活动

• 情景园

小 H 接到心理月活动的通知，当时的第一反应是："这是心理专题活动，肯定是我的工作任务。"但是，真要着手这项工作时她才发现有很多困难：她发现虽然自己有一些读书时参与学生会工作的经验，但是，以教师身份组织全校大型活动的经验为零，感觉需要更多资源才能完成心理月活动，可并不清楚可以调动的学校资源有哪些，怎样调动相关资源。看着大家忙碌的身影，她不忍心去打扰，更不确认自己能不能撑起整个活动，真怕麻烦其他老师太多却收效甚微。

• 明镜台

从小 H 的陈述中，我们看到了她作为一名心理教师主动而投入的角色定位：心理月活动，一定是需要心理教师挑大梁、唱主角的。

心理教师在心理月的定位是活动策划、执行过程中的重要一员，并不是包打天下的"独行侠"。每年的心理月活动，不仅是心理单学科的专题活动，更是被写入学校工作计划的整体教育教学工作的一部分。作为学校层面的活动，校长室、教导处、年级组、班主任团队、学科教师群体、后勤服务部门和家长群体，校园网、学校公众号、校园广播等宣传平台共同组建了一个完整的体系。学生家庭也是学校资源的一个组成部分，学校活动适度引入家长力量，也是大有裨益的。

作为职初期的心理教师，心理月活动给小 H 带来的挑战和压力是不言而喻的：一方面不知道学校里的哪些与心理月活动相关的资源可以调动、怎么调动，同时又很了解同事们日常工作中的忙碌辛苦，不希望给同事增加额外的工作负担，更担心会不会因为自己的能力不足及心理月活动增加工作伙伴的负担却没有达到预期的效果。

这份惶恐和换位思考，有助于心理教师时刻提醒自己保持谨慎与专业，在设计心理月活动方案时有效整合现有资源，科学合理地与教育教学工作进行融合、互相支撑和推动，让学生们在心理月中有更丰富的体验和成长。

• 智慧谷

作为新手心理教师，在启动心理月活动前，需要对工作流程和各部门的运作、学校的相关资源有所了解，然后找到自己的定位。

作为常规性的活动，当心理教师从校领导处收到心理月的工作任务时，年级组、班主任团队、后勤服务等部门也已在例会上同步知晓，但此刻还仅仅是务虚阶段，等活动方案出台后才能明确各自的任务和合作方式。

心理教师在尝试制订心理月的活动方案前，应复盘一下学校的发展规划，学年、学期工作计划，查阅市区级、所在学校历年，尤其是近三年心理月的活动记录。然后，在认真解读文件，明确本年度市级、区级心理健康活动月主题，并和分管领导、同事、学生沟通的基础上，结合校情、学情设计心理月活动的初步方案：

（1）体现心理月活动主题与学校办学特色、校园文化的结合点，根据学生的年级特点设计分层目标和推进方式，明确落实、跟进和反馈的节点，阶段目标和总目标之间的关联。

（2）结合心理月主题，做好本学科的教学工作并找到与其他学科和部门教育教学工作的联结点。以下以2020年在防疫新常态下的心理月讲述云端心情故事（抗疫故事）的素材为例。

心理活动课：面向学生启动心理月活动，开展主题活动，跟进活动进程，分享和展示学生作品。

学科渗透：美术（绘制抗疫故事），音乐（歌唱英雄、演绎抗疫故事），体育（带领学生进行科学的体能恢复训练），语文（文本记录抗疫故事），自然（由疫情引发人与自然和谐发展的讨论），品社（从抗疫看社会发展、看各行各业的工作者），信息科技（体验到网课、大数据服务在抗疫期间的积极贡献的同时，为了健康，如何科学、合理、安全地使用终端设备和网络资源）。

服务保障：学校食堂（餐饮卫生、单向进餐、隔离板的使用），校园卫生保洁（环境卫生、身体卫生的宣传和落实），校园保安（查验健康码、测温、防疫期间落实校园闭环管理）。

家庭互动：来自各行各业的家长，在防疫抗疫和复工复产的经历中有故事、有感悟，为学生们在家庭中寻找素材提供了可能。

标注好活动各阶段需要的协作，将方案提交给分管部门审核、修订，通过后在全体会议上发布，心理月活动就获得了时间、人力、物力等学校资源的调集令，之后的节奏和成效得到了基本保障。

从文件下达、确定方案、启动落实、后期总结表彰，心理月活动基本贯穿春季学期的大部分时间。作为组织策划、跑全程、负责品控的心理教师，需要把握整体节奏和分目标的落实，发现问题后及时查找原因并做协助或调整。对于捕捉到的闪光点，通过心理课、校园广播、年级群、家长群宣传和表扬，可同步提交给分管领导，创造在升旗仪式、学校公众号等宣传平台做心理月专题的展示和表彰的机会。

由此，心理教师将了解心理月活动的流程，积累鲜活的个案以及与学校各部门及跨学科合作的经验，对各年级学生和家庭特点、工作伙伴的个性及工作风格也将有较为具体的了解……当提笔书写心理月的总结工作时，心理教师对于可以调动以及如何调动学校资源就做到心中有数了。

本文执笔：上海市静安区闸北第三中心小学　陈来秀

第 28 问　如何系列化设计心理月活动

• 情景园

小 H 说，工作一年来，看到学校里基本上是月月有节、周周有活动，听老教师说，很多活动已经在学校里形成了系列，每一轮又都会有新的元素加入，有趣好玩。学生们喜欢各式各样的活动，当学校组织迎新年义卖、六一旅游节等大型活动时，家长们都被带动起来，很积极地支持、参与。现在轮到心理月了，她也想让它形成系列，可就是不知道该怎样做。

• 明镜台

作为新教师，小 H 在工作中留意到学校工作的特色，在开展心理月活动时能主动想到从系列化的视角做设计，是个很好的思考方向。

关于系列化，如果是意在构建和本校历年心理月活动形成体系，就需要多多了解过往的活动资料，通过前人的经验和实例汲取养分，结合本次心理月的活动主题寻找灵感，在继承与发展中做设计。如果是想把当年心理月活动的设计、架构、推进做成系列，那就把重点放在心理月活动主题的解读，结合大环境、校情、学情设计丰富多样、彼此承接、有内在关联的活动群。

心理月的活动，在学生眼里往往是有趣、轻松、零负担、值得回味的，排在第一位的“有趣”对学生们很有吸引力，是心理月活动的灵魂。要达到学生们对于趣味化的满意度，活动的设计者需要对学生的兴趣点、知识储备、成长背景、能力值有所了解、做好功课。

• 智慧谷

1. 基于学校特色和自身特点设计系列活动

心理月有明确的时间节点和活动主题，各校心理教师可基于学校特色和自身特点进行活动设计：

（1）细化活动形式与内容，保证对应年段的学生可理解、能参与；

（2）搭建各年段的心理月体验模型，便于学生在校期间全程体验；

（3）延续学校既有特色，也可以由教师擅长的专项发展出新的特色；

（4）关注心理月活动的“用户体验”，标注“好评”项、复盘“差评”项，了解问题、调整方案。

一般情况下，未成年人成长中的发展性话题、个别现象引发的社会关注都有可能成为心理健康月的话题引子。当突发状况出现时，及时、主动地开展心理健康工作，再与心理月主题相融合地设计、制定合适的活动，考验心理教师的专业敏锐度、预判力和整体规划能力。

2. 设计活动要考虑系列性

2020 年受新冠肺炎疫情影响，学生从年初起经历了长达数月的居家隔离、空中课堂学习、返校复课后的特殊学期、家长复工复产对家庭生活的影响及全社会新常态下的防疫工作……每一个都会成为引发心理震荡的触发点。身处这样的大事件中，及时搭建与学生、家长实时互动的平台，敏锐捕捉学生及家长所关注的话题、需要普及的心理健康知识，在网络平台创设有效的、适合更多学生参与的活动讨论和面对一些实际问题，就是学校心理教育工作者需要具备的角色自觉。

时间	目标	内容	形式	对象
2 月 10 日至 2 月 29 日	陪伴学生在“寒假加时、开学未定”的特殊阶段主动进行心理调节和适应。	鼓励学生们用视频或图文方式记录居家期间的学习、运动、家务劳动等日常。	推出“规范有序 & 创意宅家”专栏（12 期），在网络互动中和学生共同面对突发状况，学习构建居家环境中的运动、生活模式。	全校学生
2 月 17 日至 3 月 24 日	以抗疫为背景，展现各行各业的职业内涵和坚守者的从业精神，让平凡英雄成为学生们的“职业启蒙者”。	观察、访问抗疫期间居家办公的长辈，了解坚守岗位的 HR、翻译、税务人员、社区工作者、机场海关工作人员、医护人员、快递员等各行各业的人们的职业故事。	开启“少年人的生涯启蒙”的在线“家庭演播室”，完成了 12 期“疫情下的职业启蒙”。	全校学生和家长

时间	目标	内容	形式	对象
3月16日至5月19日	面对“空中课堂”这一新的学习模式带来的变化，如何完成良好的身心适应。	指导学生和家长一起细化每天的计划，合理安排学生的居家生活，努力做到按时学习、充足睡眠、适度锻炼等，为返校复课做准备。	“空中课堂”开启后的居家学习期间，每周一在钉钉平台上面向全校学生分低年级、中高年级推出的“停课不停学 生活即课堂”心理讲座。	全校学生和家长
确定返校复课时间点后	完成居家学习到返校复课过渡期的心理调适。	面对从“居家学习”到“返校复课”的改变，你打算用到哪些经验来帮助自己更好地适应？	推出“学生说：空中课堂带给我的影响、改变和经验”系列： 抗疫 学习 两不误 居家学习收获多 趣味学习小达人 在心理讲座时段连麦、分享，和小伙伴做讨论。	全校学生

居家期间开展的心理健康工作，是学校心理健康工作的紧急启动，数月的“空中课堂”、确认“返校复课”时间表到恢复线下教育前的阶段所有的心理健康工作，都成为本年度心理月活动的序章。从第一批学生返校复课后，心理月活动正式启动。

时间	目标	内容	形式	对象
5月19日 四、五年级开学第一天	心理月活动启动，寻找适应防疫新常态下的校园生活的心理能量。	分享：从居家学习到重返校园，你经历了哪些改变、带回了哪些经验？	校园广播和钉钉平台联播的方式，开启“开学第一课——阳光正好五月接力”。	全校学生
心理活动月期间	提供情绪出口，舒缓焦虑情绪；让成年人听到孩子们内心的声音，同龄人之间也有更多联结和启发。	讲述“战疫中成长——我的云端心情故事”。 做自主学习的小主人——返校复课经验讨教与分享。	独自完成、亲子共同绘制、解读“情绪能量瓶”“会说话的情绪能量瓶”“百变情绪能量瓶”。通过校园广播和钉钉平台联播、线下课堂，做同步呈现。	全校学生和家长

心理月活动结束了，它所营造的关注全员身心健康的氛围和学校的心理健康工作依然在线。

时间	目标	内容	形式	对象
6月	在家校、亲子间，对认识生命的可贵，明确如何珍惜生命，探讨体现生命的意义的多种可能等方面达成共识。	以家庭为单位探讨、触摸与呈现生命的意义。 明确：和孩子们讨论生命的意义是一件值得做，值得在不同阶段再次、更多次地认真去做的事情。	亲子课堂、校园广播和升旗仪式同步推出“生命的意义是什么？”系列。	全校学生和家长

综上，对于学生来说，形式多样生动有趣的活动，自然要比简单说教、枯燥乏味的听讲更有吸引力，同时更乐于接受在活动中寓教于乐的教育。而心理健康的教育，又是很适合通过各种形式的主题活动甚至是游戏来进行，因为心理健康

本身就要求学生多参与，与学生多互动，在参与和互动中更准确地掌握学生的情况，从而采取相应的对策。心理月系列化活动设计的内在逻辑、基于学生的实际需求提供的外显引导方式是品质保障。它要与当下大时代的背景和社会公共事件对人的身心健康的影响相关联，在紧扣心理月主题的同时，还要和学校日常的心理健康工作对接，形成可以互为铺垫、反哺、拓展、迭代的可循环发展的整体。

本文执笔：上海市静安区闸北第三中心小学　陈来秀

第 29 问　心理活动月活动如何实现特色与创新

• 情景园

每年的 5 月都是学校老师们最忙碌的时刻，心理教师也不例外。传统的心理活动月在 5 月拉开序幕。

对三年教龄的初中心理教师小刘而言，每年的这个时节是让她最抓狂的时刻。初入职时，小刘收到市、区心理健康月主题活动的要求，按照主题，设计了活动方案。可在实施时，却发现和学校的科技节、艺术节活动不仅时间撞车，形式也重合不少。每年的心理活动月都持续开展，每年主题虽有变化，但总是难有新意。小刘老师的苦恼是：如何让心理活动月的活动能有所创新，师生有参与热情，让心理活动月真正成为品牌特色的活动呢？

• 明镜台

小刘老师一步一个台阶，踏踏实实走在心理教师成长之路上。尤其聚焦“心理活动月”的活动，小刘老师追求创新效果，是值得赞赏的。心理活动月，是我们心理教师工作中最需要全校上上下下支持，也是最有效形成校园心理健康氛围的一项常规工作。常规工作怎么做出“不常规”的效果？

1. 质量有要求，活动才能更精彩。小刘老师没有把这项工作当任务完成，而是一直思考和实践如何让它和学校工作相融合，活动在面上能铺开，让更多的师生参与和获益。不仅如此，小刘老师在保证了量的基础上，还希望能提升质，形成品牌和特色，不断创新，保持活动的新鲜感。在此基础上，考虑如何让心理活动月能“有用又有趣”，这个定位和努力方向是非常准确的。

2. 阵地在扩大，影响力才能扩大。在方案落地的过程中会受到种种限制，小刘老师没有因此放弃，而是充分利用自己已有的阵地和资源，这一定会形成一个良性工作循环。比如有心理教师鼓励孩子们创作心理主题的四格漫画参与上海市心理月活动的评比，并获奖。孩子们的投入和获奖，也让老师和家长看到“心理活动月”宣传的价值，为下一年的工作奠定了基础。每一届都在原有基础上做更充分的准备，主动把心理月融入学校活动，有序推进等，这些做法都有利于协同工作的校内其他成员更乐于加入，有利于阵地和参与者的扩大，易于获得更广泛的认同。

- **智慧谷**

“特色”不是先赋予，而是实践后慢慢形成的，“创新”的基石是对传统的尊重和外部世界的敏感。需要注意的是：

1. 创新需要以学校特色为基础。每个学校都有自己的特色，比如我所在的学校特色就是“创意科技”。我在2016年心理活动月的方案中，活动设计就结合我校“创意教育”的特色开展。我尝试在团体中应用表达性艺术治疗的方法（表达性艺术治疗），以各种艺术的媒材来表达人们内心的思绪、感受及经验。这一年的心理工作和学校其他大活动也在“创意教育”背景下进行。学校的特色也可以融入我们的活动设计，比如我们心理月的一个团体辅导活动——“文具家庭图构”，在这个活动中，学生们用熟悉的文具来摆放家庭结构图，呈现了丰富有趣的信息，非常新鲜有趣。这项活动与我校的“奇思妙想我能行”的科技节活动相得益彰。心理教师亲自示范了“创意”如何融入思考，融入实践。

2. 创新需要以心理学的科学与技术为基础。我们心理工作有一项特色是有针对性地开展活动，尊重每个个体的差异，搭建让学生展现个性的舞台。所以在心理活动月设计时，可结合本校师生实际心理需求，分年级有针对性地确定各有特色的主题活动。比如我校设定九年级的心理瑜伽——游戏的魔力，八年级的心理拼贴画——手作的疗愈力，七年级的心理TED——语言的魅力，六年级的心理微电影——视频的影响力。游戏辅导、表达性艺术辅导、同伴辅导、心理宣传等这些非常有心理特色的活动，和年级组常规德育教育主题活动相结合，不添乱只添彩。经过几轮活动，不同的活动都会得到各个年级组师生的喜爱和支持，而且学生四年的心理健康月活动都不会重复，最大程度让每个孩子获得丰富体验。

3. 创新需要以开放融合为方向。创新常常体现在形式，形式是为内容服务的，形式和内容的选择都以不断贴近学生的实际需要为准绳。学生随时代变化而变化，我们的心理活动月要跟上这些变化。保持对孩子喜好流行的敏锐观察和自己专业上的常学常新，保持开放与融合的心态很重要。比如这次新冠肺炎疫情下，我看到孩子们都很爱玩网络流行的小瓶子游戏，结合曾经学习的 DBT 技术，通过动、静两方面，打开五感多维度情绪调适方法，想到把两者相结合，原创了“情绪小瓶子”的活动。2020 年的心理活动月，“情绪小瓶子”活动不仅在我们校园里流行起来，还漂流到了更多其他的区域和校园里。学校的心理活动“创新”，获得了不少周边的赞誉，这些积极的声音反馈回本校师生。在大家都得到更多良好体验的同时，也为来年更多人积极参与传播心理活动月的理念起到了铺垫作用。良性的互动会激发更多创意的灵感，创意的灵感让活动激起更多良性的互动。我的活动设计带给其他人启发，在与伙伴们互动的过程中，我也不断学习其他人的先进经验。用开放的视野，以融合的心，我们获得共同的成长。

本文执笔：同济大学附属七一中学　金小燕

第三部分　学校心理辅导室建设

第 30 问　心理辅导室的选址与布置有哪些注意点

• 情景园

“最近学校领导非常重视心理工作，学校现有的心理室也的确需要改造。但是对于装修布置，我的确没有太多经验。领导让我出一个心理辅导室方案的时候，我比较困惑，觉得心里没底。有建议说心理室最好在教室旁边，离学生近；也面临一些校园不大的实际情况，建议心理活动室要与学校其他活动室合用……到底心理辅导室的选址和布置需要注意哪些内容？……”

• 明镜台

心理健康教育越来越受到重视，教育部于 2012 年修订《中小学心理健康教育指导纲要》，提到要“实施中小学心理健康教育特色学校争创计划”；2015 年，教育部又发布了《中小学心理辅导室建设指南》，要求进一步加强和规范中小学心理辅导室建设，切实发挥心理辅导室在提高全体学生心理素质，预防和解决学生心理行为问题中的重要作用。《中小学心理辅导室建设指南》指出，各校心理咨询中心或辅导室的场地建设要满足配备标准。因而心理室布置成了学校教育的重要组成部分。然而，如何布置心理辅导室仍然让一些学校和老师感到困扰。首先我们要明确一点，学校心理辅导室是组织和实施心理健康教育，面向全体学生、教师和家长提供心理健康辅导的专门场所，是心理教师开展辅导工作的根据地。

• 智慧谷

根据相关文件规定，心理辅导室对位置是有要求的，一般位于学校相对安静、方便到达的场所，尽量避开热闹、嘈杂区域，楼层不宜太高；最好是选择采光、通风条件良好，冬暖夏凉的地方，而且不要太靠近办公区和教学区。文件规定是非常有必要的，如果设置在教室或者办公室边上，有的学生可能不好意思迈进辅导室。因为心理辅导室的特殊要求，所以心理教师可以把相关文件拿出来，提出心理辅导室的选址和布置方案，与校领导沟通。

根据文件要求，首先心理辅导室是有标准化的布置要求的。例如，从功能区域选择来讲，心理辅导室一般包括心理辅导教师办公区、心理辅导活动课专用教室、团体心理辅导区、个别心理辅导区、心理测评档案区、心理放松区和心理阅览区等。心理辅导室的使用面积要与在校人数匹配，可以根据心理工作的实际需要与学校其他场所共享，上述的各功能区域也可以兼容。

其次，心理辅导室可以有一个亲切、贴近学生心理、易于被学生接受的名称。心理辅导室的总体布置应充分考虑心理健康教育工作的特殊性和青少年身心发展特征，以温馨、简洁、舒适、安全为原则，房间的色彩最好以淡色系为宜，同时选择的设备一定要考虑好房间的整体色调。因为多数的来访学生都会喜欢柔和的、缓冲压力的颜色。心理辅导室的布置以满足来访者的需求出发，尽可能地让来访者感到舒服，个别辅导室要充分保障学生的隐私性要求。一定要注重细节，可以通过软装来营造放松的感觉。

第三，心理辅导室除了标准化的要求之外，很重要的一点，就是体现人性化设计和人文关怀。所选择的物品、设备都要考虑学生的年龄特点。比如，小学心理辅导室的配置可以倾向于儿童化的人物和物品。学校的特色同样是要考虑的，心理室可以有本校学生 DIY 的内容，例如一些学校有艺术生，可以邀请这些学生一起做部分的 DIY，一起动手，打造本校的心理辅导室。

第四，为了保障心理辅导的功能，心理辅导室的基础设施要考虑遮光、隔音、墙面、温度、通风、照明、电源、网络等问题。例如还需要饮水机方便来访者的使用，电脑方便保存资料，书架和书供来访者等待时阅读，有时也需要一些录像设备……所以仅仅靠心理教师的一己之力估计是考虑不周全的，可以找一个专业的心理行业机构来提供专业的心理辅导室布置方案。你可以走访市、区心理辅导特色校取经，结合本校实际，打造一个富有学校特色的心理辅导室。

本文执笔：上海戏剧学院附属高级中学　陆婷

第 31 问　怎么安排心理辅导室的工作时间，实现平衡

• 情景园

“每天有很多咨询个案，心理工作也应接不暇。作为老师经常要去参加学校其他的各种教育教学活动。经常觉得忙不过来，偶尔也听到他人的议论，大概是说‘不知道心理老师在忙啥’……其实心理工作真的挺忙的，也经常在非工作时间处理手头上的工作。随着年龄的增长，成家立业了，我还要考虑工作与生活的平衡。”

• 明镜台

心理辅导室具有指导学生健康成长，帮助教师自我心理调适，提高教师心理健康教育能力，协助家长教育子女的功能，有些心理辅导室还为社区提供咨询和服务；每位心理老师都需要广泛宣传心理健康知识，组织心理健康教育课程的教学、开展学生心理知识系列讲座、建立学生档案、开展多种心理咨询活动等任务。心理老师的工作是忙碌的。作为老师肯定还有很多除了本岗位之外的活动、培训等任务。所以一定要进行时间管理，统筹兼顾，和其他部门协同，把握好平衡，才能有效完成工作，并提高职业幸福感。

• 智慧谷

职初心理教师不是一个人在战斗，一定是有队伍的。上海市教委《关于加强上海学校心理健康教育的意见》（沪教委规〔2020〕21）指出，各中小学要成立校长负责的心理健康教育领导小组、工作小组和心理危机干预小组，推动心理健

康教育工作的常态化运行。所以很重要的一点是需要建立机制、组成队伍，在学校领导的指导下，在学校德育工作的范畴中有计划地实施。与心理教师一起开展心理辅导室工作的有德育团队，还可以用好家长的力量，学生朋辈心理辅导员的力量。心理老师一定是学校心理健康教育工作的推动者。只有依靠制度、依靠队伍，用好资源、发动好身边的力量，工作才能正常、有序地开展。例如新冠肺炎疫情防控期间，可以和学校德育团队一起工作，设计符合学生身心发展的活动，注重学生自我教育；有时一个孩子影响一个家庭，心理老师也应注意家校沟通，和家长合作促进学生发展。

首先，职初心理教师所说的“平衡”某种程度上是时间管理的问题，也就是要过得有效能。这样的话，就需要做好计划，从而快速进入工作状态，保持专注。心理老师经常要指导学生学习和生活，那自身更是要合理安排各项工作的优先顺序。有时，可能遇到临时的来访者，这要视危机情况而进行咨询。非常重要的是，学生前往心理辅导室咨询需要预约，并一定要把安排的咨询时间告知全校师生，以便提高工作效能，心理教师才能有更多的时间留给生活。

其次，职初心理教师要了解绝对平衡是做不到的，放下完美主义的纠结，心境慢慢会好。平衡的关键是重心的把握。平衡不是取舍，需要阶段性调整。古典老师说过：“生活的赢家也是一样，他们总是知道自己现在在玩什么游戏，然后自己制定什么算赢。这个阶段，生存算赢；这个阶段，恋爱算赢；这个阶段，舒服算赢；这个阶段，学到东西就算赢；他们盯着自己的阶段性目标，一个阶段内不用每天平衡，阶段内靠近平衡就可以了。”这种调整可以是宏观内容的，也可以是微观的。例如心理辅导室工作时间方面，工作中需要设置阶段性目标，完成了就是赢家。

最后，心理辅导室工作时间安排的平衡是争取来的，要学会说不，要学会授权，要学会取舍。心理平衡是学习来的，及时化解一些负面情绪和能量，以积极乐观的生活态度去看待问题，其实“心理平衡”就是指人们用升华、幽默、外化、合理化等手段来调节对某一事物得失的认识，提升自己的能力，看到自己的成长，让内心有一种获得感，以弥补“心理亏损”。工作和生活之间总有一个平衡点，巧妙处理好家庭和工作，促进“心理跷跷板”维持在一个“一”字的平衡状态。

本文执笔：上海戏剧学院附属高级中学　陆婷

第 32 问　心理辅导室能否作为学生的游戏空间

- 情景园

“学校的心理辅导室很受欢迎；课余总有学生来咨询室玩；是的，我承认他们不是来咨询的，的确是来玩的；同事看着沙盘也会说，‘这些不就是玩具吗？’所以，我会困惑，心理辅导室能否作为学生的游戏空间？如果可以，又如何开发这些空间和功能呢？”

- 明镜台

心理辅导中心肯定有相关音乐、视觉、专业活动道具，从区域功能分配来看有团体活动室。对于学生来讲，特别是低年龄段的学生来讲，这很好玩。团体活动室经常是开展团体心理咨询、集体活动、拓展训练的场所，配用可以挪动的桌椅，铺上地板，有很多活动道具；宣泄室舒适、安全，配有宣泄器材；还有心理沙盘设备的构成，有沙箱、沙子和沙具等必备的设备。的确，心理室部分区域是一个很好的游戏空间。

- 智慧谷

游戏对于孩子成长的意义是深远的，学生通过游戏来调节心理活动，促进心理健康的维护、想象力和创造力的培养、正确的思维逻辑、心性的修养和人格的健全发展等。

首先，如果学生很愿意来心理室玩，这是一件好事。这是心理室走近学生的第一步；对于一些尝试心理咨询的试探者，这是一个积极的力量。上海市教委《关于加强上海学校心理健康教育的意见》指出，要发挥各类社团尤其是心理社团等作用，积极开展同伴教育和互助，增强同伴支持，增加积极体验，提升心理健康素养。心理教师认为学生们在心理辅导室玩，与同伴一起玩，是一种良好的心理支持。

其次，职初心理教师最好还是制定好相关训练活动方案，以及接受正规的沙盘培训。因为心理游戏不同于一般的游戏，它是老师根据学生实际情况设计的一些活动游戏，让学生在轻松愉快的氛围中去思考、去感受，在同学相互影响、相互支持中发现平时不曾留意的问题和道理。心理游戏更有目的性、针对性和可操作性，是引导学生体会成长的过程。在游戏过程中，学生体会自己的表现，观察别人的表现，思考游戏中孕育的成长内涵。在心理辅导室开展的沙盘游戏是针对情感丰富的适应人群设计的行为表达性辅导技术，借助沙盘，以游戏的方式呈现其内心的人际互动，进而了解内心情感与情绪的真实状况，并使之在游戏过程中产生创伤愈合的效果。

另外，说到心理与游戏，让人想到游戏心理辅导的领域。人们有游戏的渴望和需要，以便释放创造力、内在感觉和记忆，从而将他们带入外在现实。有时，当个案无法靠其他辅导方式化解议题，或是个案困惑于他们正在感觉到的状况时，可以在游戏世界里找到答案。对于学生来讲，游戏心理辅导更容易让他们体验分享，更容易找到自己的心灵之家。如何开展游戏辅导？心理老师可以把心理辅导室开发成一个舒服的和使人想游戏的地方，其中，游戏的道具和材料可以让学生随意使用，学生想怎么玩就怎么玩。心理老师要有诚意，不要强迫学生去使用游戏材料。同时学生在心理辅导室的活动并不是彻底的“随心所欲”、无规则，也需要一定的行为规则，这种规则可以帮助学生认识自己的责任，同时也给他们安全感。如果心理辅导如游戏一样让学生易于接受并有效，那是一件令人激动的事情，心理老师需要学习相关的游戏心理治疗理论和技巧进行操作。

职初心理教师通过游戏的设计、开发、引导，可以让学校心理辅导室成为学生的成长乐园。

本文执笔：上海戏剧学院附属高级中学　陆婷

第33问　如何实施心理测量

• 情景园

“现在学校经常要心理老师进行相关的调查，以了解学生的心理状态。心理测量的需求越来越大，甚至有同事希望增加对自身的了解，请我给他们做心理测试；学生也对心理测试比较感兴趣，他们对职业生涯、性格、自我探索等方面都很好奇，当然他们更喜欢一些有趣的心理测试。他们有时也会把一些网上测评的结果拿给我看，和我讨论。所以作为职初心理教师，我很想了解心理测量的操作和实施。”

• 明镜台

心理教师在成长路上，总会遇到各种各样的问题。心理测量是学校心理健康教育的重要工作。上海市教委《关于加强上海学校心理健康教育的意见》指出，要通过心理健康状况调查等方式，定期对学生心理状况进行评估和建档，建立覆盖所有学生的心理健康数据库，健全心理危机预防干预机制。心理测量是对个体不同心理维度的量化评估过程，对于关注自己身心健康的人来讲，是一次较好的“体检”机会，每个人可以通过心理测量对自己的状态有即时的评估，并对自己进行有针对性的调整，从而促进个体的发展。作为心理老师的基础工作，这是一项必须要掌握的技能，需要有准备阶段、实施阶段以及相关的后续工作。随着心理咨询的发展，以及心理工作的被看见，越来越多的师生希望通过心理测量了解自身，心理教师也需要借助量表来评估来访者的问题。但是心理测量还是需要严谨对待，需要按照程序开展；对学生自己在网上的自评结果，要做好引导工作，提醒学生和家长切勿对号入座。

• 智慧谷

1. 对中小学心理测量的理解。研究资料指出，心理测量是人们做出重要判断和评估的较好、较公正、较经济准确的方法。心理测量对人和社会各种类型的决策有着重要影响，心理教师可以根据每年教育局给的设备清单，对相关测评的软件进行选择，向学校提出购买申请；心理教师根据师生和家长的要求，或者阶段性心理筛查任务的需要，选择合适的量表，进行在线测试、上机测试；量表测试需要正规、私密性好，方便建档及后续跟踪。心理测量的常见工具有症状自评量表（SCL–90）、卡特尔 16 种人格因素表、SAS（焦虑自评量表）、SDS（抑郁自评量表）、MBTI–G 人格类型量表、EPQ（艾森克人格问卷）、MMPI（明尼苏达多项人格测验）等，可以根据需要使用。心理教师在工作中也会碰到一些情况，就是购买的量表不能满足工作需要，需要自编，那就可以采用问卷星的方式自己编排问卷。如果是调查问卷，那么问题不大；如果是自编评估量表，则必须专业，量表要满足一定的信度和效度才可以使用。

2. 心理测量的过程和步骤。在测量开始之前，应该开展相关的知识讲解，包括目的、流程、注意点，正确使用指导语，使得对方对心理测试及心理服务有基本了解，消除偏见，也让测试在一个合理的情境中实施。测量时开放性越高、越能真实回答的测量结果越接近心理实际。

心理测量是有基本的步骤的，举例来说，如果是采用测评焦虑自评量表，步骤依次为：宣读指导语 → 正式施测 → 录入 → 生成结果 → 对得分阳性者人工分析总分及因子分。

心理测评答案无对错之分，所以一定要谨慎对待结果。无论是什么样的心理测量，测量结果都是动态的——测量结果是根据测量者的不同状态、测量的环境以及对测量的熟悉程度等相关因素变化的。而且这个结果永远是一个起点，因为心理状态处在变化中。针对有情况的来访者，那就需要测后座谈，开展收集资料、分析形势、研讨对策，以及心理咨询与心理疏导。后续应该建立档案、回访以及提供帮助。

本文执笔：上海戏剧学院附属高级中学　陆婷

第34问 怎么组织宣传心理辅导室、避免被污名化

• 情景园

小A老师说："很多学生内心很想来心理辅导室咨询，但又总怕被其他人说'神经病'，我该怎么办？"

• 明镜台

高中是学生身心发生剧变的关键时期，也是人生的重要阶段。发展还不成熟的高中生群体，面对瞬息万变的社会变革和学习、生活、人际交往与家庭的重重压力和挑战，由此产生各种各样的心理问题和情绪困扰，已经不是个别现象。即便如此，仍然有相当数量的高中生在遇到心理问题时，依然拒绝向学校心理咨询中心寻求帮助。江光荣等人的研究表明，当心理产生问题时，个体总会第一时间向亲近的人，例如家人、闺蜜、值得信赖的朋友寻求帮助，而不会考虑向专业的心理工作人员求助。究其原因，主要是因为个体对心理咨询存在污名化认识。在平时和学生的交流中发现，有部分学生认为学校的心理咨询室是精神疾病患者才会去的场所，一旦寻求了学校的专业心理咨询，可能就会被周围同学、家长贴上"性格缺陷、有毛病"等标签。有研究发现，人们对心理疾病患者存有自动化的负面评价和情感反应。大家普遍担心自己的心理问题被周围的朋友、同学、家人甚至陌生人知晓，因为这会引起别人的偏见、怜悯和嘲弄。此外，很多人也会认为，求助心理咨询是弱者的表现，寻求专业帮助会被视为能力低下的表现，会威胁到他们的自尊，使他们产生羞耻感，这比当下的痛苦更令他们难以接受。因此为了维持积极的自我印象，他们即使遇到自己难以解决的情绪困扰，也不会选择去求助专业心理咨询。

• 智慧谷

那么在学校中，我们可以做些什么来尽量减少这类情况的发生呢？

首先，要加强学校对心理健康知识的宣传和普及，开展多途径宣传教育活动。通过主题班会、校园文化活动、社会实践活动等途径开展心理健康教育。结合“心理健康教育活动月”“世界精神卫生日”“家庭教育宣传月”以及新生入学、开学、考试前后等重要时间节点和影响心理健康重大事件发生时段开展心理健康教育活动。充分利用学校广播、学校电视台、报纸、微信等载体，多渠道、多形式、多媒介地传播自尊自信、乐观向上的现代文明理念和心理健康知识，加强师生们对心理健康教育工作的关注和理解，让师生逐渐认识到专业心理求助和生理疾病治疗一样，都是非常重要的，逐步改变人们对心理问题的消极认知和态度，形成寻求有效心理求助的社会认知和舆论支持。

其次，发挥学生会、各类社团尤其是心理社团等作用，积极开展同伴教育和互助，增强同伴支持，增加积极体验，提升心理健康素养。

最后，要引导学生建立心理求助的正确认知。学校心理健康教育中心、各类专兼职心理教师等要积极寻求帮助学生建立正确认识的有效对策，通过谈心谈话、专题讲座及课程等方式逐步健全引导认知建立的有效途径。

在平时生活中，如果一些学生因为对心理咨询的不了解而产生恐惧的情绪，从而在选择是否要走进心理咨询室时就会产生犹豫和怯懦的心理。职初心理教师需要了解一些学生会对咨询的效果、对咨询过程中面临的尴尬、对尝试新的思维和行为方式、对社会负面评价等方面的问题感到担心；需要了解学生羞于将自己的内心展现在他人面前，通常情况下，这类学生自我表露的意愿非常低，而自我隐匿的想法强烈，他们宁愿向自己的亲朋好友求助，也不愿意求助相对陌生的专业心理咨询老师。这个时候职初心理老师不要气馁，坚持做好心理健康教育相关的宣传工作，充分发挥班级心理委员的作用，让学生知道，只要他们需要，我们的帮助和支持就在那里。

本文执笔：上海市第六十中学　杨涵茵

第 35 问　如何了解来访者（学生）的心理素质

• 情景园

小王老师说一天中午休息的时候，有学生跑来心理辅导室，说自己马上要参加一个比赛，但是总觉得会过度紧张，所以想看看能不能测一测自己的心理素质到底怎么样。面对学生的这个要求，该如何面对？

• 明镜台

心理健康素质是指“个体在遗传和环境的共同作用下形成的某些内在的、相对稳定的心理品质，这些心理品质决定着青少年的心理、生理和社会功能，并进而影响他们的心理健康状态”。学生的心理健康素质具体表现为对自己、他人和外在环境的认识与适应的融合过程。心理健康素质的功能体现在能够良好地与社会环境相互作用，选择、顺应和改造环境，使个体自身与外在环境和谐相处的能力。依照心理健康素质对个体心理与行为的作用差异，心理健康素质主要分为“认知、情绪、人格、适应”四个方面。认知素质主要包括认知能力、元认知、认知风格、认知策略等；情绪素质分为情绪适应、情绪表达和情绪感知；人格素质则分为思想道德素质、意志品质、个性素质、自我及心理动力系统；适应素质包括人际素质、学校适应、家庭适应和社会适应几个部分。

一个心理素质良好的人可以对自己进行准确的评判和接纳，并根据周围环境的变化对自己进行调整，同时能够和周围的人保持良好的人际往来，能够对环境展开积极的探索和客观的认识，让自己迅速适应。

因此，根据心理健康素质的内涵和具体构成，心理老师在工作的过程中可以根据学生的真实情况和具体需求，来对学生的心理健康素质情况进行了解。比如认知素质可以通过一定的量表、认知仪器甚至学业成绩来了解，情绪素质可以通过学生的自评、教师的客观评价来评估，人格素质及适应素质也可以通过合适的人格量表、适应问卷，对班主任、学科教师、同学和家长的访谈等多种途径来了解。总之，我们对评估方法的选择和使用都不是单一的，需要综合起来进行考量，[①] 对测量结果的解读也要慎重，不能光凭数据就对学生下定义。

• 智慧谷

作为职初心理教师，在对测评量表选择和对结果的解读过程中，需要特别注意青少年的年龄特征所带来的特殊性，在青春期这个关键时期，青少年会面临身体发育和心理发展的高速变化，这也会对测量的结果和心理素质的评估产生一定的影响。

首先，青少年期心理发展的矛盾性。个体进入青春期后，其生理发育十分迅速，在两到三年内完成身体各方面的生长发育任务并达到成熟水平。身体的发育特别是性的成熟，与他们心理发展速度相对缓慢之间出现不平衡，导致青少年产生反抗与依赖、闭锁与开放、高傲与自卑、勇敢与怯懦等心理矛盾。从心理发展的角度看，青少年期的心理矛盾有一个发展过程，在青少年初期，心理的矛盾性较低，个体能够凭借已有知识经验和策略加以解决；在青少年中期，心理的矛盾性加大，个体已有的知识经验和策略已不容易解决这些矛盾，而新知识和新策略又还没有完全形成；在青少年后期，心理的矛盾性虽然仍很大，但他们已形成解决心理矛盾的新知识和新策略，从而能比较有效地化解心理矛盾。

其次，青少年思维发展水平的影响。青少年期思维发展要经过二元论阶段，即个体对问题的看法是非此即彼的，要么对，要么错，这种思维方式相对简单且不成熟；相对性阶段，即个体不再把知识看成不变的真理，而是通过比较，找到解决问题的有效方法，这种思维方式比较复杂，但还未完全成熟；约定性阶段，

① 沈德立，马惠霞. 论心理健康素质[J]. 心理与行为研究，2004，2（4）：567-571.

即个体在分析问题时有自己的立场，认识到两种不同的观点都有其合理性，这种思维方式考虑问题全面且成熟。

最后，青少年自我评价标准的变化。青少年初期，对自己进行评价时，常以外在的标准来评价，评价内容也相对简单，他们在回答问题的时候会考虑他人对自己的看法，因而也会出现“亲社会性”的现象。而后期随着青少年的成长，他们更多地依赖于内在的标准来评价，评价的内容更为全面且复杂，因而常出现低估倾向。当他们日趋成熟后，他们的评价标准也会变得更加客观。

因此，我们在给青少年做心理健康素质评估的时候，要把这些背景因素也都考量进去，不能单纯地凭借结果向学生反馈，更为严谨的做法是需要和学生就测评结果展开具体且翔实的讨论。

本文执笔：上海市第六十中学　杨涵茵

第36问　如何对来访者（学生）进行观察记录

• 情景园

蔡老师是某小学的心理老师，最近有一位班主任老师向她反映，说她班上有一名学生经常在课堂上“捣乱”，不光上课不专心听讲，还会去干扰其他同学，有时甚至会离开自己的座位。老师说她跟学生家长聊过，家长也反映孩子在家做作业拖拉，“坐不住”，学习成绩很糟糕，但他们也无能为力。老师怀疑这名学生“有心理问题”，但又不太确定，想请蔡老师提供一些建议和帮助。

• 明镜台

蔡老师遇到的问题在中小学心理辅导工作中非常常见。教师、家长或学生前来找心理教师，是因为他们有接受帮助的需要或问题。为了能够提供有针对性的、有效的帮助，心理教师在一开始就要尽可能多地收集信息。这就是非常重要的评估环节。心理教师在职初通常会犯的错误是，还没对问题进行一个总体客观的评估，就决定给学生开展干预，从而导致师生关系的紧张、问题解决的无效等。在上述的情境中，蔡老师作为学校的心理辅导教师，首先要对班主任提供的信息进行核实，她需要通过进一步的信息收集和评估，来发现究竟是孩子本身的行为问题，还是教师的班级管理技术问题，或者是家庭教育或家庭系统的问题。

心理教师可以使用的一种有效的评估方法即观察记录法，即有目的有计划地观察评估对象在自然场景下言语和行为的变化，并根据观察结果判断评估对象心理发展特征和规律的一种方法。观察法实施方便，在任何时间地点都能进行。它能提供具体事件的真实描述，比事后了解和查阅资料更具体真实和完整。特别是在自然状态下不为学生所注意，使他们不受干扰地活动，所得资料的真实性是其他地方无法比拟的。

• 智慧谷

通过观察记录法获得的信息，往往可以作为对学生进行心理发育和发展状态评估和干预的重要依据。观察记录法主要记录的是学生的问题行为。对学生问题行为的分析可以从两方面来进行。

一是课堂行为分析。学生在校的主要活动场所是课堂，学生的课堂行为往往反映了其身上的学习障碍。利用事先设计的课堂行为观察记录所获得的资料，可以分析学生对教师讲课的反应、课堂作业时的反应、不安定的课堂表现和回答问题的表现等。

二是学生日常行为问题分析。例如好斗攻击、焦虑退缩、注意力涣散、偷窃逃学等。对于有这些症状的学生，教师还应参考其历史资料与背景资料进行综合分析评估。主要的观察记录方法有叙述性记录、事件记录、时段记录、评定记录等。①

本文执笔：上海市市西中学　康元艺

① 吴增强. 学校心理辅导实用规划[M]. 北京：中国轻工业出版社，2012.

第 37 问　如何对来访者（学生）进行咨询记录

- 情景园

高老师是高中的一名心理教师，入职一年以来，她在课堂上“人气”很高，学生都很喜欢她温和亲切的授课风格。课后也会有很多同学来找她“谈心”，几乎每天中午的咨询时间都被排满了。然而，学校里繁忙的工作节奏，让安静地写一会儿咨询记录也往往成为奢侈。有时候，她会在自己的笔记本电脑上对咨询过程简单地记录几笔，以防自己忘记；有时候她咨询过后就要上一下午的课，根本来不及记录，有好几次咨询都因为时间间隔太久，忘记做记录了。有时就算写好了咨询记录，也只是往电脑里一存，再也不会打开它。她有时会想，咨询记录还有必要写吗？

- 明镜台

高老师之所以会有这些困惑，主要是因为她对于学校心理辅导进行个案记录的必要性和重要性缺乏准确的认识。咨询 / 辅导记录是在咨询过后，心理老师对于咨询 / 辅导历程的记录，是咨询工作的一部分，也是从事咨询辅导工作的重要证明，记载着心理老师运用专业知识收集到的基本资料、评估判断以及相应的咨询策略。对于危机个案，咨询记录也包括危机的处理以及后续追踪情况。

在心理咨询比较规范的国家，法律规定没有被记录下来的咨询就等于没有发生过，足以见得咨询记录的重要性了。但是，很多心理辅导教师对于咨询记录的重要性认识不足，常常出现咨询记录、咨询笔记、案例报告之间相互混淆的情况，尤其是对咨询记录和咨询笔记分不清楚。咨询记录可以看作是来访者的档案，除了咨询师，来访者本人、其法定监护人、咨询师的督导，精神科医生以及获得授权的人士均有权查阅。咨询记录的主要目的是为了记录咨询进程，因此咨询师关于个案的一些假设、思考不宜写在其中，但可以另外写在自己的咨询笔记里面。而如果要寻求督导，则需要将几次的咨询记录整理成另外的案例报告。

咨询记录对于学校心理教师来说，就像一道专业的保险杠。它不仅能够如实呈现咨询的发生、发展过程，帮助咨询师反思咨询过程，描述个案的进展，而且一旦出现伦理和法律问题时，心理辅导教师还可以将咨询记录当作证据自保，前提是所做的记录必须规范，不规范的咨询记录很可能会适得其反。

• 智慧谷

对于高老师，我们给出以下几条建议。

1. 了解心理辅导中进行咨询记录的规范流程

一般来说，每次咨询都要进行记录，最好在咨询结束后的 24 小时内完成，并注明日期和地点。写完之后检查，确保用词精准，能被读懂而无歧义。除了通识的缩略词以外，尽可能少使用缩略词。如果遇到来访者没来或者临时取消，咨询师也需要注明没来的原因，以及咨询师是否尝试和来访者约下一次咨询的时间。如果约上了，要注明下一次咨询的时间。

2. 加强心理辅导记录的保密性

《中国心理学会临床与咨询心理学工作伦理守则》（第 2 版）中对于如何保存和传输咨询记录进行了规定。上述情境中高老师并没有采取必要的措施来保证咨询记录的保密性和安全性，这一点需要在后续加强，以防出现意外，引发不必要的麻烦。另外，高老师还需要区别好咨询记录和个案报告。日常的咨询记录只需要简单精练地提取出咨询中最关键和最重要的内容，不需要事无巨细地记录咨询中发生的每个环节，因此每次咨询完后并不需要花太多时间来记录，高老师可以合理安排好自己的时间，做好心理咨询的这一重要环节。

本文执笔：上海市市西中学　康元艺

第 38 问　心理咨询记录的必要内容包括哪些

• 情景园

自从上一次学生家长由于孩子心理问题的处理，而跟学校发生纠纷之后，学校心理老师高老师已经深刻理解咨询记录的重要性了。最近，她做咨询记录比以往更认真了，每次咨询她都拿笔做记录，生怕错过来访者说的每个细节。事后她就像记流水账一样将咨询过程写下来，每次都要花费相当长的时间，但当她需要重新去翻看这些记录时，又觉得繁杂无章，毫无头绪。

最近学校要参与心理达标校的评估，其中针对心理辅导记录的要求就是“心理辅导记录完整”“有详细规范的个案报告”，她感觉到自己距离这个标准还差好多。但是面对每次将近一个小时的咨询过程所收集的材料，她又不知道该如何归纳整理为一个规范的咨询记录。她感到十分迷茫。

• 明镜台

能够看出来，高老师已经充分认识了咨询记录的重要性，但似乎有些“矫枉过正”。咨询记录不等同于咨询笔记，也不等同于个案报告。咨询记录的主要目的是为了记录咨询进程，因此咨询师关于个案的一些假设、思考不宜写在其中，但可以另外写在自己的咨询笔记里面。而如果要寻求督导，则需要将几次的咨询记录整理成另外的案例报告。

详细地记录流水账，虽然可以记录下咨询当中的细节，对于咨询师回忆上一次的咨询内容有所帮助，但这样记录效率太低，也没有必要。事实上，咨询记录只需要包含一些基本的要素即可。

• 智慧谷

咨询记录通常包含以下要素：会谈对象（个案、家长或其他相关人员），会谈时间（日期、时间、第几次），会谈方式（面询、线上、家访），背景资料（人口学资料），主诉问题，本次会谈主题与目标，评估与进展，处理与计划。具体的格式每所学校的要求可能略有不同，如果没有固定的格式，可以参考下面几种：[①]

1.SOAP 记录法

主观描述（Subjective）：描述来访者的主观经验和感受。

客观描述（Objective）：描述有关来访者的客观事实、测验结果和咨询师的观察与了解。

评估分析（Assessment）：咨询师对问题和咨询过程的评估与分析。

处理与计划（Plan）：咨询策略与后续咨询计划，比如家庭作业、下次会谈的时间安排等。

2.DAP 记录

D（资料，Data）：关于来访者的主客观资料收集，比如咨询中发生了什么，说了什么，来访者的主诉问题、临床观察、干预、测评结果等。

A（评估，Assessment）：咨询师对来访者的问题和咨询过程的评估，当前会谈的效果和整个咨询的效果、咨询目标的达成情况、需要更多工作的地方等。

P（计划，Plan）：咨询方案和后续咨询计划，比如家庭作业、下一次会谈的时间和安排、咨询计划的改变等。

撰写记录是咨询工作相当重要的环节，虽然看似烦琐，但只要掌握要点，上手练习，不仅能大幅缩短撰写时间，还能锻炼自己总结和抓重点的能力。

本文执笔：上海市市西中学　康元艺

① https://www.zhihu.com/question/337455835/answer/814959585，东方明见心理，来源：知乎。

第 39 问　怎样建立和使用心理健康档案

• 情景园

小张是一位中学心理教师，每学年开学初，她都会依照学校的要求对新生进行全面的线上心理测评，学生做完测评之后结果就会保存在计算机软件的系统中。之后，她会根据测评结果进行面谈的安排，对心理问题高风险的学生进行筛查排摸。

她常常听到别的学校的心理教师谈论起心理档案建设的事，然而面对电脑里密密麻麻的文档，手边一沓沓厚厚的表格，到底该何从着手整理呢？有时学校和班主任老师会要求她提供某个学生心理状态相关的记录进行了解，她又该如何调取档案给出相关的信息和建议呢？她脑子里完全没有头绪。

• 明镜台

学生心理档案是反映学生心理活动真实面貌的历史记录材料，即运用心理学方法对学生的认知过程、智能状况、个性特征和心理健康状况等方面做出的鉴定和评价。建立心理档案的过程实际上就是采用多种方法系统收集资料的过程，是对学生的心理状态进行描述和分类的过程。2020 年上海市教育委员会发布的《关于加强上海学校心理健康教育的意见》中明确表示，要规范学生心理咨询和辅导的档案管理，推进心理档案的信息化建设，要通过家校联系、新生入学心理健康状况调查等方式，定期对学生心理状况进行评估和建档。

小张老师的困惑在于，虽然她能有意识地对学生的心理状态进行测试、评估和资料的搜集，但她并不太清楚建立和运用心理档案的具体原则和方法，对于心理档案具体应当包含的内容也有些模糊不清。显然，该学校并没有对建立心理档案的人员进行专门的系统培训，也没有配备专门的电脑，学校教职工并没有相关的意识和观念。在整个过程中，似乎只看到她一个人在参与，而建立学生的心理档案不应该是心理教师单打独斗的工作，而是需要学校、家庭的协同努力，这样才有可能发挥心理档案的作用，促进每一个学生的健康发展。

• 智慧谷

针对小张老师的困惑及其所在中学的实际情况，建议如下：

1. 明确学校心理档案建设和使用的原则

在建立中学生心理档案的过程中，必须遵循一定的原则。这是对建档规范的认识，也是对建档工作人员的行为要求。

一般来说，建立学校心理档案必须遵循以下四条原则。

（1）客观性原则。即所搜集的资料必须准确可靠、实事求是。这需要搜集学生的心理测验资料，对学生进行多方位的综合测评，并选择合适的心理测量量表。除此之外，还需要获取测验以外的材料，如教师、家长平时对学生的观察和了解，学生的自评及他评等。

（2）适用性原则。一般心理测验采用团体测验，最好操作简单容易掌握，并采用电脑化操作。由于学生人数众多，因此对心理档案的内容要本着对学生发展有重要影响的原则精心筛选。

（3）发展性原则。学校要用发展的眼光和标准来评价学生。随着学生的成长，其心理档案的内容也要进行补充和更新，及时反映学生的心理变化。

（4）保密性原则。心理档案需要严格保密，不得侵犯学生隐私，更不能随意公开档案内容和评价。

2. 了解心理档案的建立方法和主要内容

建立学生心理档案的方法有很多，目前通常采用的是观察法、谈话法、测验法、问卷调查法、个案分析法、作品分析法、教师评估、同伴评估、自评等。

一份完整的心理档案至少应该包括以下几个方面的内容：个人的一般信息、心理测评信息以及心理咨询和心理诊断信息。个人一般信息包括学生个人资料、在校表现资料、家庭心理发展环境资料等。心理测评信息是心理档案的重要内容，可以包括心理量表测量和心理仪器测量两种方式来考察智力因素和非智力因素，这两项内容通常是针对全体学生的。而心理咨询和诊断信息主要是个别学生进行心理咨询的记录，包括日期、问题类别、具体过程、评估结果、转介情况等。此外心理档案还可以包括学生自评、班主任和心理老师的日常观察记录，以及学生遭受重大心理事件或反常行为的记录材料。①

本文执笔：上海市市西中学　康元艺

① 吴增强. 学校心理辅导实用规划[M]. 北京：中国轻工业出版社，2012.

第四部分　学生心理辅导和危机干预

第 40 问　如何评估和判断学生的心理问题类别以及后续工作

• 情景园

戴老师是一名职初心理教师，她觉得目前很难处理以下案例：小文，高一学生，女。一走进课堂就心烦意乱，非常难受，无法静下心来学习，对学习恐惧。了解下来才知道，小文来自家庭的压力很大，家长自身毕业于名牌大学，对小文的学业成绩要求很高。家族里的平辈几乎个个学习优秀，父母和小文都对学习成绩非常焦虑，增加了小文的担忧与恐惧。

小文说自己平日里已经把所有的时间都用在了学习上，结果成绩还是很不理想。小文说没有了成绩，自己就没有了未来，对学习失去了动力，对人生失去了希望，觉得一切都没有意义，感觉很挫败、很害怕、很无助，觉得自己糟糕透顶，有想放弃一切的想法和无望感，甚至有自我伤害的行为。

• 明镜台

1. 学生心理危机风险评估

首先，要对小文的心理状况进行风险评估。常用的评估方法包括观察评估（观察学生的意识、情绪、行为有无明显异常）、面谈评估（倾听学生的想法，了解学生的恐惧、痛苦、无助、绝望的程度）、测量评估。主要是评估当事学生的精神和功能状态，评估内容包括：学生目前的情绪状态、认知状态、行为活动；过去的危机经历及心理健康问题；对危机的反应以及应对行为；社会支持系统资源；危机事件对当事人及他人伤害的危险性等。在综合评估的基础上，评估学生的心理问题类别，确立合适的辅导干预方案。

（1）认知：记忆力和注意力明显下降，工作、学习能力明显降低。对危机事件的认知和感知与现实情况有明显不同。自我否定、自我贬低，甚至认为自己一无是处，想放弃一切。

（2）情绪：负性情感体验明显，紧张、焦虑、害怕、沮丧、恐惧、悲观、抑郁、无助、无望，情绪低落、不稳或失控，情绪情感与环境不协调。

（3）行为：对周围环境持回避态度，失去个人能动性。社交退缩、躲避人、对关心他的人采取回避、逃避与疏离的态度。

（4）生理：睡眠质量下降、难以入睡、易醒、嗜睡等，食欲食量变化明显、厌食或暴食，身体不适等躯体症状。

如果当事人仅有自杀的念头，近期并无明确计划，更没有自杀准备与自杀未遂行为，且情绪可自控，冲动可控制，那么在咨询师能力胜任的前提下，可以作中低风险危机事件进行干预和应对。

如有以下任一情况即为严重且急迫的高自杀风险：不久前尝试过严重的自杀行为（自杀未遂）；流露出自杀意图，有详细的近期自杀计划，如准备了自杀工具、确定了自杀地点、写遗书或交代后事等自杀准备；有自杀意念，没有进一步的自杀计划，但无法控制冲动。

在了解评估小文的心理状态后，视具体情况实施心理辅导、危机干预或者及时进行转介。如是危机事件，按程序上报备案，并启动心理危机应急处置预案。

2. 学生心理危机事件应急处置与后续辅导注意事项

（1）学校所有人员都负有首见“报告制”的责任和义务，并按程序及时上报备案，以及时预警和处置危机事件。

（2）心理教师评估危机风险。如果学生的情况比较严重，不能继续正常上课，学校要联系学生家长或监护人接学生回家。

（3）若当事人精神状况很不稳定，有攻击或自伤行为和倾向，则暂时对其进行隔离监护，保护其安全。

（4）家长或监护人要清楚知晓孩子心理状况的危险性，如对自己或对他人可能有的过激行为、伤害事件等，护送学生前往专业医疗机构进行诊断治疗。

（5）对可以在校坚持学习（前提是不会伤害自己和其他学生）但需辅以药物治疗的学生，应与其家长商定监护措施。对不能坚持在校学习的学生，按照学校学籍管理有关规定办理相关手续，由家长监护并离校治疗。

（6）因精神障碍而休学的学生经医院诊断治疗后需要复学的，必须有医院医生出具的复学证明或病情证明（医学情况），是否能够复学，需要学校和家长的协商，以确保学生的安全。

（7）当事学生复学后，学校要做好跟踪辅导，了解当事学生重新融入学校生活的情况，持续观察与评估当事人的行为与心理状态。心理老师与班主任做好沟通，为班主任提供支持帮助。班主任引导班级同学相互关心帮助。如学生愿意，可在学校接受心理咨询。

（8）做好与家长的沟通工作极为重要。进行家庭心理辅导，帮助父母认识自身与孩子的问题所在，营造健康和谐的家庭环境，为孩子提供心理支持；提升家长识别应对孩子心理问题和危机干预的意识与能力，指导家长对疑似有精神障碍的学生到医疗等专业机构寻求帮助，做到妥善应对、适时转介。

（9）遵循保密原则，保护受助者的个人隐私，要求有关教职员工不议论、不传播，理解和保护当事学生，并告知教职员工应注意的事项。

（10）危机干预过程中不情感与情绪用事，遵守法律法规，团队合作，更好地服务与帮助学生。

• 智慧谷

建议小戴老师从以下方面来处理小文的案例。

1. 学生心理问题分类

学生心理问题可分为发展性心理问题、一般性心理问题、心理障碍或危机。

（1）发展性心理问题是指个体成长和发展过程中存在的困惑或问题，比如学业压力、人际交往困惑、亲子关系等。

（2）一般性心理问题是指当发展性问题没有得到及时处理，积累时间过长所导致引发的一些轻度心理问题。比如自卑、考试焦虑、社交恐惧等。一般性心理问题的情绪反应能够理智控制，不明显破坏社会功能，是介于严重身心障碍与发展性心理问题之间的问题。

（3）心理障碍或危机是指需要转介的严重身心障碍，如出现幻听幻想、精神分裂、人格障碍、抑郁症、自杀自伤等异常行为及危机。

2. 学生心理危机预警识别

学校要建立完善的预警制度和通畅的学生心理危机信息反馈制度，做到在第一时间掌握学生心理危机动态，对有危机倾向的学生，予以关注、关爱和关心。特别是在新生入学、开学、升学、重要考试前后等重要时间节点的心理危机的预警、预防、发现、干预。

（1）重点预警对象

学校有针对性地对“重点学生”进行排查，对存在下述情况的学生，应作为重点预警对象及时进行危机评估与干预。如：近期遭遇诸如学业失败、家庭变故、人际冲突等重大生活变故的学生；情感受挫的学生；有严重心理问题和心理障碍的学生；家庭经济特别困难的学生；家庭人员之间有冲突的学生；有明显性格偏差，严重不适应学习环境（学业适应不良）的学生；社会支持系统缺乏或丧失的学生；有自杀意念或自伤行为的学生等。学校通过排查获得可能存在心理危机的学生名单。

对于高危个体，学校必须尽快与学生家长取得联系，与他们讨论学生在危机事件中的各种反应，以及家长在家里如何为孩子提供心理上的支持。学校可安排心理辅导老师直接干预，心理辅导老师与学校有关人员协商沟通，制定干预方案，做好危机预防与转化工作。如果家长不愿意在校内接受心理辅导，学校尊重当事学生和家长的要求，将当事学生转介到校外心理援助专业机构接受辅导。

（2）主要筛查途径

学生心理危机预警筛查途径主要包括：新生入学心理健康状况普查、建档与筛查；学生心理状况的定期排摸和评估；学生班级心理健康联络员的危机信息反馈；班主任、学科教师、家长对学生的心理危机信息反馈；卫生老师的危机信息反馈；心理老师对校卫生室、年级组、班主任等报告上来的存在心理危机的学生进行及时的风险评估。对预警发现具有心理危机的学生信息，应予保密，其信息只可在负责心理危机处置人员中规范运用。

3. 学生心理危机预防性干预措施

学校有关人员需要对重点学生从家庭、学业、同伴交往等方面进行详细分析，对个别需要特别关注的学生，由心理健康教育教师告知班主任、学科教师、家长要关注学生日常言行和情绪反应的明显变化，家校合作一起有针对性地做好预防性干预工作，并做好保密工作。

对可能有心理危机的高危学生，在征得学生和家长的同意后，学校可安排心理老师与班主任一起进行家访，了解学生在家的情绪、行为表现；了解家庭背景和家长教育问题；了解孩子以前的学校生活情况（学习、师生关系、同学交往等）；了解学生心理问题的发展过程，制定心理辅导方案，做好预防工作。如果家长不愿意在校内接受心理辅导，学校尊重当事学生和家长的要求，家长带孩子到校外心理咨询专业机构接受辅导。

对需要转介的学生，家长带孩子去专业医疗机构进行诊断治疗，通过家庭、学校、社会等各方面力量的协同联动，合力干预，共同维护、促进和保障学生的心理健康和生命安全。

参考资料

吴增强.发展性心理辅导理论与实务［M］.上海：上海科技教育出版社，2018.

沈家宏心理.抑郁与自杀的评估与干预［C］.心理危机干预十讲公益直播课，2020-03-09.

本文执笔：上海市风华中学　曹凤莲

第 41 问　怎么与班主任转介来的来访学生建立良好关系

• 情景园

一名高三学生，女。班主任反映该同学进入高三后，学习状态不佳，上课经常睡觉，成绩下降明显。该同学向班主任倾诉：上课时注意力难以集中，记忆力下降，常胡思乱想，心情急躁、沮丧，情绪低落、不稳，晚上睡不好觉，对自己的状况感到困扰和担心。在班主任的要求与建议下来心理中心咨询，职初心理教师小戴接待了她，但她觉得困难重重。

• 明镜台

班主任转介来的学生，防御心理较强，心理教师更要注重建立良好的咨访关系。良好的咨访关系指的是咨询师与来访者之间平等、接纳、尊重、理解、耐心倾听的辅导关系。良好的咨访关系是取得理想的咨询辅导效果的前提和保障，心理教师在心理辅导过程中，千万不要为了急于帮助来访者而加快节奏，以免损伤咨访关系，影响辅导效果，甚至导致个案脱落。

• 智慧谷

建议小戴老师遵守心理咨询的有关规范伦理，从以下方面把握。

1. 遵守保密原则

（1）一般情况下，心理教师要严格遵守保密原则。但也有保密例外，如来访者有自伤行为、自杀计划、伤害他人的风险或者违法行为。

（2）对来访者的有关资料、情况予以保密，不向其他人员透露当事人的秘密，尊重来访者的人格尊严和个人隐私。

（3）尊重来访者的自主决定权和意愿，如选择心理教师、中断或终止咨询等，与来访者建立平等信任的咨访关系，是心理辅导的职业规范。

2. 耐心倾听

倾听能够帮助心理教师了解当事学生的问题，是分析、归纳、判断学生的心理问题的一条重要途径。同时，倾听也是当事人减轻心理焦虑和压力，合理宣泄情绪的重要方法。对倾听者的要求：集中注意力、专注讯息、有耐心、无偏见、无框框、不作价值评判的倾听。

心理教师在面谈过程中需觉察是否存在如下的倾听问题，及时进行调整，有利于建立和维护良好的咨访关系。

（1）不充分倾听

心理教师注意力不集中，为个人的烦恼或需要所占据。或者来访者在讲话时咨询师脑子里只想着如何作出反应，因此无法完全集中注意倾听来访者的语言和非语言信息。让来访者感到被误解以及不被尊重，也会使心理教师错失来访者的重要信息，影响问题评估。

（2）选择性倾听

心理教师根据由偏见或成见形成的先入为主的观念去听其所期望或想听到的东西，无法听到来访者真实的信息，使来访者感到被误解或歪曲了想法和感受。

（3）同情性倾听

被对方的故事（内容和情绪）所吸引，过分认同，失去了客观性和适当的距离，最后会导致无效和精疲力竭。来访者可能感到被理解但最终很可能没有帮助。

（4）评价性倾听

对听到的信息进行评判，既没有同感，也失去了客观性。来访者感到不平等、被评判，容易激起来访者的反感、愤怒，严重影响咨访关系。

3. 共情陪伴

共情（同感、同理心），是指设身处地、感同身受去体会当事人的内心感受，能通过当事人的语言、表情和动作，感知和体验当事人内在的多种感受。真正的理解有利于建立和维护良好的咨访关系。

（1）接纳性沟通，向来访学生表达你的关心和尊重，理解学生的心情和想法，尊重学生的感受和行为，让来访学生知道你愿意帮助他。

（2）冷静、耐心地倾听与陪伴，疏导、帮助来访学生宣泄和稳定情绪。

（3）不要否认或者忽视来访学生的任何感受，也不要试图说服来访者改变自己内心的感受。

（4）不要急于做出判断，不要急着打断来访者，不要试图将自己的想法强加于来访者，不要急于给出解决方案。

（5）表达对来访学生情绪体验反应的理解，鼓励其更多地倾诉自己的感受和想法，帮助其意识、识别、调控自己的情绪。

4. 发掘资源，赋予能量

（1）对来访学生遭遇的困难充分理解，传递积极的信念，相信事情可以好起来，鼓励来访学生接受帮助。

（2）协助来访学生积极寻找资源，可以获得哪些支持，自己可以采取什么行动等，找到改变的希望和力量，让其知道问题能够改变。

本文执笔：上海市风华中学 曹凤莲

第 42 问　心理教师陪伴来访学生要注意什么

• 情景园

虽然拥有心理系的专业学科背景，也通过培训和考试取得了心理咨询师的资格证书，但是职初教师小 A 一直觉得，个案咨询是自己作为心理老师的软肋，尤其一想到有可能会面对攸关性命的危机个案，她就有点发怵。

然而怕什么来什么，一天课间，咨询室里来了一个浑身颤抖的小姑娘，进门就撕心裂肺地大哭："老师我受不了了，太痛苦了，你让我去死吧……"小 A 强压下心中的惊慌，蹲下身抱住蜷在墙边的小姑娘，告诉她："我在，我在。谢谢你在这么难受的时候愿意来找我，发生了什么？如果你愿意跟我讲一讲，我一直都在……"通过初步评估，来访女生确实存在较高的自我伤害风险，便启动了学校危机干预的流程。在等待来访女生的家长来校接孩子就医的一个小时里，小 A 小心翼翼地和小姑娘聊着天，生怕自己的哪句话会引爆小姑娘的情绪，好在虽然说起一些往事时，小姑娘又不免哭了一场，但到底平安地等到了其家长的到来。

直到来访女生的妈妈一脸心疼而又凝重地将孩子带离咨询室前往医院就诊，小 A 悬着的心才稍稍放下一点，回想整个过程却还是有点懵：自己这一个多小时全凭直觉反应侥幸过关，今后，当危机个案来访时，作为心理教师，在陪伴来访学生的过程中，到底应该怎么做才更专业？需要注意些什么？

• 明镜台

如果入职前缺少咨询实践，作为职初心理教师，尤其第一次遇到危机个案时，陪伴来访者时感到有点手足无措，其实非常正常。

不论是大学专业课的学习还是心理咨询师资格考试的培训，危机干预只是众多板块中的一个内容，并且课堂所能提供的更多还是理论知识的传授。即使入职前有相关实习经历，危机个案也不是人人每日都会碰到的。所以对很多职初教师而言，入职后自己碰到的第一个危机个案，极有可能就是自身咨询生涯中的第一个危机个案。危机个案来访对于心理教师本身而言，亦可以算是一个应激事件，在应激状态下，要将之前学习到的理论知识迅速转换成实际操作，已经是一个巨大的挑战。更何况，陪伴危机个案的过程中，伴随着的诸多不确定性需要临场反应，应对不当的后果可能又尤其严重，其压力之大，显而易见。

再者说来，事关来访学生的生命安全，即使是拥有丰富实践经验的心理教师，在面对一个有自杀意图的孩子时，内心也一定会有紧张和不安，这份对生命的敬畏和珍惜会警醒我们更加谨慎地应对危机个案。我们需要进一步熟悉应急策略，但这份小心翼翼的初心，值得一直被保留。

• 智慧谷

虽然小 A 认为自己是“全凭直觉反应侥幸过关”，但到底是有专业训练的基础，小 A 的很多做法还是非常适切的，在陪伴处于危机中的来访者时，职初心理教师需要注意下面几点。

1. 保持镇定

无论咨询师内心多么惊慌、担忧，都要让自己保持镇定。咨询师从容稳定的情绪状态可以给来访学生极大的安全感，也有利于学生逐渐进入到平稳的情绪状态。

2. 陪伴在旁

直到危机解除或有其他人陪护，一刻也不能离开来访学生身旁，让学生感受到心理老师会陪着他 / 她，不会贸然离开。绝对不能让其独处，如果出现上课或其他教育教学工作时间冲突，及时请示分管领导做相应安排。哪怕来访学生表示可以自己一个人等在咨询室，明确告诉他 / 她你现在很担心他 / 她，更怕他 / 她独处时会发生他 / 她自己也无法控制的状况或者情绪状态，所以必须要有人陪在边上，必要时可以告知他 / 她这是危机干预的工作需要，请他 / 她支持配合你的工作，保持态度温和而坚定。

3. 表达关爱

多倾听，少说话，多用同理和复述让来访学生感觉到你在认真聆听。向在危机中的学生表达你的担忧、关心和理解。根据学生的年龄和性别的实际情况，心理老师可以适当使用肢体语言，拥抱、握着对方的手、轻拍背部肩膀等都可以有效地传递关爱。尤其对于情绪激动的来访者，恰当的肢体接触对于平复情绪非常有用。

4. 表达帮助的意愿

通常，认为死亡是唯一的选择，往往因为看不到解决困难的希望。要告诉企图自杀的来访者你愿意与他 / 她一起想办法和寻求帮助，并坚信一定可以找到能够提供帮助的人，能够帮助事情向好的方向转变的方法。

5. 询问自杀计划

直接询问来访者的自杀念头和计划，评估风险等级，防止自杀的实施，必要时及时送医。让所有危险器具或物质从想要自杀的人所在区域消失。

6. 寻求帮助

当来访者有伤害自己的意图时，是需要突破咨询中的保密原则的。所以在陪伴危机个案的过程中，心理老师也可以不用孤身战斗。除了必要的上报、联系监护人、求助医疗资源等，为了保障学生的安全，在必要时（如异性学生想要上厕所，学生情绪激动时心理老师一人无法保障学生的安全等），可以与孩子协商，一起向其信任的其他教师寻求帮助。危机干预是一个系统工作，心理老师要学会调动系统资源整体工作。

本文执笔：上海市民立中学　刘懿

第 43 问 如何应对学业变化中的危机

- 情景园

今年是小 Z 入职的第二年，在整理之前一年的咨询记录时，小 Z 发现，个案的来访似乎有一个规律：学期初的一个月、学期中及学期末这三个时间段，似乎都是个案来访的高峰时间，几个危机个案也基本都是在这三个时间阶段爆发出来的。而期中、期末的咨询高峰时间段，与学校教育教学安排的期中、期末考试时间基本吻合，开始于考前 1—2 周，结束于考后 1—2 周。这必然不是巧合，那么，应该如何利用好这些时间节点，预防和干预由于学业变化引发的学生心理危机呢？

- 明镜台

作为一位职初教师，小 Z 真的非常敏锐，很有洞察力。对于学生而言，学业确实是生活中非常重要的组成部分，也是学生心理辅导过程中绕不开的议题。诸多相关研究显示，学习问题一直高居众多学生问题发生率排行榜的榜首。而诸多心理问题，不论是因为学业成绩不佳可能引发的自卑以及衍生出的同伴交往问题，还是与学业低自我效能感紧密相关的焦虑，抑或是由于成绩达不到父母的期待而引发的亲子冲突……虽然表面上看起来不是学业问题，但学业却是引发这些问题的重要影响因素。

我们来看一下小 Z 之前提到的三个时间节点。

1. 开学

放假在家的生活状态与作息规律，与在校的情况多少会存在一定的差异性，部分学生可能会因此出现不适应状况：如记忆力减退、理解力下降、厌学、焦虑、上课走神、情绪不稳定等。在这种暂时性的心理状态下，面对生活中或多或少会出现的一些问题和状况，我们就有可能放大它们对身心的负面影响，从而诱发心理危机。

2. 考前

期中、期末及其他重大考试的临近，容易给学生带来一定的紧张和压力，处理不当，一旦叠加其他生活事件，也容易诱发心理危机。

3. 考后

考试结果会相当程度上影响学生的情绪状态，当考试结果低于学生自己或家长的预期时，哪怕成绩本身不一定低，学生常常会产生失落、悲观、嫉妒等消极的情绪感受，导致心理失衡的状态，处理不当也容易引发心理危机。尤其要注意的是，部分学生极度悲观、失落的状态甚至在考试成绩公布前就已经开始。

• 智慧谷

除了常规的危机干预策略，针对之前提到的三个重要事件节点，在学生危机的应对方面，我们有以下建议。

1. 开学

（1）通过开学升旗仪式、班会课、团体辅导、个案辅导等各种渠道和方式，指导学生适应开学状态，如：根据自身实际情况设立新学期的学习目标，并将学习目标和计划落到实处，缓解学业焦虑。管理和调整电子产品的使用，逐步重建学习和休息的生活规律。保证充足的睡眠时间，劳逸结合，适度锻炼，保持良好的身体素质和愉快的情绪基调。通过积极参与学校组织的各种活动，与同学、老师多交流互动，感受校园生活的乐趣等。

（2）收集和汇总班主任老师开学前的家访情况，了解学生的成长环境和假期生活，结合新生入学心理测评等手段，筛选出需要重点关注的个体，开展针对性的工作。

（3）为班主任老师提供专业帮助，根据学生年龄和班级特点准备开学前几周的班会课，营造温馨、安全、接纳、和谐的班级氛围。通过带领学生修订班规，开展有助于提升班级凝聚力的团体活动等，提升校园生活对学生的吸引力，帮助他们尽快恢复状态。

（4）与分管领导加强沟通，通过教职工大会等形式，引导任课教师帮助学生做好开学的学科学习适应，如：适当放缓最初几周的教学进度，教学安排循序渐进，强化新旧知识之间的联系，加强师生间的良性互动等。

2. 考前

（1）通过学校统一考前动员、班会课、团体辅导、个案辅导等各种渠道和方式，引导学生客观看待考试对现阶段学习的评价功能，合理设置对考试结果的目标和预期，减轻学生对考试的恐惧心理。辅导学生掌握简单的身心放松方法，提升主动调节的意识与能力。

（2）与学科教师联动，引导学生制定和实施有效的复习计划，了解应试技巧，提升灵活应变、及时调整心态的能力。

（3）为家长提供考前家庭教育的指导，建议家长注意学生的营养和休息，不要人为制造紧张气氛，成为支持者而不是监督者，在考前为孩子营造接纳的生活氛围，多肯定孩子的努力，多鼓舞孩子的信心。

3. 考后

（1）通过课程、讲座、宣传资料发放、个别辅导等形式，引导学生对考试结果进行合理归因，强化以积极、正向的心态看待考试的过程和考试的结果，帮助学生掌握基本的情绪调节方法。

（2）与学科教师联动，引导学生以发展性的眼光看待考试结果，对卷面进行全面的分析，由此发现自己在上一个阶段中存在哪些可以继续发扬的长处，又存在哪些需要及时补上的疏漏或者需要调整的学习方法，为下一阶段制定有针对性的学习提升计划。

（3）引导学科教师和班主任发现每一个学生的优势和特长，肯定每一个学生的价值，为学生创造更多能展示优势的机会，营造温馨、和谐、安全、接纳的班级氛围。

（4）通过与班主任老师的联动，引导家长以正确的心态看待孩子的考试成绩，不因为一次考试的失利全盘否定孩子，帮助家长认识到孩子本身的主观能动性，掌握激励孩子的正确方法。

参考资料

《中小学生心理危机预防与干预简明工作手册》，2016年度市教委德育处委托项目“中小学生心理危机预防与干预”研究成果，项目组组长：吴增强

本文执笔：上海市民立中学　刘懿

第 44 问　怎么防止来访者（学生）脱落

• 情景园

小林是一名已工作两年的心理教师，她非常热爱自己的心理学专业，期待可以运用自己的专业所学陪伴帮助青少年健康快乐成长，她每天中午都坚持开放心理辅导室，来咨询的孩子们也越来越多，有的或许只是想与亲和温柔的小林老师说说话，不过也有一些孩子是带着自己的困惑烦恼来寻求帮助的……为了提升自己的心理咨询水平，小林还利用业余时间学习了不少心理咨询的线上线下课程。每天的工作繁忙，但忙碌之余，小林也觉得很充实与幸福。可是，最近当她汇总梳理这两年的咨询记录时，却发现了一个问题：咨询个案总数虽不少，但是一个个案连续咨询的次数却非常有限，很多个案好像仅仅是 2—3 次就“没有下文”了，次数最多的也不过 5—6 次。小林百思不得其解，甚至隐隐有些“挫败感”，她不确定来访者（学生）有脱落，是不是意味着自己的咨询有问题。

• 明镜台

脱落指来访者在既没有获得咨询师的同意，也没有达到与咨询师共同设定的咨询目标之前，就决定提前终止咨询的情况。实际咨询历程中，脱落是客观存在的现象。国内外不少研究均表明，不论你是新手咨询师，还是经验丰富的专业咨询师，脱落在一定程度上都有可能发生，我们可以追求减少脱落，但是无法完全避免脱落。脱落的发生对来访者和咨询师都会带来一定程度的消极感受与影响：对来访者来说，脱落直接影响咨询效果，也有可能由于提前结束咨询而给来访者带来挫败和不满的情绪，让来访者原来的问题雪上加霜；对咨询师来说，脱落会影响他们在工作中的自信，可能觉得自己付出的时间和努力都随着来访者脱落付诸东流感到很遗憾，也有可能为来访者的情况感到很担忧，为自己没能很好地帮助来访者而感到自责。另外，团体咨询中发生的脱落现象也会对其他团体成员带来各种负面情绪与困扰。

不少研究探讨了脱落的影响因素，具体有：来访问题症状的严重性、来访对待咨询的态度、来访对于咨询的期望、来访者对咨询师的感觉与评估、咨询师和来访者之间的匹配、咨询目标的设置、个体咨询倾向于解释性还是支持性、咨询师对来访移情及阻抗的觉察与处理等。也有一些证据表明：咨询师接受的训练越多，来访者的脱落率越低；另外，与经验缺乏的新手咨询师相比，经验丰富的咨询师更容易理解他们的来访者。

• 智慧谷

可以看到，影响脱落的因素中，不仅仅是职初心理教师方面的因素，也有可能是来访者方面的因素。因此，职初心理教师一定程度上要理性地看待脱落，要承认脱落没有办法完全避免。以下交流一些职初心理教师可以做的力所能及的减少脱落的努力。

1. 心理教育，澄清期待，共商目标。现实生活中，来访者（学生）对于心理咨询是怎么一回事、心理咨询可以给来访者带来什么其实并不是很了解，这就很容易使得来访者很片面、武断地看待心理咨询，要不就是认为心理咨询解决不了什么问题，要不就是对咨询抱有特别不切实际的期待，如果在实际咨询中与他的期待不符，就极容易发生脱落。因此，职初心理教师在咨询的初期，要对来访学生进行相关的心理教育，帮助来访学生澄清对心理咨询的合理期待，并知晓心理咨询是什么一回事，咨询师怎么帮助来访者，需要来访者做怎样的投入与努力等。职初心理教师还需要在咨询初期，与来访学生共同商量确定咨询目标，这个目标一定是来访学生也认可并愿意接受的，只有这样，才有可能推动来访学生与心理教师的合作，形成相对稳定的治疗同盟，而减少因为来访者对目标的不清晰、不认可而导致脱落。

2. 注重关系，恰当评估，精进技术。咨访关系永远是影响咨询的极为重要的因素，因此要想减少脱落，职初心理教师一定要把建立并维持良好关系始终置于工作的核心，要及时敏锐地觉察与关注来访学生的情绪变化，如果来访学生出现不满、生气等负性情绪，要及时反馈并积极工作。职初心理教师也要恰当地评估问题，并适切地反馈，以免让来访学生误以为问题很重，或者很轻。当然，职初心理教师也需要不断地精进与提升自己的咨询技术，如能在咨询过程中运用丰富而合适的咨询技术，一定程度上可以使得心理咨询更有效，也就直接减少了脱落的发生。

3. 理性看待，自我觉察，资源取向。脱落无法完全避免，职初心理教师需要在对脱落个案的具体分析中寻求专业进步，但是也要避免“全权负责”，要理性看待。如果心理教师对脱落特别在意与介怀，也需要自我觉察或者自我分析，来看看是不是存在自己的“议题”。另外，青少年心理咨询有一定的特殊性，受环境系统因素的影响更为明显，因此有些青少年个案的脱落，可能意味着来访学生的其他系统环境因素得以好转，比如他可能从家长、教师、同伴那里获得了支持。

总之，对待脱落的处理，职初心理教师需要做更多的努力与尝试，但也要尊重来访学生的最终决定权，这也是职初心理教师成长的必修课。

本文执笔：上海市第一中学　刘诗薇

第 45 问　如何应对青春期两性交往方面的危机

• 情景园

孙老师是一名新入职的心理教师，虽然对于学校心理健康教育的诸多工作相对来说都比较适应与熟悉了，比如心理课堂、心理社团、心理讲座、心理咨询等，但她一直觉得高中学生青春期两性交往内容对自己颇有挑战。工作中，她一方面能感觉到由于成长发育，性意识的萌发，有些少男少女会尝试恋爱，并因此“为情所困”，因情感引发不少心理困扰；另一方面，关于青春期性教育的不少调查研究结果还挺让人惊讶与担心，但学生们异性交往的真实情况到底怎样，往往难以获知；再就是作为教师，对于学生们的异性交往到底需要秉持怎样的态度与价值观，她自己也有些不确定。最近，孙老师接待了一位班主任转介的高二女生的咨询，据说她与外校一男同学交往，最近可能是对方提出了分手，导致这名女生近期情绪低落，并几次和同学说感觉生活没意思，自己学业成绩差，父母经常吵架，本来男朋友是“精神支柱”，与对方分手后越发觉得生活迷茫，人生失败。班主任为此很担心。孙老师与该生的心理咨询工作可以从哪些角度入手呢？

• 明镜台

随着年龄的增长、生理的发育，少男少女们进入青春期，并开始积极探索与尝试异性交往，这是正常的心理需求，且有一定的成长意义。一般来说，青春期的异性情感发展要经历四个阶段的心理历程，即异性排斥阶段、异性相吸阶段、异性眷恋阶段、恋爱择偶阶段。虽然每个个体未必完全按照固定的年龄进入相应发展阶段，但是往往都会经历如下的心理历程：排斥异性 → 在群体中找到自己喜爱的异性类型→期望与自己喜欢的某个异性深入交流→具备选择自己伴侣的能力。从这个角度来说，青少年的异性交往其实是在经历中提升与发展自己“爱”的能力。但是因为青少年尚处于生长发育阶段，其大脑某些区域，尤其是自我管理与行为控制的区域还没有发育成熟，因此青少年异性交往也可能因为其冲动、不成熟、不理性、自我控制能力不够等，引发较为遗憾的后果，甚至导致危机的发生。另外，由于家长、教师等群体大多认为青少年的主要任务是学习，会担心由于异性交往而导致他们不能专注学习、影响学业，因此，大人们对青少年的异性交往大多是反对、不支持的态度。青少年自我意识、独立主张的迅猛发展，使得他们往往比较叛逆，越是被反对的事情，越有可能“率性而为”，这也增加了青少年异性交往的危机风险。

· 智慧谷

职初心理教师在应对学生青春期两性交往方面的问题或危机时可以从哪些视角展开，具体可以做哪些工作，以下观点供参考交流。

1. 悉心了解，价值影响。青少年的异性交往因为担心不被大人们允许与理解，大多处于“秘密”状态，这就使得开展相关工作与引导显得比较困难。因此，如果青少年学生是带着异性交往的困惑来寻求心理帮助，职初心理老师一定要用心呵护这份信任，并尽量始终保持真诚开放的态度，切忌随意、简单、直接对学生的异性交往进行评论，要多些悉心了解，对学生异性交往的来龙去脉、细枝末节、感受态度多些了解，如此才有可能维持良好的咨访关系，关系在影响下才有可能发生。否则，当青少年一旦拒绝并放弃了求助，才是我们对危机“束手无策”的时候，这才是最大的危机。但作为学校心理教师，也要注意当学生身心健康或生命安全面临潜在危险时，要进行适当的安全教育和价值引导。

2. 全面评估，系统视角。青少年两性交往问题相对比较复杂，投入两性交往的原因、两性交往的程度与内容、个体受到的影响等，都带有个体的独特性，难以“一言以蔽之”，更不能大而化之地借助某些理论、某些研究就简单地下定论、做分析。职初心理教师在处理每个青少年两性交往的问题时都需要全面评估，充分看见事件中的当事个体，以及个体的家庭、重要他人对此的态度观点，寻求彼此的联结以及几方都认可和接受的空间，运用系统的视角来帮助青少年处理与应对两性交往的困境与危机。

3. 发展导向，多种方式。协助青少年应对两性交往的危机，一定是以发展为导向的。虽然事情的结果可能有普通意义上的好与坏，但是职初心理教师可以尝试推动或引导青少年个体以及相关人员，看见并发现危机事件对个体的发展意义，显化并放大个体的正性努力与积极成长。另外，青少年两性交往方面的危机要重在预防，也绝不应该局限于个体咨询这种单一的方式，要在学校心理健康教育工作中强调并坚持青春期两性交往方面的内容，要通过心理课堂、心理社团等多种方式引导学生恰当处理异性关系、做好自我保护、理性面对分手等，多角度发展学生“爱”的能力。

世界上没有再比青春更美好的了，没有再比青春更珍贵的了！让我们用“心”呵护与陪伴孩子们的青春历程。

本文执笔：上海市第一中学　刘诗薇

第 46 问　如何应对家庭变故的危机

• 情景园

庄老师许久都不能忘记上周一个学生的咨询，整个过程中他几乎一言不发，也看不出他的情绪变化。说实话，庄老师对于这个情境下，自己可以说些什么，做些什么，心里也不是很清楚。他是妈妈联系班主任老师转介过来的，听班主任老师说，孩子的父亲前段时间因为鼻癌去世。孩子平时与父亲关系不太好，父亲病重那段时间他也总是“爱理不理”，父亲离世那天恰好又是孩子期中考试，当时妈妈也没想到当晚丈夫就不行了，所以没让儿子去医院，让他在家好好复习迎考。现在妈妈觉得很遗憾，也担心儿子会怨恨自己，但是她发现好像儿子除了变得比以往更加沉默以外，也没表现出特别难过或生气，妈妈有些不明白儿子到底是怎么想的，希望心理老师可以给孩子开导开导。

• 明镜台

家庭是青少年成长的重要系统，亲子关系是青少年成长中的重要关系。俗话说，天有不测风云，人有旦夕祸福。有些青少年的家庭成员可能会因为疾病、意外等各种不可抗力的原因，导致或是亲人离世，或是家庭关系出现解体，或是家庭陷入经济困顿等家庭变故。家庭变故可能会给青少年成长带来极为明显与严重的消极影响和打击，不仅会使其经历较为强烈的消极情绪的冲击，还可能会影响其个性，或使其经历创伤，甚至罹患“创伤后应激障碍”。不同年龄阶段的青少年，由于其心智发育的差异可能会导致不同程度的反应。虽然确实有不少青少年在家庭遭遇变故后，不仅承受住了生活的艰难考验，还奋发图强，“励志”成长，但是，我们也要看到不少青少年因为家庭变故而引发心理、行为问题，甚至自我放弃，或是放弃生命，或是放弃前程。积极正向成长的那些青少年内心深处也必然存在着情绪情感的遗憾，家庭变故的打击没有将其“压垮”，也往往是因为其生活中还有其他重要他人，其他支持系统。

• 智慧谷

职初心理教师工作中如果遇到学生家庭中出现变故的危机，如何陪伴他，给予学生支持？

1. 情绪支持，用心陪伴。遭遇家庭变故，当事人必然会有很多情绪反应，比如难过、抑郁、担心、忧虑、愤怒等，职初心理老师在咨询过程中需要始终保持情绪支持，对孩子们的情绪给予接纳与涵容。每个孩子每个家庭都是不尽相同的，因此孩子们在面对家庭变故的过程中情绪反应也是千差万别，有其独特性，甚至也会有些矛盾性。职初心理教师尽量避免用自己的价值观、自己的理解来想当然地理解孩子的情绪，并在作反馈的时候要尽量谨慎点，可以多些开放性的问题，紧贴着当事学生的真实情绪感受，如此才能与其建立比较信任与良好的关系。比如可以问问他：你当时是怎样的心情？能说说你那个时候的感觉吗？

2. 尊重差异，因势利导。对于遭遇家庭变故的孩子，别人会平添一份心疼。心理教师会自然不自然地期望可以给予帮助，孩子周围自然也有不少善意之人，希望尽量减少事件对孩子的消极影响，也多希望孩子能够尽快从挫折中走出。这些心意是自然且美好的，但是在工作中，尤其是职初心理老师在工作中需要尽量尊重差异，尊重当事个体自身的感受，允许他按照自己恢复的节奏慢慢来，在陪伴守候的过程中再因势利导。另外，每个年龄段的孩子对变故的理解与反应也会不一样，年龄小一点的孩子可能受外界条件的影响比较明显，他难过时的感受是真，但是与伙伴们一起玩耍时的开心也是真实的；年龄大一点的孩子会比较内敛，比较介意暴露自己的家庭隐私，也不太愿意呈现自己内心的真实感受，甚至还会有一定的文饰性。

3. 主动关心，持续关注。青少年心理咨询有一定的特殊性，其成长发展受系统其他因素的影响比较明显，对于遭遇家庭变故的青少年，职初心理老师在工作中可以多些主动性，也可以尝试打破时空的限制，可以在心理课堂、业余时间多些主动的关心；也可以在保护学生隐私的基础上尝试与班主任老师积极沟通，共同合作；也可以多些持续关注，留意学生的变化，将其成长的正向变化给予积极反馈与强化肯定，推动学生的健康发展。

危险中蕴含机遇，孩子们在应对家庭变故危机时，也可以汲取成长的力量！

本文执笔：上海市第一中学 刘诗薇

第 47 问　来访者（学生）自我伤害，怎么办

• 情景园

小芸最近又报名了一期有关危机干预的线上培训课程，回顾梳理，近两年她学习了很多有关“危机干预”“自杀防治”等内容的课程，她不知道自己在这方面的工作能力有没有提升，但是她相信如果工作中再遇到琳这样的学生，她应该比两年前更笃定从容一点。琳是一名高一学生，某次心理课后，琳和小芸预约心理咨询，那个时候小芸才工作一年多。咨询室里，琳和小芸分享了很多，有关于刚进高一时的迷茫与孤独，有关于初中学习生活的压力和辛苦，有关于父母对她的忽视与高要求等，小芸耐心与亲切地倾听，让琳越来越信任。几次咨询后，琳和小芸分享了个秘密，并且希望小芸不要告诉任何人。琳告诉小芸，从初二开始，自己觉得学习压力大的时候，就经常在一个人独处的时候用一些方式发泄情绪，比如大哭、大喊大叫、用手捶镜子，直到用刀划自己，琳还撩起袖管，小芸看到琳手臂上一条一条的刀印子，大多不深，但也有几条“触目惊心”。这是小芸第一次面对这样的学生，她明显很慌乱，面对琳恳切的神情，她不知道该说什么，只好点点头。她好像后来也和琳讨论了一些不伤害自己的发泄情绪的方法，也希望琳不要再用这样的方式。这次咨询过后，小芸内心很纠结，她不知道接下来应该与琳怎么工作，也不知道到底应该不应该告诉琳的家人或者班主任……有两个晚上，小芸晚上总是睡不好觉，也很担心琳到底会不会有事。两天后，琳在教室里再次用刀划了自己，同学发现后告诉了班主任，班主任也及时联系反馈了学校和家长，后来好像琳就没有再来学校了，小芸后来得知琳的父母帮琳办理了转学。

• 明镜台

虽然我国国民的自杀率近年来有了明显的降低，但是自杀依然是国民意外死亡中的重要原因，其中不乏青少年采用自杀这种极端方式结束生命。青少年的自伤、自杀行为会给社会带来极为强烈的冲击与影响。现实的教育情境中，关于青少年的自伤问题也时有发生，给学校系统、家庭教育都带来很大的压力与挑战。青少年自伤行为的发生有很复杂的原因，有青少年自我身心发展变化的因素，也有外界客观因素与环境变化的影响。一方面，青少年处于“暴风骤雨”般的青春期，生理在这个阶段会发生剧烈变化，心理发展却不平衡且充满矛盾，对人生意义、自我认同的思考往往会带来一些迷茫与不确定的感觉。另一方面，现代社会节奏快、变化多、压力大，有些时候成年人不能承受的焦虑与压力会传递或影响到未成年人。如果个体的压力承受能力比较有限、社会支持比较匮乏、情绪调节方式比较欠缺，又或者受某些心理疾患的影响，就极容易发生自我伤害。

• 智慧谷

职初心理教师在个别咨询中如发现来访者（学生）存在自我伤害时，可以尝试从以下几个方面进行工作。

1. 情绪稳定，提供心理支持。职初心理教师如在工作中发现来访者（学生）存在自我伤害，必然会给自己带来比较大的压力与强烈的焦虑情绪。此时，极为重要的就是心理教师保持情绪稳定，唯有情绪稳定，才能接住并涵容来访学生程度强烈的消极情绪，才有可能陪他逐步稳定自己的情绪，才会有机会陪他一起梳理并看见引发自己情绪的因素与事件有哪些……这个阶段，心理教师可以通过积极的倾听，只是听来访学生诉说，不要说教和责备，也不要评价自我伤害行为的对错。另外，职初心理教师还需要积极回应，比如可以回应：嗯，我在这里、我在听；虽然我还不知道发生了什么，我想你此时一定很难过；我理解你此时的感受；我可以为你做些什么吗；等等。职初心理教师在遇到来访学生存在自我伤害时能保持情绪稳定，需要自我修炼与成长。

2. 科学评估，确保安全为先。学生自我伤害的原因、程度纷繁复杂，职初心理教师在工作时，要做科学的评估，在咨询与工作的各个阶段，都要始终把确保学生安全放在首位。自杀评估是极为专业的，科学评估对于自杀、自我伤害的干预极为重要，职初心理教师需要在实际工作中不断地学习与提升这方面的能力。自杀评估可以关注来访者的长期危险因素、近期危险因素等几个方面。长期危险因素包括有无自杀意念和行为相关的病史、有无心理创伤、是否存在长期的心理疾患等。近期危险因素主要是：来访者自杀的具体想法、计划和意向，近期的压力事件及诱因等。学校可通过家校互动联系、心理调查排摸等方式，争取尽早对心理特殊学生予以关注，要强化心理预警，以防范心理危机。自杀评估的时候，正常化和透明化是很重要的步骤，会影响评估是否顺利进行以及收集的信息是否全面客观。正常化，即帮助来访者体会到他现在的这个自杀的想法是可以理解的。透明化，指的是坦诚地与来访者交流咨询保密以及保密突破的原则，提前告诉他什么情况下咨询保密，什么情况下会突破保密约定，以及突破的原因等，这样的坦诚交流也会给来访学生带来控制感。科学评估是后期干预的前提步骤，但是评估过程中，职初心理教师要始终把确保学生安全放在首位。

3. 系统协同，寻求多方合作。学生是未成年人，其成长发展受到其他因素影响的可能性更大，在应对青少年学生的自我伤害行为时，职初心理教师要注意系统协同，寻求多方合作。家长作为孩子的监护人，自然是最为在意与关注孩子的安全的，或许亲子间有些误会或冲突，或许孩子的自我伤害行为与亲子关系有一定的关联，但是职初心理教师要在将家长加入治疗同盟的方面多做些工作与努力。另外，如果青少年的自我伤害与一定的心理疾患有关联，也要推动并帮助家长带孩子及时就医，积极治疗。学校系统的其他工作人员，同样是青少年自我伤害干预的重要力量，如班主任老师、学生同伴、班级心理委员、学校德育团队等，都需要职初心理教师尝试运用系统思维，相互协同，多方合作，如此才能最大程度地确保学生的安全。

4. 探讨资源，行为具体可行。青少年之所以发生自我伤害行为，必然与其承受着心理痛苦有关联，但是我们也要看到痛苦的背后，是他对某些事物或者关系的在意，也要看到他在采取自我伤害行为之前也做了许多的努力，也要看到他的周围依然有在意他的支持系统，这些都是协助青少年应对心理危机的资源。职初心理教师要与其探讨存在于身边的资源，探讨他生命中有支持性的事件与人物等。另外，在危机干预的过程中，无论是针对当事个体的行为指导，还是其他人员的行为指导，都需要具体、现实、可操作。

我们熟知，9 月 10 日是教师节，2003 年被世界卫生组织定为“世界预防自杀日”，宣传口号是：自杀，一个都太多。愿职初心理教师能在预防自杀方面贡献自己的专业力量。

本文执笔：上海市第一中学　刘诗薇

第48问　来访者（学生）情绪失控，怎么办

• 情景园

小徐老师是一名新进学校的心理老师，刚进学校就受到了学生们的喜爱。平时中午时间，学生们都会到心理中心参观和使用心理仪器，小徐老师总是不厌其烦地为同学们解答，同时和同学们沟通一些心理学知识，大家都很喜欢这个知心姐姐。有一天，一个学生满脸泪痕在上课时间冲到了小徐老师的办公室，想要找徐老师聊一聊，孩子一边说一边抽泣。徐老师感到有点不知所措，给她拿了纸巾，听她说了心中的烦恼。但是徐老师也很犹疑：是停下手头的工作，赶紧给学生做心理辅导，还是安慰好学生，让她情绪稳定后催促她去上课，下次约定咨询时间再处理她碰到的问题？如果以后同学情绪失控，都是第一时间跑到心理老师的办公室，会不会影响教师们的正常教学？小徐老师感到有些苦恼。

• 明镜台

小徐老师所碰到来访者的情绪失控，是学校心理老师经常会遇到的问题。徐老师在以下两个方面做得非常好。

1. 学校心理健康教育需要整合与影响

首先，我们要肯定小徐老师在日常的心理健康教育过程中做得非常好，能够给学生一种开放、包容、信任和支持的氛围。心理辅导工作也应该在师生关系方面有所体现，优秀的心理辅导老师应该能够与学生建立信任和理解，让学生“喜欢”心理老师。徐老师能很好地整合与强化心理健康教育在日常学校教育教学中的影响，非常不容易。

第二，把学校心理健康教育工作扩展至学习生活之中。因为中小学的各个教育环节本身就包括了将心理健康教育和日常生活相结合的特性，帮助学生全面发展的精髓，就是将心理辅导与日常教学相结合。如果心理教师告诉学生“把课本放一边，心理老师来给大家做个辅导……”，这是违背心理健康教育原则的。相反，成功的辅导应该是贯穿于所有的日常教学生活过程中，将一些心理健康教育的普及知识与日常生活相结合。

2. 帮助学生平复心绪需要从共情与支持开始

人本主义心理学明确表示“来访者中心”等观点，可以给心理教师很多启发，心理辅导老师提供一种温暖接受的氛围，在其中来访者可以开放地表达他自己。提供建议或者矫正，并不是心理老师的任务，而提供诚恳的接受和理解是帮助来访者处理消极情绪、恢复合理信念的第一步。小徐老师能够第一时间放下手中的工作安慰学生，递上纸巾后默默地关注学生，这就是支持的重要表现之一。倾听学生内心中的苦恼也是共情的第一步。如果小徐老师有较好的心理咨询素养，就能够更快地帮助学生平复情绪，从失控走向具有控制感。

• 智慧谷

那么小徐老师又有哪些地方是需要注意的呢？

1. 排除危机共情支持

面对情绪失控的学生，首先要评估来访学生会不会有发展成危机的可能性。因此在处理情绪失控的学生时，首先要给他支持的环境，用一些行动如抚摸背部、轻拍肩膀、递纸巾等非言语形式表达支持性。如果碰到情绪激动、愤怒的学生，可以尝试用眼神关注着他、递上一杯水等非言语方式表示心理老师是愿意倾听、理解和包容他的。在情绪发泄后，可以帮助他搜集支持性的关系，如好友、父母、喜爱的老师。在寻找社会支持的同时，需要澄清学生是否会有危机情况，是否需要进一步危机干预。

2. 报备班主任说明咨询边界

在日常学生生活中，学生情绪失控后一般都会不管不顾，冲出教室、不上课，等等。这时候，如果碰到学生是在上课时间来找心理老师的，可以在学生情绪稍微平复一点后，询问学生："你怎么来啦？现在上课时间怎么出来的？有没有和班主任说过……"以这些话语作为切入口，就可以让学生开口表达，建立咨询对话。如果对话顺利，心理教师一定要询问学生："鉴于上课时间来做咨询，担心班主任或任课老师发现你不见了会着急，是否需要我告知一下，让他们不要担心。你放心，不会透露你和我说的话，只是告诉他们你在我这里聊聊。"这样做，也能够降低学生违反教学制度后的焦虑。危急情况下，小徐老师需要第一时间向学校分管领导汇报。

如果学生不希望心理老师通知班主任，可以侧面看出学生的支持系统，也是问题处理的突破口之一。如果该学生处于危机状态，心理教师必须立刻和学校相关领导联系或汇报。一般情况下，在学生情绪平复后，或者咨询结束部分，职初心理教师可以适当使用心理教育技术，告诉学生：（1）最好找到班主任或任课老师说明自己缺课的情况。（2）很高兴他在困难的时候第一时间想到心理老师，希望他积极调整。如果有一些情绪要处理，可以通过转移注意力的方式，如运动、听音乐、聊天等，并预约心理咨询，可以事半功倍。

3. 甄别不合理信念认知调整

对于情绪失控的学生，是要进行心理辅导工作的。情绪完全源于学生看待事物的方式，在感受任何事物之前，人都必须运用思维将它诠释一番，然后再下定义；对于所有正在发生的事情，必须先理解，然后才会产生相应的感觉。如果学生对现实世界的理解准确无误，学生的情绪就会是正常的，如果认知在某种程度上有歪曲或者曲解，他的情绪反应就是不正常的。

情绪失控属于这一范畴，它始终都是心理的干扰、曲解的产物。在《伯恩斯新情绪疗法》一书中提出有10条认知扭曲，它是所有负面情绪的罪魁祸首，包括：非此即彼思维、以偏概全、心理过滤、否定正面思考、妄下结论、放大和缩小、情绪化推理、应该句式、乱贴标签、罪责归己。只要学生的认知扭曲，形成惯性思维，消极情绪就会不停到来，感受和行为将互相作用，形成一个不断循环的恶性外圈。因此，帮助他们甄别不合理信念，进行认知调整，这是职初心理教师必须要做的。

本文执笔：上海戏剧学院附属高级中学　徐越蕾

第 49 问　如何处理离家出走

• 情景园

小徐老师周末在家接到了班主任的电话。班主任说小徐老师是否能够联系到同学小 A，他父母说他离家出走了。在电话里能够感受到班主任非常焦急和难过，小徐老师通过微信一直不停地联系出走的同学小 A，也联系小 A 的好朋友们，打听小 A 在哪里和他的情况，收集了很多关于小 A 的信息和他的内心世界的矛盾。但是联系了一个上午，也没有小 A 的回复，小徐老师觉得很挫败。面对学生的离家出走，作为老师尤其是心理老师，该如何处理好这样的事件呢？

• 明镜台

在上面的案例中，我们看到了小徐老师非常优秀的一面，她能够急班主任所急，把学生的安全放在第一位。

1. 第一时间形成合力，多角度与学生建立联系

小徐老师作为一名心理老师，与班主任、学生关系都不错，能够第一时间通过微信的方式与班主任、学生进行联系。面对离家出走的学生，及时利用好家长、班主任、同班同学的资源，形成合力，一起去寻找离家出走的学生。而这样的一支寻找团队，恰恰是离家出走的孩子最强的支持系统。

2. 追根溯源了解离家出走孩子的心理问题

个别学子离家出走的诱因有很多，如学业紧张、拒绝上学、人际困惑、亲子矛盾、网络成瘾等，也有可能是媒体报道一些案例所导致的情绪渲染和从众表现。作为心理老师，可以结合多方面提供的信息了解离家出走孩子的内心世界，帮助

孩子在回归家庭后进行心理调适。

• 智慧谷

在面对离家出走的学生时，职初心理教师首先要明确孩子的生命优先和安全第一原则。如果碰到家长在不停地指责学生，职初心理教师应该充分地做好面向家长的共情，让家长们能够暂时先搁置内心中的不满，以积极主动的态度去寻找孩子，让孩子早日回归家庭。而面对离家出走的学生，职初心理教师更多的是做辅助工作，定位清晰就特别重要。以下是给小徐老师的一些小小的建议。

1. 以孩子的安全为优先原则

有时候我们会碰到一些家长说："让他去，我们不管他，他爱回来就回来，不回来拉倒。"如果碰到这样的家长，我们可以将不寻找孩子所产生的后果明确告知给家长，我们应该告诉家长，作为孩子的监护人，有义务确保孩子的人身安全，同时建议班主任第一时间向学校分管领导汇报。作为职初心理教师，可以倾听家长的任何不满、焦急和痛心之情，但是也要提醒家长在找到孩子的这段时间内，应该尽可能地降低在语言上表达消极情绪的频率，更多的是给孩子支持和关心。在孩子渡过危机情况、心情平复以后，可以召开家庭会议的方式，进行父母与孩子之间的沟通。

2. 了解离家出走孩子的内心世界

青少年离家出走往往有以下几个方面的原因：（1）引起他人注意。青少年在学习生活中面临许多压力，如果无法应对压力，离家出走是个体对挫折和压力的一种无力应对的表现。他虽然对外界释放的信号是"不要你们管"，但正是这种行为，反而加速了别人对他的注意，其实是强迫他人正视自己的需求。（2）宣泄情绪。离家出走是青少年不良情绪的一种宣泄方式，绝大部分的青少年离家出走都会伴随着沮丧和恶劣的心境。很多时候青少年感到心情非常糟糕时，对家人或者其他重要他人怀着不满和敌对时，通过离家出走的方式来表达这些情绪，从而让自己能够从短暂的不良情绪中获得一种解脱。但很多离家出走的来访者说一开始会感觉到很自由，过后就会开始担忧自己的父母会不会着急或者生气，其实感觉会越来越糟糕。（3）寻求感觉刺激。有些学生离家出走是为了刺激、个性、自由。

青少年许多离家出走的行为想法，有部分源于模仿社会上的各种媒体传播的不良信息。这些不良信息会使青少年增加对离家出走的好奇心，误认为这是好玩、前卫的行为，认为是成长的必修课，从而通过离家出走这种行为追求很酷、很勇敢的感觉。（4）家庭环境引起的不良行为。家庭是青少年成长的重要背景，家庭对孩子的离家出走有着很重要的影响。父母的争吵、对孩子的打骂、过度的管教等都会引起孩子想要离家出走的念头，建立一种民主的家庭氛围和理解、倾听的沟通方式就显得尤为重要。

3. 解除危机后提供必要的心理支持

对于有过离家出走行为的学生，可以由学校心理辅导老师进行干预，班主任协助，干预的目的在于帮助离家出走的学生创造一种安全的环境，帮助他们承认自己对行为的责任，包括情绪调节，签订契约和环境管理等。（1）情绪调节上重在帮助离家出走的学生学会对情绪的控制和管理。教给他们一些自我调节和抚慰的技术以转移注意力，如体育锻炼、听音乐、看电影等方法。（2）制定短期的协议，如："有离家出走念头时，可第一时间联系信任的重要他人""自我零花钱财务的管理"等。这些会有利于离家出走的学生控制冲动时的行为，可以帮助他们提高正向的自我控制力。（3）环境管理，是指对离家出走影响的控制，比如：控制学生离家出走行为在班级或学校群体中的散播；理解和适当地控制来访者的移情，防止离家出走学生的需求被过度满足等。从而将发生离家出走行为对环境的影响控制到最低限度。

4. 给家长提供必要的家庭教育指导

家庭教育作为孩子成长中最重要的环境，一直是心理老师工作的重点之一，因此在学生离家出走的处理中，要给家长提供必要的家庭教育指导。

职初心理教师可以鼓励家长少一点指责和批评孩子，多与孩子聊聊天，倾听孩子的心声，尊重孩子的想法。孩子会发生像离家出走等极端行为，其实在这之前会释放很多信号，但家长们都不太能捕捉到。如果碰到孩子不愿意说话，又或者突然讲一些告别的话，孩子突然提出一些很奇怪的问题，安排好之前从来不关注的事情等，家长要重视并给予关心。

对于未成年的孩子来说，家庭不但是遮风挡雨的港湾，更是日常生活所依赖的土壤，离开了家庭就是无根之萍、无源之水。孩子能够做出离家出走的举动，其中肯定有重大的原因。要解决孩子的离家出走，就必须首先弄明白真正的原因所在，才能够有针对性地采取相对应的办法来解决，只有这样，才是从根本上解决问题。

家永远是一个人的避风港湾。创造一个和谐的家庭氛围，建立良好的亲子关系对孩子的成长至关重要。孩子在家里获得足够的安全感与爱，那么孩子才能有能量去面对成长中的困难与问题。

本文执笔：上海戏剧学院附属高级中学　徐越蕾

第 50 问　学校危机应对计划应包括哪些信息

• 情景园

小徐老师刚进单位，学校的德育分管老师就让他制定危机干预的计划。小徐老师在大学里详细地学过心理学，但是真正应用到实际的工作中，如制定校园危机干预计划，却让他觉得有一点吃力。小徐老师翻阅了很多文献，依旧不敢落笔写下危机干预方案。因为小徐老师知道，这个方案将会影响很多学生的生命安全和心理成长。

• 明镜台

学校领导和小徐老师都非常重视危机应对计划，这就说明了当今学校教育危机干预的方案和相关的培训学习是必不可少的。

1. 危机的概念。危机是一种让人无法忍受的情境，一种不稳定的状态，或者突然的变故，使一个人、一个团队或者一个组织失去正常的运转能力，而且需要及时地关注和解决。对于处在危机中的人，周围的事物可能会激起当事人的情绪或身体反应，以至于他们觉得自己失去了控制感而难以应对。许多发生在学校和社会的危机对学生、教师和其他人造成影响，如死亡、暴力袭击、事故和自然灾害等，还有一些其他的事情会对学生的行为和学校学习有着非常严重的影响。

2. 危机的特点。虽然每个人的危机都有各自的特点，但是他们当中存在着一些共性。首先就需要了解和应对处在危机中的人最为紧迫的需求。处于危机状态的人一般是需求没有得以满足。另外，危机通常具有一些极端的情境，会让人的情绪有强烈的反应，这些情绪反应包括了高度恐惧应激和愤怒。通常情况下经历危机的受害者会沉浸在危机事件中，很难发挥自己的个人功能。因此处于高水平的应激状态，冲突也是会常有的。

3. 危机的类型。有些危机是突然发生的，例如各种事故和自杀。一些危机是长期的，如传染病、慢性疾病。还有一些危机是社会和经济事件。这些事件包括暴力犯罪、监禁、性变态、物质滥用、自然灾害，等等。

· 智慧谷

在清楚地理解了危机的定义之后，心理教师可以着手危机应对的计划制定，尤其关注危机干预团队、危机干预计划、危机干预具体步骤这三个方面。

1. 危机干预的团队

当决定危机干预团队成员时，学校需要考虑危机管理和干预三个方面，包括危机情境的管理、实施干预的策略和危机后的程序，三个方面的危机干预成效仰仗于有专业能力的专业人员沟通。

危机的管理需要负责人进行决策沟通和安置，一般由学校校长统管全局，明确各部门的责任。各部门分管领导提醒全队人员各司其职。校办领导按照设定的步骤向上级部门报告。学校后勤管理部门应提供危机指挥部和必要的物品。管理部门应保存电话记录和会议记录。

心理教师应在第一时间评估危机中受害者的首要需求，并确定为其提供怎样的帮助，以及由谁来提供这项帮助，确定并转接一些个案到合适的机构或合适的专业人员那里，确定如何进行班级干预。

在危机结束后，由整个危机干预团队评估危机后的环境，包括是否恢复常规教学，是否继续提供支持帮助，是否举行一些特别的仪式评估管理和干预的效果，计划一些预防性的步骤，避免危机再次发生。

2. 危机干预的计划

心理教师在帮助学校完成危机干预计划时，也需要在最初的阶段呈现总体的指导思想。包括：尽快地界定危机的类型和影响的范围，谨慎地收集和发布准确的信息是十分重要的；向相关的领导通报目前的情况，让相关的领导知道到目前为止采取了哪些步骤；尽快告知学校的教职员工当前的情况，并告诉他们可以采取哪些措施；联系相关的人员，例如联系事故中受到影响的孩子的父母等；确定一个中间的地点作为联络中心，安排适合的人在这里与校内外的人员进行协调沟通，学校相关人员应该知道如何处理危机；记录与危机相关的电话；让核心成员专注于危机事件，尽可能地专心于心理指导；如果危机持续时间很长，后勤保障也需要重点关注。

3．危机干预的步骤

危机干预的计划或手册具体规定了学校教职员工在危机发生之后的具体应对步骤，最好的情况下是下发相关的危机干预具体步骤，帮助教职员工在第一时间内进行危机指导和干预。

（1）第一个目睹了整个危机事件的人，应第一时间通知校长或者相关负责人。（2）校长通知相关的危机干预小组成员并确定上报的信息的地点，学校应当考虑危机的性质。（3）危机干预小组的一名成员指导联络中心，这个通信通常设置在校长办公室，并且有许多联络沟通的功能。（4）联络中心的联络员第一时间向主要负责人汇报情况，联络员联系危机中受影响的人，如父母等。

细致的步骤能够帮助危机干预团队遵循既定的步骤应对危机事件，这是需要相关部门进行反复讨论的。小徐老师可以先撰写初稿，在相关部门的群策群力之下，印制成相关的手册下发给每位教职员工，有利于更好地将危机干预工作全面铺开。

4. 面向教职员工进行培训

在危机发生时，如果要使得教职员工能够采取相应的行动，需要对他们进行相应的培训，职初心理教师可以协助联络或为教职员工提供一些培训的机会。培训的内容可包括预防性和干预性的策略。可以包括危机发现的上报流程、以往危机处理的经验和教训、心肺复苏技能、保密原则、危机中的责任和义务等。

本文执笔：上海戏剧学院附属高级中学　徐越蕾

第51问 针对学生的咨询是否有次数限制

• 情景园

小徐老师最近感觉有一些苦恼，原因是学校里有一位同学，一直往心理咨询室跑，想要跟老师诉说自己内心中的想法、学习生活上的进步等。一开始小徐老师总是耐心地倾听，并给予一些正向的反馈，但是时间一长却发现这个学生每两三节课就往心理咨询室跑，每次都要聊到上课打铃才愿意离开，每周都想约小徐老师进行心理咨询，觉得心理咨询对自己的帮助非常大。小徐老师担心，会不会来访者产生了移情？究竟咨询次数多少为佳呢？

• 明镜台

从小徐老师的苦恼中，可以看出徐老师具有咨询师中非常好的倾听和支持功能。这是心理咨询中必不可少的重要技术。能够让学生敞开心扉，这是非常好的咨询前提。但是也要关注作为心理辅导老师和学生之间的边界问题。

1. 甄别移情的作用

在咨询中，一定的正移情对关系建立是有益的，能够帮助咨访关系融洽，提升咨询氛围，利于咨访关系的稳固。很多精神分析师也是通过移情进行工作，比如了解移情的类型，从移情中分析来访者的内在客体关系模式等。帮助来访者的潜意识部分逐渐意识化，咨询师通过解释澄清和对峙的方式达到来访者的认知变化。但是，过度的正移情也可能造成恶劣、不可逆的影响。这时候需要中断，比如来访者和咨询师双方深度卷入，需要中断和转介。而负性移情会非常考验咨访关系。来访者对咨询师产生了过度的依赖或者有其他的情感，这将会影响咨访关系，并且对于咨询的效果会有明显的影响。但当负性移情能够有机会被来访者和咨询师进行探讨，如果修通，也将会成为正向的移情，对来访者的心理成长有所帮助。

2. 咨访关系中的边界问题

心理咨询师有责任保持适当且专业的边界。在咨询伦理中，保持边界意味着心理咨询师既不应该自己跨越边界，也不应该允许来访者跨越边界。符合伦理的咨询关系应该为来访者赋权，让来访者的人生更加丰富。

一些跨越边界的示例包括但不限于如下：

（1）违反保密原则：将来访者的信息与他人分享，或将他人的信息与来访者分享。（2）咨询师在状态不佳的情况下进行咨询：例如咨询师醉酒，或者咨询师在来访者醉得不省人事的情况下进行咨询。（3）在咨询中分散注意力：这意味着咨询师在咨询的同时做其他的事情，比如跑腿、吃饭或接电话。（4）不遵守预期的咨询小节时长设置：有时某一节咨询可能会超时，但如果咨询持续地延长或缩短时间，或者来访者一直不知道每节咨询应该有多长时间，都是对咨询边界的不尊重。（5）期待、要求或接受来访者的恩惠或礼物：诸如感谢卡之类小的礼物是可接受的，但咨询师不应该抱有这种期待。来访者不应该有要给咨询师送什么东西的压力。（6）发出或接受社交活动的邀请：心理咨询师和来访者之间的关系是一种专业关系，它应该在专业范围内发展。作为咨询师，我们有时的确会收到重要社交活动的邀请，这些活动可能涉及来访者。我们对收到邀请感到感动和荣幸，但是我们应该从容地拒绝，因为保持专业关系的完整性和安全性是我们的首要任务。（7）保持多重关系：咨询师通常不应该为那些与他们有其他重要关系的人进行咨询，也不应该为和来访者有密切关系的其他人进行咨询。在咨询师数量非常有限的学校中，这可能很困难。但咨询师应该努力在保持咨询空间安全的同时，找到最佳的伦理平衡点。

• 智慧谷

对于小徐老师来说，咨询的边界问题显得尤为重要。包括遵守预期的咨询时间和咨询次数，而不是无规律、无限制地进行咨询。有些人说：“师德高尚的老师应该无私奉献自己的时间，老师就应该聆听和辅导。”这种说法在专业的心理辅导和心理咨询上是片面的。

1. 咨询流派决定了咨询次数

在绝大部分学校，心理辅导老师一般会采用人本主义疗法、认知行为疗法、短焦疗法等咨询流派对来访者进行工作。这些流派绝大部分需要8—12次的咨询次数，在这段时间内就可以产生明显的效果，让学生的认知状态得到调整，情绪趋于平复，产生一定的行动力。有时候短焦疗法可能3—5次就有明显的效果。过长的咨询时间只会将目标泛化，很难定位清楚咨询议题。

在学校，心理辅导老师很少使用精神分析疗法对学生进行辅导。最主要的原因是精神分析疗法，使用自由联想的方式需要一周三次以上的咨询，通过自由联想的方式，由来访者主导咨询发展，咨询目标会经常地切换和变动。在学校开展精神分析疗法的咨询不太符合当代学生的在校学习时间规律，而且精神分析疗法对咨询师的要求非常高，不是所有学校的心理辅导老师都接受过长程的精神分析流派的训练。

2. 明确咨询规则

在第一次咨询时，职初心理教师就应该将咨询规则与学生进行交流，包括保密原则，以及当学生产生自杀、自伤或伤害他人生命安全的情况时保密例外等。咨询的间隔一般为1—2周一次，咨询时长以一节课为标准，咨询按照预约制，咨询时间一般不占用上课时间，体育课等活动课一般不作为咨询时间，老师的微信不作为咨询的媒介，学生临时有事应提前告知咨询师等。

与学生说完咨询规则，还需要和学生解释说明这能够增加学生在咨询中的咨询动力和咨询效率。也防止学生因为过分地依赖老师和听从老师的意见而左右了自己的认知。相信这样的事先言明，应该会使咨询关系更加顺畅，职初心理教师也会用更加客观和中立的态度帮助来访者（学生）成长。

本文执笔：上海戏剧学院附属高级中学　徐越蕾

第 52 问　学生接受学校咨询是否需要告知家长

• 情景园

高二的小敏是个乐观开朗的女生，近来却常常郁郁寡欢，且情绪波动较大，被班主任老师带来见心理教师。在咨询过程中，心理教师了解到小敏与男朋友发生了性关系而怀孕，不知道应该如何处理，又害怕被同学、老师知道受处分。她跟心理教师说完后，要求心理教师一定不要告诉家人……

• 明镜台

学校心理服务的对象是学生、家长和教师。学校心理辅导教师是完成心理服务任务的主角，其基本职责包括参与学校管理，做好校长的专业参谋；为学生心理健康服务；为家长提供心理顾问服务；为教师提供心理顾问服务。那么，学生咨询后，心理辅导教师是否需要告知家长呢？职初心理教师可选择哪些途径与家长沟通呢？

• 智慧谷

首先，学生的每次咨询是否都需要告知家长？答案当然是否定的。对于职初心理教师来说，做出最恰当的决定要依靠清晰的专业知识和对伦理守则的理解与坚守。其中，保密性就是一个非常重要的伦理问题。

保密是任何心理咨询中都需要遵守的重要专业守则，学校心理咨询工作中也是如此。《中国心理学会临床与咨询心理学工作伦理守则》（2018）对心理咨询师的保密问题做出了明确规定：心理师有责任保护寻求专业服务者的隐私权，同时明确认识到隐私权在内容和范围上受国家法律和专业伦理规范的保护和约束。具体条款如下：

3.1　心理师在心理咨询与治疗工作中，有责任向寻求专业服务者说明工作的保密原则，以及这一原则应用的限度。在专业服务开始时，应告知保密原则及保密的例外情况并签署知情同意书。

3.2　心理师应清楚地了解保密原则的应用有其限度，下列情况为保密原则的例外：

（1）心理师发现寻求专业服务者有伤害自身或伤害他人的严重危险；

（2）未成年人等不具备完全民事行为能力的人受到性侵犯或虐待；

（3）法律规定需要披露的其他情况。

3.3　在遇到3.2中（1）和（2）的情况时，心理师有责任向寻求专业服务者的合法监护人、可确认的潜在受害者或相关部门预警，在遇到3.2中（3）的情况时，心理师有义务遵守法律法规，并按照最低限度原则披露有关信息，但须要求法庭及相关人员出示合法的正式文书，并要求法庭及相关人员注意专业服务相关信息的披露范围。

其次，在学校心理健康教育中，由于心理教师的双重角色（教师、学校心理服务专业人员），保密原则在学校心理咨询中并不是一项容易把握的原则。再加上学生为未成年人，这使得在学校心理咨询中把握保密原则变得难上加难。职初心理教师在对待前来咨询的学生时，既要坚持保密原则，保护来访者的利益，也要注意保护自己，遇到自己拿不定主意的情况，可以向专业同行请教。对于来访学生在自愿的情况下与他人发生性关系而怀孕，职初心理教师需要明确的是，处于未成年的学生，其法律责任者不是教师，而是父母或其他监护人，在这种情况下，不是是否保密的问题，而是涉及行为责任的问题。在这种情况下，如果职初心理教师刻板地遵循保密原则，一旦发生意外，父母或其他监护人就会追究心理教师和学校的责任。此时，职初心理教师应该做的是帮助来访者一起探讨如何与父母沟通，面对父母可能不理解而惩罚的现实，要让来访者知道，遇到这样的问题，他们不仅仅需要咨询师的帮助，也需要父母的帮助。建议职初心理教师不要自己亲自向家长汇报，而是帮助和鼓励学生自己告诉家长。职初心理教师还需要告诉学生，如果不及时告知父母，任由问题发展下去或自行解决的话是存在危险的。职初心理教师需要向学生揭示保密原则及其例外，若学生一再坚持不告诉父母，职初心理教师要向学生明确说明自己必须将此事向有关人员汇报，这不是泄密，而是出于对来访者生命的关怀。职初心理教师要对学生给予支持，并向来访者承诺，自己的行为是出于对来访者的关心。通常情况下，来访者是可以理解心理教师的做法的。

有些父母非常希望知道孩子的情况，他们认为教师有义务与家长沟通。有些时候家长认为心理教师应该知道，但心理教师没有告知家长，他们可能会对心理教师有不满情绪。心理教师如果认为需要与家长沟通，一定要事先告知学生，即让学生有知情权。如果心理教师认为不必告知家长也承诺不告知家长（情境 2)，那么，面对家长的情绪，心理教师可以向家长解释心理咨询的保密原则，同时鼓励家长与子女进行直接的沟通。如果职初心理教师认为有必要告知家长并希望家长参与到心理咨询过程中，可以直接向家长提出建议。让学生和父母都享有知情权是非常重要的。

本文执笔：上海市育才中学 刘军

第 53 问　小学生语言表达能力较弱，怎样开展咨询辅导

• 情景园

三年级的浩浩在父母的陪同下来到咨询室，在咨询开始时却坐在那里一言不发。咨询师问他："你想和我说些什么吗？"他只是摇摇头。作为职初心理教师的小王不知该如何和浩浩交流。

• 明镜台

小学低年级学生语言表达能力较弱，很难对复杂事情进行条分缕析的细致描述，对于自身的情绪体验、想法感受也缺乏清晰的体悟，因此，小学低年段学生的心理咨询需要心理教师付出更多的耐心，采取多样的咨询技术。

• 智慧谷

首先，心理教师需要对小学低年段学生的心理特点有清晰的认识。（1）感知特点。小学低年段学生观察、感知事物时往往满足于事物的大概轮廓与整体形象，缺乏对事物的精细分析，常常忽略事物的细节，同时，他们的感知活动具有明显的随意性和情绪性，较少受目的控制，较多受兴趣控制。（2）注意特点。小学低年段学生的注意力以无意注意为主，有意注意还不完善。注意力常容易被活动的、鲜艳的、新颖的、有趣的事物所吸引。（3）记忆特点。小学低年段学生的机械记忆水平较高，意义记忆水平较低。（4）思维与想象特点。小学低年段学生的想象是建

立在表象基础上的，以表象为素材，情境性较强，目的性较差。小学低年段学生的思维以形象思维为主要形式，思维离不开具体形象的帮助。(5) 情绪特点。小学低年段学生情绪容易冲动，多随情境变化而变化。自我控制能力较之幼儿阶段有了发展，但仍较差，容易受他人的影响与暗示。行为缺乏耐心和毅力，缺乏一贯性。对于不同年龄段、各个年级学生的心理发展阶段及其特点的认识越清晰，越能帮助职初心理教师加强对个案的理解，进而提高职初心理教师工作的针对性与有效性。

其次，可以尝试借鉴表达性艺术治疗的方法。表达性艺术治疗是一种把音乐、舞动、图画、戏剧、沙盘、协作等形式作为工具或媒介的治疗方式，其特点是将非言语为主的、自发性的、创造性的活动和言语相结合，以便探索个人问题。鉴于小学低年段学生的言语表达能力不足以充分且清晰地表述事实及主观感受，关注非言语的表达性艺术治疗无疑是开展此年龄段学生心理咨询的极佳选择。在众多可选形式中，这里简要介绍两种最为常见的方式：图画与沙盘。

图画能够让我们了解自己的内在世界，运用投射技术，我们可以借助图画，将来访者的意识和潜意识表达出来。大量的实证研究表明，运用图画比运用言语更容易建构意象。作为一种艺术活动，图画因不具有限制，因此能够激发人们的无限创意。图画可以帮助来访者把无形的东西有形化，将抽象转化为具象，从而理清思路。如，我们可以建议学生："请把你的愤怒画出来。"愤怒本是无形而抽象的，但画在纸上，我们就可以看到它的具体形状：可能是一座火山，可能是一座冰山，也可能是一棵仙人掌。另外，图画可以把隐蔽的东西清晰化。人们内在的一些情绪、感受和想法本来是看不见、摸不着或是模糊不清的，但通过图画我们可以对其有所了解。比如有的来访者是被父母强迫带来做咨询的，因此有着强烈的抗拒感。咨询师问他："你愿意画画吗？"他又摇摇头。职初心理教师又问他："那你愿意在这张纸上画一个点吗？"他从一堆彩笔里拿了一支颜色很淡的黄色的笔，在纸的左下角点了一个点。通过作画时的动作、这个点的空间位置及其大小，我们可以做一些基本判断：这个小朋友倾向于隐蔽自己，对别人的关注会感到不自在，他想退缩。

沙盘游戏治疗是目前一些国家非常流行的心理治疗方法，被广泛应用于儿童的心理教育和心理治疗。沙盘中所表现的意象，可以营造出沙盘游戏者内心深处意识和无意识之间的持续性对话，由此激发治疗过程和人格发展。比如，一条蛇的模型，当来访者把它放在沙盘中时，它就不再仅仅是一个动物模型，蛇的象征意义非常丰富，有让人恐惧的一面，也有象征智慧和祥和的一面。蛇有能量，又有破坏力、变化和复活的特征。面对低年段儿童来访者，职初心理教师只需要告诉他们可以随意地玩，想拿什么玩具就拿什么，尽情地在沙盘里摆放着玩就可以了。职初心理教师只需要陪伴，耐心倾听、等待、欣赏就可以了，可以在这个过程中尝试询问："能告诉我你摆的是什么吗？想不想告诉我你摆了什么？这是什么呀？那是什么呀？""玩"的过程就是疗愈的过程。

图画、沙盘都具有普适性、疗愈性和反复使用性。普适性是指它适用于所有群体。艺术活动的创造性和作品完成后的满足感本来就具有疗愈价值。反复使用性则是优于问卷测试的一个重要特质，毕竟艺术创造的每一次呈现都不一样。

表达性艺术治疗的形式是非常丰富的，职初心理教师可以多加探索，以应对不同来访者的咨询需求。

本文执笔：上海市育才中学　刘军

第 54 问　学生希望咨询师向家长保密，怎么处理

• 情景园

初二的琳琳近来性情大变，且常常出现惊恐反应，被班主任老师带来见心理教师。在咨询过程中，咨询师了解到琳琳受到了邻家男孩的性侵犯，且受到男孩威胁。她跟咨询师说完后，要求咨询师一定不要告诉她的家人……

• 明镜台

心理咨询与治疗是一个特殊的服务领域，当来访者与专业人员建立相互信任的咨访关系后，来访者可能说出自己未向任何人泄露过的内心隐秘，这表明他对专业人员的信任，同时这也是打开来访者琳琳心门的开始。

• 智慧谷

作为专业人员，心理教师需要了解来访者个人隐私权的问题。

个人隐私是指公民个人生活中不愿为他人（一定范围以外的人）公开或知悉的信息，且这一信息与其他人及社会利益无关。通过合法公开途径便可知道的信息不能算是个人隐私。从个人信息的社会影响角度来说，越具有个人性而与社会没有实质性联系的信息，越可能成为个人隐私（如个人的癖好），只要不侵犯他人，它对社会并无实质影响；一旦为人所知，则可能因为社会道德或普遍的习惯而影响到社会对该人的评价，因而属于隐私范围。

保护个人隐私权是各国法律发展的共同趋势，但隐私权的保护也并非毫无限制。并不是所有对个人隐私的侵害都是侵害个人隐私权。职初心理教师为了解决他人的心理问题有权了解其生活经历或细节问题，但只能在其职责范围内通过合法途径了解有关信息，并在必要范围内公开他人隐私，且须采取适当的措施保护他人隐私。同时，心理教师在咨询中遇到违法犯罪的问题，为维护社会公共利益和人民生命财产健康等须及时向有关人士或司法机关反映情况或揭露犯罪。心理教师在咨询中发现来访者有明显自伤、自杀、伤人、杀人意图者，应立即与有关人士联系，尽最大可能加以挽救，为免于他人受到伤害做一些预防工作。

来访者个人隐私权是受到法律保护的。来访者向心理教师谈论的个人情况属于隐私权范围，受到法律保护。除非是危机个案，来访者的全部内容都需要进行保密处理，若已经涉及保密例外的方面，如有自杀、他杀、自伤、他伤的危机，涉及法律起诉等问题的时候就需要保密例外了。职初心理教师在咨询当中需要向来访者加以说明。上述情境中，当事人是未成年人，且受到了性侵犯，就需要在一定范围内保密例外，报告学校青保老师和有关部门，以保护琳琳的人身安全。心理教师面对大量的未成年人，在这一人群的处理中，涉及暴力、体罚等侵犯未成年人合法权利的行为，任何组织、个人都有权予以向组织和有关部门检举控告。在中小学会有一些学生被暴力欺凌的事件发生，当事人学生会产生极大的心理困扰与负担。一旦这些同学来到咨询室，如果报告了这样的事情，心理教师就需要及时地采取青少年的维权行动，把事件报告给有关职能部门，并及时保护好学生。心理教师可以学习伦理要求，并对咨询伦理的执行进行持续的自省。

本文执笔：上海市育才中学　刘军

第五部分　家庭心理辅导

第 55 问　怎么配合学校德育部门开展家庭心理健康教育指导

• 情景园

小孙是某高中的新入职心理老师。开学第二周，学校德育教导主任要求他写一份家庭心理健康教育工作计划。小孙一筹莫展，希望得到一些建议和帮助。

• 明镜台

一般来说，心理老师都会充分理解学校心理健康教育的指导思想、中心工作和特色工作。围绕学校的办学目标，针对本校学生群体的特点而制定学校心理健康教育发展规划，把学生群体心理健康教育的开展纳入德育工作总体规划。把关注学生个性心理品质的健康发展，放在人才培养目标上来，从办学思想上提供了心理健康教育的保证。每个学校都有自己的心理特色工作和心理工作重点。

在实际工作中，学校往往会要求心理教师参与德育方面的一些其他工作。这就要求心理老师还要了解学校德育与心理健康教育工作的相互关系。《国家中长期教育改革和发展规划纲要（2010—2020 年）》不但强调“坚持德育为先”，而且要求“创新德育形式，丰富德育内容，不断提高德育工作的吸引力和感染力，增强德育工作的针对性和实效性”，既辩证唯物地强调了德育的动态发展，又准确地指明了德育的演进方向。20 世纪 80 年代初，“三要素”占主导地位，即德育包括政治教育、思想教育、道德教育三方面内容。随着我国社会和学校教育的发展和实际需要，法纪教育、心理健康教育开始受到重视。有代表性的论断是中央教科所詹万生教授在《德育新论》和《整体构建学校德育体系研究报告》中明确提出了“五要素”，即“德育内容是一个集合概念，它是政治教育、思想教育、道德教育、法纪教育、心理教育相互联系，互相渗透，互为条件，互相制约构成的统一体”。

2020年以来，由于受到新冠肺炎疫情的特殊影响，家庭教育和心理健康教育工作相交互的要求尤为突出。

- **智慧谷**

职初心理教师可以从以下方面着手。

1. 要充分了解学校德育工作总体规划。

2. 要充分了解学校家庭教育的指导思想、中心工作和特色重点工作。

3. 要与班主任、年级组长、德育教导主任等充分交流，调查研究本校学生家长的情况，特别是家庭教养方式。

4. 关注问题学生的家庭教养方式，在充分了解的基础上归纳出共性的问题并研究解决方案。

5. 利用学校家长委员会、家长学校等各种平台，与家长共同探讨学生心理健康教育问题。学校家庭心理健康教育指导的形式可以有以下形式。

（1）家长学校讲座：以讲座的形式系统而全面地讲授一个个专题，比如青春期学生的心理特征的介绍。讲座可以是全校的，也可以是分年级的，是针对所有家长的科普宣传。

（2）主题沙龙：针对同质家长群体进行的团体辅导和培训。比如有效沟通、情绪管理等团陪。形式可以丰富多样，不要局限于听讲，要多些互动。主题沙龙可以开成经验交流会或者专题座谈会。心理教师也可以是主持人，让更多的家长有机会交流，可以分享成功的经验，也可以探讨失败的教训。心理教师要注意做好关键点拨和总结。主题沙龙还可以完全做出心理咨询中的团体辅导的形式，让家长更多的是体验、分享、感悟，在浸润中获得。

（3）个别咨询：最具有针对性，和个别学生的家庭进行一对一的沟通。比如早恋问题、怪癖问题等涉及个人隐私或其他非常个性化的问题。从家长那里了解一些学生产生问题的根源，比如早恋的很多学生是由于家庭中一些爱的缺失而产生的。帮助家长发现问题、分析问题、协助制定解决问题的实施方案，并指导、帮助其实施。这个过程中教师重点是引导家长认识自己的家庭教育观念是否正确，检查总结自己的家庭教育方式中的得失成败。通过提高家长关于家庭教育的自我觉察能力，让家长的家庭教育水平得到提高。

（4）以上三种方式都是线下方式，其实还可以有线上方式。比如在学校网站开辟家长信箱，一对一地为家长答疑解惑；开辟专栏，向广大家长介绍学生心理健康教育常识等。

本文执笔：上海市彭浦中学　朱竹筠

第 56 问　年轻的心理教师如何让家长信服

• 情景园

小赵老师是某高中新入职的心理老师。开学伊始，小钱同学来心理咨询时请求心理老师说服家长让他去看心理医生。小赵老师根据小钱同学自述的有失眠、自我评价低、有轻生的念头等现象，就约谈了家长。但当小钱的家长了解到小赵老师工作不足一年，就转而去和班主任交流了。面对这种情况，请给小赵老师一些意见和建议。

• 明镜台

这种新入职的尴尬非常普遍，不仅心理老师会遇到，其他学科的新教师和年轻的班主任都会遇到。主要原因是家长面对青年教师，第一反应就是新教师的经验不足。这种固定思维让他们对新入职教师产生了一些偏见，特别是当他们听到不同意见的时候。同样的建议，从他们认可的老教师嘴里说出时，仿佛更有说服力。

还有很多家长平时对孩子的心理健康关注不足，更有些家长对于心理健康的标准不清楚。在这种情况下，突然之间要家长带孩子去看心理医生，他从心理到情感上都没有做好足够的准备，拒绝是本能的反应。

当然家长受教育的程度不同，知识背景差异也很大，羞耻感更是大相径庭。目前家长群体中仍有相当多的人对于心理疾病有很强烈的病耻感。即便是去看了心理医生，他们也不愿意讲出去。

除去家长方面的原因，其实新教师这边也确实存在一些经验不足的问题。新教师面对学生的请求往往过于“热情”，总想有求必应，甚至越俎代庖。帮助学生解决问题并不是直接替他解决问题，而是帮他理出思路，让他更有效地分析问题，从而自己解决问题。

• 智慧谷

首先，心理教师在面对学生家长前一定要了解家长的心态、思想顾虑或者知识盲区，至少要做到心中有底，最好要做到知己知彼，切忌仓促上阵。不能只听学生讲述家长作风如何，还要从班主任等其他同事那里尽可能多地了解学生家庭教养模式，了解家长为人处世风格。了解家长不愿带学生去看心理医生的症结在哪里：到底是不了解孩子的心理状态，还是有所了解但不以为然，抑或是强烈的病耻感。如果是不了解孩子，就要提醒家长注意观察学生的一些典型现象，例如失眠、情绪低落、食欲不振、乏力懒言，并提醒家长注意这些现象持续的时间长度。

其次，充分展现自己的“学有所长，术有专攻”。建立咨访关系的第一步也是关键的一步，是建立信任，让家长了解作为心理教师的你，虽然年轻可是一样有职业道德，会为学生保守私密。你的年轻并不一定会妨碍让家长感受到你的诚意、关注、尊重和理解。小钱同学前来求助，这说明其家长确实存在一些思想障碍。带领家长走出他的盲区和误区是关键。但在挑战家长认知之前，更重要的是引导家长诉说心结，理解核查家长的情绪，做好倾听，做好共情。做好了家长的“亲其师”工作，相信让家长“信其道”也就不难了。无论家长从事什么职业，受教育程度如何，都会有知识盲区或误区，向他们普及心理健康教育常识是让家长信服的前提和基础。让家长了解并相信心理疾病如同身体疾病，可防可治。心理老师和家长的出发点、目标是一致的，都是为了让孩子健康、快乐成长。家长一定会信服于你，并配合你的工作。

所谓“一个篱笆三个桩，一个好汉三个帮”，一个人的力量总归是有限的，心理教师的工作也一样，只有和其他学科的老师、家长密切合作，才能更好地将心理教育的作用发挥出来。

最后，作为职初心理教师，要学会寻找到更多的工作伙伴，不能受限于学科。

班主任和其他学科教师都是心理教师开展工作的有效支持力量。家长往往和班主任的交流会更多。家长对班主任的认可往往会更早、更多。只要家长不排斥班主任的介入，我们当然要敞开大门，欢迎更多支持力量的出现和参与。

本文执笔：上海市彭浦中学　朱竹筠

第 57 问　学校开展家庭心理健康教育指导的形式有哪些

• 情景园

王老师是某高中刚入职的心理教师。学校本学期德育工作中有一项“学校家庭心理健康教育指导”工作，希望王老师协助德育办公室完成工作计划，并做一些家庭教育讲座。

• 明镜台

基于多年的心理学专业学习，王老师有信心完成这项工作。但是作为一名职初心理教师，需要对学校的学生整体状况进行了解，尤其需要对家长的情况做一些了解。王老师找了年级组长、有经验的班主任了解一些他们在与家长打交道的过程中发生的故事，同时在日常心理课堂上，和同学就他们在家庭中遇到的一些家长问题进行了交流。

• 智慧谷

1. 家长学校讲座

王老师通过对老师、学生遇到的问题和困难的分析，加上自己的理论基础，认为可以从以下方面着手。

以讲座的形式系统而全面地讲授一个个专题，比如青春期学生的心理特征的介绍。讲座可以是面向全校的，也可以是分年级的，是针对所有家长的科普宣传。

面向全校的讲座可讲一些理论性比较强的、较为宏观的内容。分年级的讲座内容可以选择从家长在家庭教育中存在的问题着手。心理学家鲍姆林德曾提出四种不同的教养方式，分别以“控制”和“回应”两个维度进行划分。控制是指父母对孩子行为以及选择的控制度。回应是指父母对孩子在不同需求上的回应及满足。根据以上两个维度，鲍姆林德提出以下教养方式。

（1）专制型：高控制，低回应。采用这类教养方式的父母力图在孩子心中树立的是具有权威的形象。他们会对孩子设立严厉的规则和标准，并且要求自己的孩子完全服从和达到这些标准。然而他们很少听从孩子的意见，或者考虑孩子自身对这些要求的感受。当与孩子发生争执时，他们的说辞通常都会是“因为我是你的父亲（母亲），所以你必须听我的”。

他们也会对孩子自身的行为以及选择有极高的控制欲，例如不允许孩子外出和朋友玩，或是在孩子外出时严格规定回家的时间。这类父母也更倾向于使用心理控制，这通常是指父母通过操纵孩子对父母的情感的方式来约束和要求孩子的行为，而这种情感操纵的方式通常是通过威胁、恐吓。

（2）权威型：高控制，高回应。这类父母会对孩子设立一定的规定和标准，也会树立起一个具有权威的形象，但是他们会很耐心地跟孩子解释为什么会设立这些标准，由此能够让孩子理解这些规定的合理性。例如，权威型的父母在面对孩子外出和朋友玩的问题时可能会这样跟孩子沟通：“你这么晚外出可能会不安全，所以今晚就不要外出了好吗？如果你想要和朋友一起玩的话，可以邀请你的朋友来我们家里玩，我们到时候会负责送你的朋友回家。”这样一来，孩子们能够站在父母的立场上理解父母对自己行为的控制，而父母也在一定程度上理解以及满足了孩子的需求。这类父母很尊重孩子的个人意见，对孩子在情感上的需求也会给予相应的回应。

（3）放任型：低控制，高回应。这类教养方式的父母很少给孩子树立一定的规则和标准，相反他们很溺爱自己的孩子，会竭尽全力地满足孩子的个人需求。但是这类父母所教养出的孩子通常是我们在社会新闻中时常看到的“熊孩子”“小皇帝”。这些孩子在这种教养方式的影响下往往会逐渐形成不愿意遵守社会规矩和道德规范的内心模式。因此，不懂得尊重他人，将自己的需求排在首位，忽视外在环境的现实情况和他人的真实感受也就变得顺理成章，甚至在自己的需求得不到充分满足时会对自己的父母口出狂言，大打出手。

（4）忽视型：低控制，低回应。这类父母在孩子的成长发展中几乎是不参与的一种状态。他们很少对孩子设立规则或是对孩子的需求产生相应的回应。这类父母没法担任起抚养孩子的重任，他们更多时候可能会觉得自己的生活比孩子的培养更重要。在这种教养方式下，孩子的情感缺失和内心的脆弱或封闭就会更为普遍和明显。

在发展心理学的研究中，权威型的教养方式是多数学者所认为最合理以及最佳的教养方式。

2. 主题沙龙

学校日常开展家长心理沙龙的方式多种多样，在此为大家提供一些常见的沙龙形式。

（1）确定沙龙的主题

问题是开展主题沙龙的起点，典型性而且是共性的问题更能增加家长的共鸣。因此，确定沙龙主题要从高中生家长和学生面临的问题入手。

很多学生进入高中后，家长对孩子的高考会有自己的期待，而这种期待通过言语、非言语形式传递给孩子，有时会增加孩子的焦虑情绪。由于高中生情绪内隐性的特点，他们不善于用言语表达情绪，会不自觉地接过家长的感受，但同时自己又感到一种说不出的愤怒。为帮助学生缓解压力，可以组织如“理解孩子，降低焦虑是对孩子最好的帮助”的主题沙龙。

（2）精心设计沙龙活动实施

首先是积极宣传，激发家长参与的热情，由学生将这个主题沙龙带给家长。因为是帮助家长理解孩子，所以虽然很多学生口头上表示“我的家长肯定不来”，但都很愿意把这个沙龙的消息带给家长。

其次是精心设计，让家长感觉不虚此行。很多家长感觉孩子长大后，不愿意跟自己交流，感觉听不到孩子的心声，设计沙龙时可以事先收集一些孩子想要跟家长说的话，以及家长所说的，让孩子感觉不但不能缓解反而让自己更加焦虑的话，将沙龙搭建成一个平台，让彼此听到对方的声音。

第三是平等对话，减轻家长焦虑。家长的焦虑与时代的焦虑有关，与各自的成长背景有关，因此，在沙龙对话中，给予家长说话的机会，理解家长的焦虑，和家长进行平等对话是沙龙成功举办的基础。

（3）主题沙龙活动内容（举例）

1）沙龙主题：理解孩子是对孩子最好的帮助。

2）时间：周六晚 7：00—8：00，时长：一个小时。

3）人数：15—20 人，不宜过多。

4）准备：活动材料（纸、笔）。

5）场地：围坐成圆圈的椅子。

6）流程：从问题“孩子的名字是谁起的？这个名字的寓意是什么？”引出家长对孩子的期待。通常孩子的名字都蕴含着家长最初对孩子的期待，在家长分享名字的过程中，家长对孩子的情绪、情感得以表达。当家长的期待落空，或者孩子自己的成长与家长的期待不符时，孩子和家长的分离意愿得以呈现。此时，是心理老师介入的最佳时机，介绍一些高中生的心理特点，同时把事先准备好的孩子的话说给家长听，让家长感受孩子长大的动力，同时主动倾听家长听到孩子的话后的感受以及想法，使得家长的焦虑得以被看见。心理老师作为一个涵容的工具，在一个小时的沙龙中倾听、理解、接纳、不评价、不批判家长的情绪，让他们感受到被涵容后的轻松，帮助家长降低自身焦虑，理解孩子。

沙龙可以由心理老师主导，类似团体咨询的形式，对于心理教师的要求比较高，需要心理教师拥有团体咨询的专业理论和指导经验，对于职初心理教师而言需要自己亲自作为团员参加过团体咨询，同时学习更多的团体动力的相关知识，待有一定工作经验后才能自行设计开展。

本文执笔：上海大学市北附属中学　商会敏

第58问 如何与不同类型的家长进行咨询互动

• 情景园

小刘是某中学的心理老师。最近班主任向他反映，班级里的小李同学因为单元测验成绩不理想，压力非常大。通过心理咨询，小刘老师知道小李同学的心理压力更多的是来自父母的争吵。小李同学的父母一年前离异，就是因为双方在教育观念上非常对立并且都固执己见。小刘老师分别约谈了这对父母，发现他们对孩子的期望和要求都很高，但父亲很专制，母亲却很溺爱。面对性格迥异的这对父母，小刘老师苦恼于不知该如何与不同类型的家长进行沟通，想听听意见和建议。

• 明镜台

在学校咨询工作中，心理老师必然会遇到各种类型的家长。一般情况下，经班主任转介给心理老师的家长，在教养方式和沟通模式方面或多或少都会存在一些问题，大致可以分为以下几种类型。

1. 教养方式失当的有：溺爱放任型、忽视型、专制型。

溺爱放任型教养方式的家长通常在生活中对孩子的请求基本有求必应，甚至对孩子的一些不良行为也很少约束，边界意识弱。

忽视型教养方式的家长则往往是对孩子的需求做不到及时反应，任由孩子自己遇到问题、自己解决问题，行为规范等也任由孩子自己揣摩。

专制型教养方式的家长一般表现为对孩子高标准、严要求，几乎不顾及孩子的感受，孩子处于必须服从的地位。

2. 沟通模式不当的有：讨好型、指责型、超理智型、打岔型。

讨好型的人一般在面对分歧时倾向于让步、取悦于人、道歉。

指责型的人惯于批判、攻击，易激动、爱愤怒。

超理智型的人通常表现得刻板、一丝不苟、顽固、僵硬。

打岔型的人往往喜欢顾左右而言他，插科打诨、转移话题。

• 智慧谷

无论家长是采取哪一种教养方式或沟通模式，学校与家长沟通的目的只有一个：家校携手促进学生健康成长。心理咨询工作需要团队合作。家长，是心理教师服务的对象，也是争取合作的成员。

首先，心理教师在面对学生家长时切忌仓促上阵。咨询前一定要多多了解家长的心态、为人处世风格，特别是他们的教养方式和沟通模式，可以从学生、任课教师和班主任那里得到相关的信息。

其次，在起始阶段就要建立好信任的咨访关系。一定要让家长感受到心理老师的关注、理解、诚意和尊重。做好倾听、共情，理解、核查家长的情绪，引导家长诉说心结，仔细观察、认真评估家长的失当。

要想取得家长的协同合作，就要有的放矢，和家长一同制定家庭改进计划。认知行为理论认为，错误的行为是有内在的认知误区的，而认知的改变最终都会影响到行为的改变。

最终，帮助家长和学生建立自我体察的意识，从而让他们自我发现，改变外显行为，情绪得到改善，等等。

本文执笔：上海市市北中学　梁翔飞

第 59 问　如何促进家长提高改善亲子关系的意识和能力

• 情景园

“如果 10 分为满分，你会给你近一年来的亲子关系打几分？”“新冠肺炎疫情期间，长时间的共处，这个分数是加了，还是减了？”同样的问题，家长和孩子的评分可能会有差异。加分的孩子表示这个难得的假期让父母和自己有了更多的时间共处，一起买菜做饭，一起聊天，亲密了很多。听起来就很温馨。但也有些孩子表示，之前因为共处的时间不多，即使有些矛盾过去就过去了，现在天天在一起，问题被无限放大，天天碎碎念，好烦躁啊！想出去，但又出不去，这种感觉真的很绝望。于是有家长向心理老师小沈咨询如何改善亲子关系。

• 明镜台

当青春期遇见更年期，亲子沟通在很多时候更像是情绪碰撞，理性沟通已经变得难能可贵。

• 智慧谷

首先，提醒家长照顾好自己，营造平和温馨的家庭氛围。

一项调查显示，2020 年的这个超长假期，家长们在兼顾工作和孩子的课业时，72.7% 的家长表示很吃力，16.8% 的家长表示非常吃力，小学生家长尤甚。所以，先把自己照顾好，心态平衡好，才能为我们的孩子顺利复课助力。焦虑是可以传染的，即使家长有再好的演技，也逃不过孩子的法眼。用自己的淡定给孩子做一个很好的示范，让他在一个平和的气氛中消化自己的情绪。当然，我们家长不是神，有时总会控制不住自己，但事后的沟通一定不能少，其实我们的孩子真的很善良。一个孩子曾说，妈妈的道歉方式就是喊他吃饭。所以我们家长需要修炼，需要成长。

第二，提醒家长请给孩子充分的支持和鼓励，高中阶段关系才是最重要的影响力。

比如面对孩子的抱怨，职初心理教师和家长一起探讨可以做些什么。

很多时候，孩子遇到困难，只是发发牢骚而已，抱怨几句，他们可能并不需要我们做什么，只需要我们能听他讲讲。其实，我们大人也会经常做这样的事情。对于孩子的牢骚和抱怨，可以适当地回应一下，比如："哦，是吗？""原来是这样啊，还真是不容易。""我担心的是……""你觉得呢？"通常情况下，情绪被理解了，孩子就能获得平静，重新投入紧张的学习中去。

如果孩子在家里脾气很大，该如何应对呢？

孩子哪来的那么大的火气呢？关于无名之火，在心理课笔者做过调查与讨论，百分之八十的同学反映会有无名之火，有些会发出来，有些会自己忍着。有些体贴的孩子说，在自己的世界里狂欢发作，在爸妈的世界里收敛。在这里，分享一位家长悟出的道理。这位妈妈说，在初中时妈妈还可以在孩子发脾气时压一压，用威严把孩子的情绪压下去，但现在高中了，气势已经完全不够了。这还是一位女生的妈妈的感慨，如果是男生呢？可想而知，用威严、用指责、用批判，只能适得其反，引起孩子更大的情绪。所以，当孩子的情绪暴躁时，适当地躲避一下风头，不必发生正面冲突，事后让他感受到你的担心、心疼，以及愿意和孩子一起面对一切的态度。当然，这样的平静需要修炼，但你面对的是自己的孩子，你希望的是孩子健康顺利地成长，在这样的疫情背景下，成人尚且需要强大的心理能量来应对，更何况涉世未深的孩子呢？

我们可以鼓励家长尝试下面的语言："我看到你为这件事付出的努力。""一上午的网课，你也真是不容易。""我知道你在权衡利弊之后会做出恰当的选择。""我很欣赏你的这种处理问题的方式。""我的女儿就是会有各种办法的。"

总结起来，我们可以和家长讨论用以下的鼓励的句式。（1）描述式：我看到……你每天都能……（2）致谢式：谢谢你……（3）启发式：你是怎么做到的？……（4）赋能式：我相信……我欣赏……

第三，引导家长关注孩子的情绪动向，学会求助。

孩子可能会因为被打乱的生物钟而焦躁，可能会因为自己的学习效率不理想而困扰，也可能因人际变化而烦心，更可能会因为各种考试而不知所措，所以有些孩子会出现畏难情绪，懒散、情绪波动，或者有行为上的冲动，甚至会出现沉迷游戏或者网络。首先请家长允许并接纳孩子有不同的情绪状况，但也要有一定的觉察来区分适当的情绪和危机的情绪。

如发现孩子返校期间在家里有异常的行为表现，如情绪低落、容易被激怒、行为过激、失眠等情况，要及时与学校老师联系。当然也可以向未成年人心理健康教育指导中心求助，或者去上海市心理咨询中心对孩子的状态进行心理评估，根据评估的结果给予相应的处理。智慧求助也是家长的必备技能。

本文执笔：上海市逸夫职业技术学校　王娜

第 60 问　家长总是抱怨学校的问题，怎么办

• 情景园

班主任有时会遇到比较棘手的问题，在和家长沟通时发现家长在不停抱怨学校的问题，负能量满满，这样会对班主任开展家校工作带来困难。班主任随后把这个问题抛给心理老师，请心理老师想办法解决。的确，在日常工作中，心理老师也会遇到家长抱怨学校的问题。

• 明镜台

家长抱怨学校，其实也常见。家长或多或少内心有“积怨”，来自对孩子的不满，或对学校某部门工作的质疑，或对老师的不信任。其中绝大部分可能是误解，还有小部分可能真的是因为工作失误。家长往往会根据自己获得的不完整信息，例如孩子在家在校的表现、孩子的言语反馈、家长群的信息等，开始形成一些认知。有些家长比较宽容，有些选择忍受，或者小小抱怨；也有一些家长选择和老师沟通，向学校反映；有些家长比较直接，说话比较冲的也有。

对于心理老师来讲，要做的就是缓解班主任因为家长的负面情绪而产生的不快，和班主任一起分析问题产生的原因、是哪个环节带来的问题、如何更好地把问题化解，形成一次和家长愉快的沟通。而如果心理老师直面那个抱怨学校的家长，其实是一次宝贵的和家长共同工作的机会。

• 智慧谷

事实上，没有完美的工作。如果完美，一定是有很多人在集思广益，一定是我们在不断改进。任何一个成熟的职业人，都不会要求别人反思，而会自己反思，这只是一种立场。家长的抱怨从本质上讲是家长的内心诉求，是我们工作的不竭动力。如果遇到家长抱怨，我们与其隔离、防御、讨好和自我辩护是没有用的，而这一切，也常常导致了冷漠甚至紧张的家校关系，或者在表面的和谐下，潜藏着些许危机。其实，遇事多沟通，往往一沟通就解决了。

所以，首先要让家长有可以提请诉求的通道。通过家委会、学校信箱、班主任私信、学校满意度调查、学校广泛的信息征集平台，让家长把自己的想法说出来，好的建议加以吸收，有则改之，无则加勉，及时做一些解释工作，安抚家长。上海市教委《关于加强上海学校心理健康教育的意见》指出，要分年段把心理健康促进指导作为家长学校必修课，赋能家长营造健康和谐的家庭环境，所以职初心理教师是需要对家长开展指导工作的。每一次沟通，都是一次可贵的和家长一起工作的机会。无论是学校，还是个人，面对抱怨的家长，必须以实际行动来展现自己的诚意，在与家长的反复互动中，不断地让家长愿意跟你沟通，愿意越来越多地表达真实的感受。重要的不是语言，而是你的表现和反馈。在不断有建议性的反馈中，才会有好的循环，才会塑造良好的关系。

其次，如果是班主任就家长抱怨这件事情求助于心理老师，我们可以给出一些合理的建议。例如建议班主任约谈这位家长、做一些家访、小团体会议等，让家长觉得自己的内心诉求被看见。班主任要积极主动、有计划地跟所有家长互动，可以在家校群中说因为某位家长的提醒，作为班主任在哪方面做了调整，特别感谢这位家长。同时，期待更多的意见、建议，包括批评。其实，一旦家长看到班主任有反馈和解释，他们内心的积怨就会得到疏解，也会有更多的包容，并能形成合力。偶尔，遇到暴怒型的家长，多一些倾听，必要的时候协同学校德育室一起开展工作。

第三，如果是职初心理教师直接面对抱怨的家长，其实他已经能够指导班主任开展工作，那一定能直面这些爱抱怨的家长，说不定会对家长做一些很好的情绪疏导，改善他的负面情绪，让对方不再抱怨。

同时，家长不断抱怨学校，除了家长的原因，还要自我检讨，反省学校自身的原因，是不是还存在不足之处。任何事情都不会空穴来风，即便有的家长对学校要求过于苛刻，但苛刻要求的背后也是对学校有更高的期望。学校应该放正心态，将苛刻的要求作为将来改进和努力的方向。有了这样的态度，才能求同存异，解决家校之间的矛盾。

本文执笔：上海戏剧学院附属高级中学　陆婷

第 61 问 家长沙龙活动的开展方式有哪些

• 情景园

学校要求心理教师小王成立家长沙龙，小王刚入职不久，不知道该怎么办。

• 明镜台

家长沙龙是新教师开展家校沟通的一个非常好的渠道。家长沙龙不同于讲座、家长会、座谈会等严肃场合，不需要教师直接对家长进行说教和教育，家长和教师的地位更加平等融洽，有利于职初心理教师家校沟通的正常开展。

• 智慧谷

在家长沙龙的开展过程中，职初心理教师应该注重整合社会心理服务资源，联合学校、社区、宣传、卫生健康等部门，共同向家长普及精神卫生常识，营造良好的心理健康教育环境。通过家长沙龙，可以加大对学生心理援助服务的供给，推动学生心理健康家庭支持系统的建设。

家长沙龙活动可以分为短程或长程的活动，短程活动一般是指独立开展的单次活动，一次开展持续一个小时到三个小时不等；长程活动则是指持续性开展的家长沙龙活动，一般每学期开展 3—4 次，每学年开展 6—8 次，每次开展时间约为一个半小时。

单次开展的家长沙龙，更多是面向初次接触家长沙龙的家长群体，或者偶尔参与，日常工作较为忙碌的家长。对于单次的家长沙龙，愿意参与的家长数量相对会比较多，大多都会抱着尝鲜的态度前来参与。所以对于这一类家长沙龙活动，我们需要做的是选取一个讨论门槛较低、趣味性较强的家长沙龙主题，让初次接触沙龙形式的家庭教育辅导的家长们能参与讨论，能感受到家长沙龙的乐趣，进而对今后再度参与家长沙龙活动打下基础。

单次独立开展的家长沙龙活动，主要有以下几种开展的模式。

1. 座谈会形式

座谈会形式的家长沙龙活动，参与人数不宜超过 20 人。这类家长沙龙活动的主题可以根据参与家长及相应学生的特点进行专门化设计。对于单次开展的座谈会，在会前给家长开展一些热身的团体活动进行破冰是非常有必要的。对于第一次来参与活动的家长，我们要让他感觉到这个环节是安全的，我们讲的内容是专业的，我们讨论的话题是贴近他们生活的，这样才能使得家长更加愿意参与分享。座谈会的形式类似于当前流行的翻转课堂，教师要做的更多是提问、引导和适度的回答。座谈会的目标在于引导家长思考，通过教师案例的分享引起家长共鸣，引发彼此思维的碰撞，在思维碰撞的过程中，双方都能有所收获和成长。

2. 亲子沙龙团体活动

这类活动的开展难点，在于根据活动的主题设计一系列适合家长和孩子共同参与的活动，活动的难度不宜过高，目标在于帮助家长和孩子建立联结。通过团体活动的形式，我们可以让家长注意到孩子在学习之外的闪光点。通过亲子之间共同参与的活动，为他们提供沟通和交流的话题，增加亲子互动，这个过程本身就是对亲子关系的疗愈和舒缓。

在团体活动后，可以适当将时间留给家长和学生分享自身的活动感受，通过最真实的感悟分享，引起彼此的共鸣，从而达到家庭教育指导的目的。

3. 讲座开展的形式

以讲座形式开展家长沙龙活动是笔者较少使用的方式。讲座的形式，其优点在于能够快速地将家庭指导的理论知识灌输给家长，效率较高。但是讲座的讲述形式，需要讲师拥有非常优秀的演讲能力，由于缺少互动，要使各位家长倾听一个小时的演讲而有所收获，是非常困难的，需要有设计感和演说技巧的支撑。以笔者的讲座经验来看，讲座形式的家长沙龙，其实际作用相对其他的沙龙形式更小，开展难度更大，不适宜职初教师开展。

在多次尝试过开展独立单次的家长沙龙活动之后，有了一定经验的心理教师可以尝试策划长期家长辅导沙龙。

长期家长辅导沙龙，主要是以工作坊的形式展开。开展工作坊需要心理教师具备更加专业的理论知识基础、多次参与工作坊相关培训的学习经验以及根据家长情况临时调整培训内容的能力。

长期的家长辅导沙龙可以分成开始阶段、工作阶段和结束阶段。以连续六次为例，第一次一定是帮助所有人相互熟悉，打造一个安全的环境，让家长彼此互相认识，互相开放自己，营造一个非常温馨的环境。然后才可以在第二、第三、第四次的时候，引导团体里的所有人进行思考和碰撞，家长才会愿意分享自己。最后的第五、第六两次家长沙龙的活动过程中，我们要将之前家长学到的、感悟到的进行实际运用和练习，帮助家长学以致用，在陪伴的过程中帮助家长们成长。

本文执笔：上海市回民中学　王景文

第 62 问　家长总是抱怨孩子的问题，怎么办

- **情景园**

一些家长在实施家庭教育的过程中，会显露出家庭教育指导力不足的问题，他们会不断抱怨孩子的问题。在家庭教养方式中，专制型与忽视型的教养方式占有一定比例。职初心理教师小王也很茫然，不知该怎么帮到这些家长。

- **明镜台**

学校作为家庭教育指导工作的主体，现阶段工作的落脚点往往在家校合作开展教育活动，注重发挥家长的优质资源与力量。但家长对孩子问题的不断抱怨正是其家庭教育能力不足的外在体现，对此，职初心理教师应该深入分析，悉心指导，帮助学生家长共同完善家庭支持系统，在帮助家长了解孩子成长特点和规律的基础上，引导家长理解孩子不同年龄阶段家庭教育的重心，营造健康和谐的家庭成长环境。

那父母的抱怨对孩子究竟有什么影响呢？

首先，父母作为在家庭关系中不容置疑的权威型人物，孩子通常很难分辨父母说的到底是不是客观的，基本是服从和接受成人的意见。如果家长总是抱怨孩子的问题，长此以往孩子所接收到的都是父母关于自己的负面评价，久而久之，孩子也会这么认为“我就是这么笨”“我一无是处”“我太懒了”，对于自我的评价就会降低。

其次，父母在抱怨的时候通常都是带有“情绪”的，抱怨有时候是我们宣泄情绪的一种方式。所以家长们不妨思考一下：我们在抱怨的时候，到底是真为对

方好，还是以此为借口发泄自己的怒火？有研究表明，家长为导向的消极情绪的表达，更会造成孩子的各种适应不良。

另外，父母对待事物的态度，影响着孩子对待事物的态度。父母是孩子的第一任教师，家庭是孩子的第一成长环境，是孩子接受启蒙教育的地方，影响着孩子的健康成长。作为父母，如果你在生活中总是不断地抱怨他人，那么你的孩子很有可能就会习得你的行为，学会用抱怨的方法去应对这个世界或者他人。而父母的不抱怨，会让孩子感受到这个世界的善意和温暖。父母的一举一动，孩子都在旁边看着，他们的价值观正被父母一点一滴地影响着。

最后，父母的抱怨，会影响孩子的情绪发展。如果你希望你的孩子情绪稳定，那你也尽量要做到情绪稳定，而不能因为受一点刺激就大呼小叫，抱怨连天。

• 智慧谷

那我们职初心理教师面对这些情况时应该如何处理呢？

1. 引导家长用欣赏的眼光看待孩子，发掘他们的优势

积极心理学关注人们的积极潜能和积极品质，用一种开放性和欣赏性的眼光来看待每一个人，重视人身上的优点和积极力量。作为家长，不要总是把目光集中在孩子做错的事情上，而是要主动发掘孩子身上的闪光点，并提供环境来激发和培育孩子在这方面的潜能。在生活中，家长应该多用赏识教育，即以人性为基础，以赏识为先导，这样便于激发孩子的主观能动性和潜在能力。如孩子把一件事情做好了，就要及时表扬他，让他感受获得赞赏的喜悦，这样就会起到强化的作用。

当然，赏识教育也需要把握好度。过度的“赏识教育”会把孩子引向另一个极端——接受不了批评，凡事以自我为中心，听不得一点反面意见。所以，家长对孩子应该是多表扬少批评，但绝对不能不批评。

2. 鼓励家长学会换位思考

家长在教育孩子的过程中要尊重孩子，不能把自己的愿望与思想强加于孩子身上。家长要意识到孩子是一个独立的个体，有自己的生活体验与人生追求，而不是父母理想的实现者。所以，家长要学会理解和尊重孩子，多与孩子交流，要

设身处地从孩子的立场观察、思考问题，关注孩子的内心感受。同时，还要教孩子多关注积极情绪，如幸福、乐观、满足、自信、宽容和希望等，引导他们更多地去体验这种积极的情绪情感，使他们更快乐地学习与生活。

3. 提醒家长营造积极、和谐的家庭环境

人的经验大多数是从环境中获得的。良好的家庭氛围影响着家庭中每个成员的心理。在温馨、融洽的家庭氛围下，更能使孩子学会对人的互助、互爱，使孩子的情绪、品质得到和谐的发展。所以，家长应该营造一种健康向上的家庭人文环境，并在家长和子女的合作与沟通中，使孩子的安全、归属、尊重和成就需要得到充分满足。所以家长一定要以身作则，提高自身，为自己的孩子树立好榜样，构建融洽的家庭氛围。

本文执笔：上海市回民中学　王景文

第63问 如何引导家长营造温馨的家庭心理环境

• 情景园

在工作中，经常有家长会问及如何营造和谐的家庭心理环境，以利于孩子心理健康成长。学校也会要求心理教师在家长会和家庭教育宣传中给家长普及这方面的认识。心理教师究竟该讲哪些内容呢？

• 明镜台

家庭是学生心理健康成长中至关重要的一个环节，尤其是近年来大家认识到原生家庭对个体的成长起着重要的影响作用。上海市教育委员会《关于加强上海学校心理健康教育的意见》中也指出：要完善家庭保护支持系统；落实《上海市0—18岁家庭教育指导大纲》，形成系列指导手册，帮助家长了解孩子成长特点和规律，掌握不同年段家庭教育重点；将分年段心理健康促进指导作为家长学校必修课，赋能家长营造健康和谐的家庭环境。营造温馨的家庭心理环境是一个很大的话题，学校的切入点较多，可以围绕要求根据具体问题选择一个角度展开，时效性会更佳，也可以结合孩子的成长特点、教育理念、亲子沟通等环节进行普及性宣传。

• 智慧谷

1. 根据不同家庭的需求，开展具有针对性的家庭指导职初心理教师需要认识到，每个学生的情况存在很大的差异，小学生、初中生和高中生处在人生的不同阶段，本身面临的挑战不同。每个家庭的情况也千差万别，根据生育情况可分为独生子女家庭和非独生子女家庭；根据婚姻状况，有正常、离异、单亲、再婚等；根据孩子养育情况，有隔代抚养、留守儿童等；各个家庭在经济收入、工作状况、受教育程度等方面存在很大差异。这些家庭各有特点，各有所需，因此要根据所面临工作的家庭对象，做好有针对性的准备。

如果是个别化的家庭指导，可以通过学生、班主任、学校等各个层面首先了解需要沟通的内容、需要解决的问题、家庭中存在的困难、可利用的资源，继而进行有针对性的指导。如果是团体辅导，可以事先进行需求评估（通常用问卷星等方式就家长的需求进行事先调查）或根据学校要求选择需要指导的具体内容。

2. 用家长喜闻乐见的话语，指导家长构建温馨的家庭心理氛围

家长们在进行家庭心理氛围营造时，往往是缺乏经验的。可能他们更熟悉的说法是家庭教育方法、适合孩子的家庭成长氛围，而不是心理氛围。其实，良好的家庭教育是离不开家庭心理氛围构建的。心理老师在引导家长构建温馨的家庭心理氛围时一定要注意，尽量避免太过专业的术语，否则容易让家长觉得做不到、听不懂，要用家长听得懂的话来说，拉近距离，这样更容易产生效果。

目前，社会中关于教育的焦虑影响着一部分家长，“别人家的孩子”也是很多学生面临的痛。当一个孩子出现了某个“问题”，是正常的表现，还是行为不佳？普通家长需要了解孩子阶段性的成长特点，掌握一定的教育方法和亲子沟通技巧，才能够更好地营造家庭心理氛围。

例如：小胡妈妈发现女儿进入初中之后，不愿意再和自己一起逛街，也不愿意别人翻看她的手机，回家后脾气变得暴躁，一言不合就起冲突，看不惯别人的很多行为。

可能情况	分析
小胡妈妈认为孩子学坏了，长大了翅膀硬了。	小胡妈妈可能缺少青春期心理变化的知识。
小胡妈妈意识到孩子进入青春期，出现了叛逆，但是不知道该怎么和孩子进行沟通。	小胡妈妈掌握一定的青春期心理变化的知识，但是缺乏亲子沟通方法。

因此，职初心理教师除了要介绍相关知识性内容外，还要教给家长具体的方法，这样才能做到授人以渔。

3. 营造温馨家庭心理氛围的重要环节：沟通

沟通是了解他人的重要基础。一个家庭中有了良性的人际沟通，人与人之间

的能量流动了，关系形成了，心理氛围就有保证了。但是，青春期孩子的家长面临的一大烦恼正是不知道如何与青春期的孩子沟通。不妨问家长以下三个问题。

（1）和孩子沟通中是鼓励更多一些，还是指责更多一些？

“啥时候了你还一天到晚看电视？看电视能让你上大学？能给你饭吃？”

“快去学习，别磨磨蹭蹭浪费时间。”

“你每天干什么去了？又退步这么多，怎么读书都读不过人家，你在学校都干什么了？”

以上这些话是在亲子沟通中常见的，说者无意听者有心，对于孩子来说，这些表达大多透露着父母对自己的不满意和指责。这样的对话，并不是沟通。家长要明白：沟通的基础是倾听；主观臆断、单方面的说，都不是沟通。

（2）你能不能说出孩子身上的十个优点？

每一个人其实都是积极上进、渴望成功、希望快乐、拥有资源的。如果家长能够在生活中给予孩子更多的鼓励和赞许，这将更好地强化孩子的积极行为、提升孩子的自信心、促进良好的亲子关系。如果家长发现赞许孩子很困难，可以从孩子感兴趣的事情、成功的体验进行积极探索。即使是玩游戏，也可以挖掘出渴望成功、希望人际交往、希望得到关注、很有耐心等积极发现，而这些积极发现都可能帮助家长和孩子打开紧闭的话匣子。

（3）你觉得孩子呈现出的“问题”正常吗？

很多家庭冲突的原因在于家长认为孩子的行为、做法“不正常”！这种认知、价值观上的差异，导致了冲突的产生和加剧。心理老师让家长意识到：正常化和自我暴露可以很快拉近学生和家长的距离，可以消除内心的防御和担心。当家长首先认可了孩子让你抓狂的行为，再去思考背后的原因，用关心的语句去询问时，很多问题就不再是问题。

本文执笔：上海市向东中学　张晶

第64问　如何引导家长理性对待考试

• 情景园

“学校在开展心理健康工作时，考前和考后是两个重要的时间节点。在面临考试时学生可能会出现考试焦虑的情况，而在实际工作中，我发现很多学生的焦虑是来自他的家庭、家长的高期望，或者说是自我认为无法达到预期。在家庭教育指导中，我可以做些什么，让家长能够更理性地看待考试，并引导学生理性对待考试？”

• 明镜台

考试是每个学生都要面临的挑战任务，是评价学生学习情况的重要指标，也是学生心理状况容易出现波动的重要时间节点。上海市教育委员会《关于加强上海学校心理健康教育的意见》中指出：各校要通过家校联系等方式，定期对学生心理状况进行评估和建档，试点建立覆盖所有学生的心理健康数据库；特别是在重要时间节点和重大心理危机事件发生时，做到及时发现、妥善应对、适时转介；赋能家长营造健康和谐的家庭环境，提升识别应对子女心理问题和危机干预的意识与能力。

无论是在考试前、考试中还是考试后，尤其是考后成绩不理想，例如：达不到自身或父母预期、自身努力后达不到学习改善的情况下，可能导致学生产生情绪波动、心理问题和人际冲突，如：个性问题——在很大程度上是因为学业成绩不良以及能力的低自我评价引起的自卑；情绪问题——很大程度上与低学业自我效能感有关的焦虑；交往问题——因为学生的学业成绩达不到父母预期引发的亲子冲突。如果能够引导家长理性地看待考试，一方面可以减少因家长的高预期导致的亲子冲突；另一方面可以发挥家长的正面积极引导作用，促使孩子理性看待考试结果，提升自我效能感和自我评价。

• 智慧谷

1. 引导家长了解影响考试成绩的因素

（1）运用韦纳归因理论分析考试成绩

可以使用韦纳的四种归因方式来帮助家长认识到影响考试成绩的因素，即尝试通过能力、努力、任务难度和运气四个维度来分析孩子的考试结果，让家长认识到努力固然是影响学习成绩的重要因素，同时任务难度和运气也会影响到考试成绩。这种分析方式也有助于家长和学生远离习得性无助观念的产生，缓解考试焦虑。可采用积极的归因方式：把成功归因于能力强，会产生积极情绪，增强成功期望，使人趋向成就任务；把失败归因于缺少努力，会维持较高的期望，能增强坚持性，趋向成就任务。

（2）科学看待影响学业成绩的因素

据科学研究，影响学习的内部因素中：智力 > 动机 > 努力 > 情感特征 > 身体特征。影响学习的外部因素中：教学质量 > 父母介入 > 同伴关系 > 班级规模。从以上结果来看，可以关注的是以下方面。

合理看待孩子的学习能力，适度地强调努力是成长性思维。当孩子已经足够努力时，不要过度地强调努力的作用。

家长可引导孩子建立更强的学习动机，包括让孩子发现学习的意义和价值、提升孩子学习的信心（自我效能感），给予孩子物质和精神上的环境支持。

给孩子更多学习的自主权（学习的方式、时间安排、内容、课程等），让孩子发现学习的乐趣和价值，促进深度学习。

2. 提醒家长和老师、学生理性地讨论考试结果

考试是一种重要的学习评价手段，是学生阶段性学习结果的呈现。学生考试成绩达到预期，家长固然欣喜，若无法达到预期，家长可能会有“无颜”面对老师的顾虑，家中的亲子关系也会出现一些风险。

首先，作为家长，关心孩子的考试成绩是正常的，也是必要的。家长对于孩子的考试成绩有不满意，有伤心低落失望也是可以理解的。家长可以表达自己的情绪，但是要注意理性表达，不要一味地指责。要知道，家长良性、积极的介入对于学生的学习提升是有帮助的，而指责和不恰当的批评可能会挫伤孩子的信心。家长不要惧怕和孩子的任课老师进行学业上的沟通，这将有助于家长更具体地了解孩子的情况。当然，除了老师的反馈和建议外，也需要结合家长日常的观察进行综合评价。对于老师提出的建议，也要在行动上进行落实。

其次，考试没有达到家长预期的学生是害怕和家长谈论考试的，这将导致错失了解孩子学习情况的一次重要机会。家长要做的是，在接纳自己情绪的同时，接纳孩子的情绪，引导孩子在今后的学习中有更强的动机和信息，毕竟家长希望孩子下次能考好。不妨采用这样的方式来探索学习的有效方法：

家长：我相信你为了得到更好的成绩尝试过很多方法，你能否告诉我都用过哪些方法呢？

学生：很多很多，但是都没用。

家长：你能告诉我一个你用过的方法吗？尽管看起来好像效果不明显。

再次，帮助孩子确立具体、可行的目标。期待从小的成功体验，收获更多的信心和行动。

最后，无论是何种规模的考试，都要让孩子明白，家长对他的爱和考试成绩无关。每一个花朵都有属于自己的季节，一次考试成绩并不能决定未来的成功与否。大考如中考、高考也只是人生一个阶段的结束，同时是另一个阶段的开始。在生活中面临不确定的因素下，提升自我能力、耐挫力、积极心理品质等，形成生涯规划意识，才能让学生在今后的人生中收获更多的精彩。

本文执笔：上海市向东中学　张晶

第 65 问　如何引导家长帮助孩子面对挫折

• 情景园

心理教师小刘提到自己开展家庭心理健康教育的方式方法太少。小刘老师觉得，现在的一些学生经不起挫折，考试不理想、失恋了、班级里不开心了，都会引起很大的情绪波动，甚至造成危机事件。小刘老师很想寻找更多的方法引导家长帮助孩子面对挫折。

• 明镜台

上海市教委《关于加强上海学校心理健康教育的意见》指出，初中年级心理健康教育内容包括：逐步适应生活和社会的各种变化，着重培养应对失败和挫折的能力。高中年级心理健康教育内容包括：帮助学生进一步提高承受失败和应对挫折的能力，形成良好的意志品质。这一文件中将“坚持育人导向，厚植家国情怀，激发成长力量，培育积极乐观的人生态度和坚韧不拔的意志品质”作为三项基本原则之一。可见，应对挫折是学生面临的重要成长话题。挫折往往给人带来消极的情绪体验，家长作为孩子支持系统的重要环节，是孩子面临挫折时的避风港。建议小刘老师在开展家庭心理辅导时，可以引导家长帮助孩子积极面对挫折，家长的关心和爱心将有助于提升孩子面对挫折的能力。

• 智慧谷

心理学研究发现，有些学生虽然遭遇挫折，但是仍表现出高水平的心理健康水平和健康的情绪。这与个体的心理弹性水平有关。心理弹性指个人面对生活逆境、创伤、悲剧、威胁或其他生活重大压力时的良好适应，意味着面对生活压力和挫折时的反弹能力，与保护性因素和危险性因素有关。危险性因素包括：贫困、家庭暴力、亲情缺失和校园欺凌等。与之相对的保护性因素包括：有效的情绪控制策略、自我悦纳、良好的家庭因素、社会经济地位和社会因素等。

职初心理教师要善于引导家长明白，当孩子面临挫折的时候，家庭如果能够减少危险性因素，增加保护性因素，就能成为孩子的避风港，也能更好地引导孩子面对挫折。

1. 引导家长接纳孩子的挫折和情绪，而不是冷漠、嘲讽、指责

家长首先要了解引起孩子受挫的原因，包括：学业不良或达不到预期、自身努力达不到改善的目的、人际关系不良，社会支持系统瓦解、心理脆弱、无助、无望、触发事件、冲动行为、亲子关系紧张等。无论是何种原因引起的挫折，孩子都可能会有自责、愧疚、悲伤、忧虑、焦虑等各种各样的情绪。

当家长了解到孩子出现挫折事件或者孩子和家长谈论挫折时，家长一定不要急于表达自己的观点，要耐心倾听，正常化看待孩子出现的情绪和面临的困难，不妨采用自我暴露，即和孩子分享一件自己也经历过的类似的挫折，使孩子感受到自己是被接纳的。如家长得知孩子失恋了，可以和他谈谈自己谈恋爱的经历，将是很好的切入点。要让家长明白，如果此时采用冷漠、嘲讽、指责的方式回应孩子，家庭的保护性因素就变成了亲情缺失的危险性因素，非但不能解决问题，反而可能会出现进一步的冲突和心理危机。

2. 引导家长帮助孩子从挫折中看到成长的空间

挫折往往意味着挑战失败，没能达到预期目标。当挫折引起孩子自我效能感的降低，可能他就会陷入害怕挫折而不敢再行动的泥潭。此时，家长在接纳和正常化挫折后，可以采用复盘的方式，来帮助孩子探讨可以改进的地方，使之避免失败，接受更多的挑战。

（1）引导家长强化孩子的保护性因素

除了应对挫折事件外，家长也可以在日常生活中强化对学生心理弹性保护性

因素，当不确定的情况出现时，孩子能用良好的抗挫力去应对生活中的困难，并将之运用于今后的人生中。

（2）更多的社会支持

有研究表明，在青春期阶段，人际关系好的同学耐挫折能力较高。人际关系好往往意味着个体具有更广泛的社会支持系统，在应对挫折的过程中，具有更好的防范风险能力。家长在平时生活中，可以鼓励孩子进行更多的人际交往，关注、询问孩子的人际交往情况，自我暴露人际交往的经验，使孩子建立良好的同伴关系。

（3）提升孩子的自我悦纳

家长在生活中要多鼓励，少指责，拓宽孩子的兴趣爱好，积极总结成功经验，使孩子具有较高的自我悦纳来应对挫折。

（4）掌握有效的情绪应对方式

孩子的情绪应对方式往往来自原生家庭。家长自身需掌握调控情绪的方法，并在生活中引导孩子调控情绪。调控情绪并不意味着不能有消极情绪，而是对消极情绪进行接纳、认知和转变。

本文执笔：上海市向东中学　张晶

第 66 问　如何引导家长榜样示范

• 情景园

心理教师小李发现，最近一直有家长打电话或者来校进行面询，很多问题其实都是围绕着如何在家对孩子进行一个良好的榜样引领作用。比如：小王同学的家长打电话来说，小王同学最近学习成绩下降了很多，在家和父母沟通的时间也少了很多，在学校的学习状态也是直线下降，为此老师也找了家长谈话，在老师和家长的一起努力下，发现了原因，原来是最近孩子在家一直打游戏，手里抱着电子产品不肯放，常常一玩就是很长时间，甚至家长还发现孩子半夜起来偷偷地玩游戏。对此家长采取了很多方法，但是都无济于事，为此家长觉得非常头疼，因为过多地使用电子产品已经严重地影响到了孩子的学习和生活，家长迫切地想改变现在的局面，同时家长也苦于找不到合适的途径，因此来求助学校的心理老师。

• 明镜台

智能手机等电子产品的出现是信息化时代发展的特征之一，孩子使用电子化产品是无法完全阻止的，在学校里有老师的监督和监管，这样的现象或许会好很多，但是回到家中，我们会发现孩子马上就放松很多，而大多数使用电子产品的情况都是在家里，那我们家长要做的应该是如何很好地配合老师，在家中对孩子进行一定的约束和管教。然而在现实生活中，我们会发现传统的“打骂”教育现在越来越失效了，家长很多时候会对孩子这样的行为进行非合理化归因，认为孩子的问题应该由学校、老师解决，家长是没有作用的。其实并不是这样的。我们家长其实就是孩子最好的榜样，我们应该指导家长在家发挥好榜样作用，这样会起到事半功倍的效果。

• 智慧谷

作为职初心理教师，通常我们的咨询对象都是学生，所以面对家长来访的时候，我们可能会出现一些小慌张，但其实并不需要。在接待家长的时候，我们首先要明确自己的咨询对象——家长，身份是和学生不一样的，家长或许会比较强势、比较无助、比较焦虑……我们在面对家长的时候，可以和家长一起找到孩子的问题，同时也让家长发现孩子问题的起源以及自身的问题，最后帮助家长一起找到对策。

对于家长来说，我们首先要让家长意识到孩子的问题出在哪里。很多孩子的问题其实就是来自家庭的问题，家长是否自己也过多地依赖电子产品，家长的行为和认知对孩子有着直接的影响力。我们可以首先改变家长的认知，让家长意识到父母是孩子最好的榜样和模仿对象，父母的一言一行其实都深深地影响着孩子，并且会很快地落实到孩子的认知上，父母是怎么想的，孩子就会怎么想，父母对于某些事件的看法是怎么样的，孩子也会受其影响，对事件的看法和判断有所倾斜。因此我们作为心理老师，首先要做的应该是改变家长的认知，不能让家长一味地把责任推给学校、老师，认为孩子变成这样是和学校有关，和自身无关，我们要帮助家长在孩子的问题上树立一个正确的认知观。

其次，我们要引导家长改变其在家中的行为，让家长树立起一个正确的榜样，起到一定的引领作用，让家长意识到自己的行为可以直接地改变孩子的行为，自己在家的每个举动其实都深刻地烙在孩子的心中。榜样的作用不是一天两天就可以确立的，同时也要让家长意识到树立榜样的行为不是短暂的，这是一个长久的工程，家长的言行举止对孩子有着终身的影响。家长的行为应该是正能量、积极向上的，同时家长也应该有所克制、节制，在行为举动上，每走一步都应该有所思考，考量自己的行为会不会对孩子产生不良的负面作用，等等。

最后，我们可以推荐家长看一些相关的心理书籍和心理短片，让家长也学习一下相应的知识。

总之，引导家长树立正确的榜样是我们职初心理教师可能会面对的问题，我们可以从认知、行为等方面入手，同时也可以让家长参与到学习心理学的过程中，让家长也掌握一点心理学知识，这样更有利于家校合作，使孩子能更好地成长。

本文执笔：上海市育才中学　葛沁琳

第 67 问 家长业余时间打电话给心理教师咨询，怎么办

• 情景园

初入职的心理教师小张最近遇到一些困扰，除了在学校期间会接到各种状况的学生或家长的咨询外，在下班后的业余时间，她也频繁地接到各类家长的求助电话，这样的情况让她感到身心疲惫。每天要应对学校的各种工作，面对高强度的工作重担，小张需要全身心地投入。下班之后，是小张自己的业余时间，她就想着自己可以好好休息一下，调整一下自身的状态，梳理一下白天工作时遇到的事情，将思路理理顺，同时也可以发现一些问题。而且小张也需要可以自由支配的业余时间，能陪陪家人，或者自己再继续充充电，看看书，满足一下自己的小爱好，等等。但是现在业余时间好像不是自己的了，她经常会接到家长的求助电话，而且一打就是很长时间……面对家长的求助电话，小张不知道该如何处理，这样的咨询效果也未必达到预期，而且小张自己也觉得非常疲惫，面对这样的情况不知如何是好。

• 明镜台

对于刚刚入职的心理教师来说，他们的社会身份刚刚从一名学生转换到教师，虽然同是在学校，但是社会角色发生了很大的改变，对于其自身来说就需要一定的适应过程。因此，现在上海市对于每一位新入职的教师都安排了为期一年的见习期教师培训，就是希望能更好、更早地帮助这些新教师们融入教师的岗位和角色。心理教师在学校期间会遇到形形色色的咨询个案，我们会面对学生，同时也会面对家长，在校期间，我们必须非常认真地完成个案的咨询，处理各种突发事

件，这是我们义不容辞的责任，同时也是我们作为心理教师必备的素养。等到我们下班后，我们自己可以自由支配业余时间了，这时我们还可能会接到家长的咨询电话，因为家长也可能下班了，他们有时间来处理孩子们的问题了，所以他们会想到和心理老师打电话，或者就是家长遇到了非常棘手的问题，迫不及待地要向心理老师电话咨询。此时此刻，我们心理教师应该如何应对呢？是一味地接受还是直接拒绝呢？

• 智慧谷

我们职初心理教师可以和学校其他老师一起组成团队，营造学生、家长的心灵避风港湾，作为支持保障部队，陪伴学生、家长，努力让学生可以有积极健康的心理状态来面对每天的学习生活。对于家长也同样如此，一些家长在面对自己孩子问题的时候往往会手足无措，在亲子沟通上也往往缺乏一定的小技巧，导致沟通不顺畅，因此家长在遇到问题的时候，可能第一时间就会想起给心理教师打电话，寻求咨询或是帮助。面对这样的情况，职初心理教师或许可以这样来处理。

首先，我们要对家长的来电内容进行评估，分清事情的轻重缓急，除非紧急情况，心理教师的私人电话不宜轻易留给家长，一些处于危急情况中的学生除外；同时我们也要意识到，家长此刻给我们打电话，可能是遇到了非常棘手的问题，急需我们的帮助，那我们可以给予家长一定的指导，帮助家长缓解内心的焦虑和不安。如果遇到的是非常紧急的事件，我们应该第一时间向上级领导汇报，同时也建议家长及时进行相关的处理。

如果我们评估下来并不是那么紧急的事件，只是家长的情绪比较焦虑，那么我们作为心理教师可以适当地给予家长一定的共感，可能家长也是在下班时间才有空和我们交流，或者就是家长突然遇到了非常恼火的事情，一时间也不知道该如何解决，虽然我们会非常辛苦，但是家长能给我们心理教师打电话，也说明是对我们工作的认可和信任。

其次，我们可以和学校的相关部门领导进行沟通，家长在找到我们心理教师之前，有可能已经找过班主任老师了，因此我们可以和学校达成某种协议，约定到哪种程度的个案可以在业余时间和心理教师打电话，其余的还是建议在上班时间向心理老师咨询，或者和心理教师先联系，约定某个时间，心理教师和家长再进行咨询。

总之，职初心理教师可能会遇到的情况是各种各样的，也是比较复杂的，因此我们在处理问题的时候要学会换位思考，同时也要具备自我保护的意识，这样才能胜任职初心理教师的岗位。

本文执笔：上海市育才中学　葛沁琳

第六部分　系统育人

第 68 问　开展班主任培训包括哪些主题

• 情景园

小徐是一名职初心理教师，最近学校领导交给他一项工作：培训学校的班主任。他也意识到班主任心理培训非常重要，班主任如果心理学培训不充分，他们甚至可能对学生的心理问题无法理解，对于心理健康教育工作造成隐患。那么，开展班主任培训应该包含哪些主题呢？

• 明镜台

班主任的工作任务中最主要的就是与学生接触。因此，班主任应当了解相关学段学生的心理特点，包括情绪特征、认知特征、道德发展特征和常见的心理问题等。心理教师在对学生有一定的了解之后，就可以与班主任探讨与学生沟通的方式，诸如在与学生沟通过程中应当规避的不妥做法，能够调动学生积极性、促进学生配合教学工作的沟通方法等。在讨论沟通方法的过程中，心理教师可以着重介绍心理咨询的一些沟通技巧，引导班主任多去倾听学生的情绪情感，多去理解学生的想法，从而发现问题，找到解决方法。

除了学生之外，班主任的工作对象还有家长。那么，班主任就要了解与家庭教育相关的知识，比如良好的亲子关系是什么样的，家长与子女的沟通技巧等。此外，针对家长的沟通技巧与针对学生的有很大区别，心理教师可以介绍一些应用于与家长沟通的心理学方法以及注意事项。

在班级管理工作中，班主任难免会遇到学生产生心理问题，这也是心理教师的工作重点。因此，在班主任培训中，心理问题的辨识和处理、心理危机的辨识和评估、学校心理危机干预机制是非常重要的培训主题。班主任一定要对这些方面非常熟练，否则一旦学生出现心理问题乃至心理危机，应对将会十分棘手。

最后，班主任的情绪疏导及调节也十分重要。在教学过程中，班主任的情绪会显著影响学生。班主任工作压力很大，部分班主任自我调节能力有限，心理教师应指导班主任如何保持心理健康、情绪积极、适宜工作的状态，从而间接地维护学生的心理健康。

综上所述，心理教师开展班主任培训应当包含相关学段学生心理特征及沟通、家庭教育指导、学生心理问题及心理危机处理和班主任自我调节四大方面的内容，具体如下：

（1）相关学段学生心理特点和育人目标；

（2）与学生沟通的技巧及注意事项；

（3）什么是好的家庭教育氛围及好的亲子关系；

（4）如何进行家庭教育指导；

（5）与家长沟通的技巧和注意事项；

（6）学生常见心理问题的辨识和处理；

（7）学校心理危机的三级干预机制；

（8）学生心理危机的辨识；

（9）学校心理危机处理机制；

（10）班主任情绪的自我调节和宣泄。

• 智慧谷

在具体的培训过程中，职初心理教师给班主任的培训主题和内容可以依据学校资源、心理教师自己的优势进行适当的扩展。在此讨论两个问题。

第一，在班主任培训的过程中，是否要进行心理学基础知识的宣讲和介绍？

有观点认为，心理学基础知识与班主任工作距离较远，对班主任直接的帮助意义不大。但其实，心理学基础研究和思考是现实中有效教学技巧的来源。了解更多心理学知识，对于班主任的工作能力提升是有很大帮助的。比如，认知心理学对于学生认知过程尤其是记忆的研究，可以帮助班主任及学科教师用学生更容易接受的方式开展教学；行为主义心理学的研究能够帮助班主任用直接有效的管理措施引导学生培养良好的学习习惯；精神分析学派的思考能够帮助班主任对学生的想法有更深刻的理解；心理咨询技术可以让班主任潜移默化地调整学生心理问题，避免学生的抗拒行为。因此，虽然在班主任培训过程中心理学知识宣讲的紧迫性不如之前列举的那些主题高，但如果有时间、有资源，应当加深班主任对心理学的认识，从而提升班主任工作的效率。

第二，班主任的生涯发展培训是否可以由心理教师主导？

其实，班主任的工作动力很大一部分来源于其生涯发展的可能，因此班主任生涯发展培训应当是班主任培训中重要的一个方面。职初心理教师可以向班主任介绍生涯发展的相关知识。心理培训中也有许多方法，促进接受培训的人员寻找外界资源、互相分享看法，而职业发展事关班主任的切身利益和个人发展，在培训中心理教师完全有机会、有可能引导班主任主动了解、检索相关信息并在培训中讨论分享。

当然，班主任、任课教师的生涯发展也是所在学校十分关心的问题。在相关主题的培训中，学校领导、学校教学管理部门的参与是必要的。

本文执笔：上海市民办新和中学　徐芸生

第 69 问　学校班主任差异大，怎么组织培训

• 情景园

学校在开展班主任培训的过程中，心理教师难免面对一个尴尬的处境，就是新教师、老教师混杂，不同的培训对象需求不一，但没有充分的资源和时间分别对他们进行培训。

心理教师在对班主任进行培训时，往往面对着老班主任无心听讲、新班主任茫然失措的窘境。有没有办法在培训中让新老班主任都有收获呢？

• 明镜台

应对不同班主任对于培训需求有所不同的情况，可以有三方面的做法，让培训适应范围更广，针对性更强。

第一方面，心理教师要坚守自己的专业，对于培训中必须反复强调的内容常抓不懈。比如，学校心理危机干预机制，就应当每学期反复操练，无论是新、老班主任，都要不断学习，以便把学生遭遇心理危机带来的威胁降到最低。心理问题的辨别也应经常反复讲解，毕竟某些心理问题并不会经常反复出现，如学习困难儿童、抽动症、精神分裂症等少见的案例，可能三四年、四五年才出现一例。让班主任对这些心理问题始终有熟悉感，才能在一线及时辨别并处理。心理教师要有自信，术业有专攻，无论是多么有经验的班主任，对于心理学知识和技能的熟悉度都不会超过一个专业的心理学工作者。当然，对这些“老”问题，心理教师也要努力做到常讲常新，结合最新的热点和理论进展，尽量带给老教师以新鲜感。

第二方面，充分利用培训对象异质性的资源。教育心理学的观点认为，集体中的异质性是一种资源。在异质性程度较高的集体中，学员可以拓宽眼界，并可以互相弥补、互相教育。在培训中，心理教师可以用各种手段促进新老教师的交流互动。新教师对于新技术、新方法比较熟悉，可以促进新教师辅助老教师使用一些网络平台、管理工具；老教师对于班级管理、家长沟通等问题更为得心应手，可以让老教师总结分享一些工作经验，带动新教师更快适应岗位。在培训中，心理教师也可以使用多种团体培训的技巧，通过多样的游戏、活动、讨论，让培训对象各取所需并且互相支持。

第三方面，针对不同需求的班主任开展有区分度、多轮次的培训。既然新老教师在一些主题上需求不同，那么一个很好的解决方法就是针对这些主题的培训不要全员参与，而是按需分组，不同的组别参与不同轮次的培训。比如在进行家长沟通技巧的培训时，就不一定要求老教师参与；而在进行情绪情感宣泄的主题活动时，新教师可以自己决定是否加入。针对不同需求进行分层培训，减轻了心理教师和班主任的工作量，并能够在培训中更加聚焦目标，获得更好的效果。

• 智慧谷

职初心理教师有时会和班主任的理念和做法存在一定的差异。比如，在遇到与道德品行有关的个案时，一些班主任的做法往往会比较直接，以说理为主，而心理学工作者则更希望能够了解学生犯错误背后的想法、情绪和需求。一些班主任比较注意尊师重道的威严，心理学工作者则往往建议教师更多地采取接近学生、与学生相对平等、容忍学生表现的姿态。在培训中，这些差异往往会导致一些班主任产生抵触情绪，心理教师应该如何解决？

心理教师一定要注意，不要过多尝试改变班主任的做法。一方面，一些班主任的做法源于多年的教学实践，是很难改变的；另一方面，在大多数问题上，只要不触及教育规范和法律的红线，教学措施是没有正确答案、标准版本的。有一些老教师的教学举措，可能与经典的心理学理论有一定的出入，但是针对老教师的性格、身份特别适用，他用这些办法就会取得特别好的效果。反过来，一定要老教师采取新方法去教育学生，可能教育效果还会打折扣。

在与不同的教学措施求同存异的前提下，心理教师要坚持科学的世界观、人生观和价值观宣讲。有一些教学举措也许对于学生的学习成绩、在校表现等有立竿见影的促进作用，但对于培养学生品质、维护学生心理健康是不利的，是有较强烈“副作用”的。心理教师可以分析其后果，讨论其利弊，循序渐进、潜移默化地促进培训对象的改变。职初心理教师的培训应当引导班主任意识到维护学生心理健康的重要性，让大多数教师意识到全面育人的教育价值观。

本文执笔：上海市民办新和中学　徐芸生

第70问　如何与班主任一起全面了解学生

• 情景园

小于老师是从一所985高校毕业的研究生。由于见习期间的出色教学表现，在第二年学校就任命她为高一年级的班主任。于老师也不负学校期望，班主任工作认真负责，与家长时常保持联系，及时交流学生在校在家情况。某次班会课上，她以感念亲情为主题，秘密邀请了每位学生家长给孩子录了一段视频，现场播放，以渲染气氛，激发孩子的感恩之心。谁料班级一位女生突然情绪失控，愤然离席，去厕所哭了半节课。事后，于老师耐心与孩子交谈，想要了解到底是什么触发了孩子的负性情绪，却毫无进展。她又致电家长，家长也吞吞吐吐，不愿告知。万般无奈的于老师找到学校心理老师哭诉。她不知道自己到底做错了什么，导致学生和家长如此排斥自己。

• 明镜台

于老师所在的学校恰巧是一所完全中学。心理老师在了解情况后立即去教学处查询了该生初中时所在的班级，并向其初中班主任打听孩子在初中阶段的表现。经过一番仔细询问和调查，初步推测问题主要来自家庭。（由于涉及学生隐私，此处不再详细叙述原因。）随后，心理老师将相关情况反馈给高中班主任于老师，并给予了一些后续工作的建议。于老师十分感激，并认真落实，消除了师生误会。在这个案例中，于老师只是高一年级组的一员，她的关注点更多的是立足于本学科教学和本班学生学习生活，对学生大多是横向的了解。而心理老师是学校德育部门的一员，可以综合调动多种资源，纵向了解学生的发展状况。在实际工作中，心理老师的协助可以帮助班主任更好地开展班级教学和德育工作。而班主任老师的配合也有利于心理老师对问题学生的评估和判断。

• 智慧谷

班主任是连接任课老师与学生、家长的一条重要纽带，要经常与任课老师及家长商讨班级管理和家庭教育的对策，才能形成教育的合力，最大限度地发挥教育力量。班主任是班集体的核心，是班集体的组织者和领导者。而心理老师不具有权威性，不要求学生服从劝导，保持价值中立，不将个人价值观强加于对方，而是引导学生去思考，让学生自己做判断和决定。这两者看似有一定的对立性，但实际上却是有很多共通之处的。作为心理教师的我们可以给班主任一些建议。

首先，他们有一个共同的工作基础，就是与学生建立良好的关系。无论是心理老师与来访学生的咨访关系，还是班主任与学生的师生关系，都强调使用尊重、同理心、倾听、接纳等需要大量情感投入的技巧来实现助人目的。只是心理老师经历过更加专业和长期的训练，对这些沟通技巧运用得更加娴熟。我们可以在日常交流和学校组织的教职工培训中多多强调这个方面。

其次，他们还是合作者的关系。比如在心理课上，心理老师可以较真实地发现一些问题，了解学生的心理活动。我们可以在尊重学生的基础上与班主任进行适度交流，对学生的性格、气质以及各方面进行反馈，这对班主任了解学生有很大的帮助。相应的，班主任老师也能将收集到的学生情况汇总反馈给心理老师，帮助心理老师更好地完成学生个案概念化。

此外，心理老师要和班主任共同开展家庭心理辅导的工作。对于有家庭教育问题需要咨询的家长，心理老师可以邀请班主任一起来讨论。从不同角度探讨家长教育方式等，与家长共同寻找适合学生成长的教育方法。通过深入开展家庭心理教育，帮助家长建立良好的亲子沟通关系，矫正家长自身不良的心理认识，使学生能够在一个更为健康的家庭氛围中成长。

心理老师也可以在日常工作中和班主任一起听听任课老师反馈的信息。因为有时学生的行为往往不在班主任上的课中表现出来，班主任不易了解深层次的东西，看法容易出现片面性。课后应多与学生交流。有时学生会有很多想法和意见，这是彼此相互了解、达成共识、缩短距离的好方法。

根据上海市教育委员会《关于加强上海学校心理健康教育的意见》，我们要将育心与育德相结合，坚持育人导向，厚植家国情怀，激发成长力量，培育积极乐观的人生态度和坚忍不拔的意志品质。这便是心理老师和班主任协同工作的基本原则。

本文执笔：上海市久隆模范中学　沈静

第 71 问　如何筛查班级中的高关怀学生

• 情景园

小王是本市某区重点高中的高一年级女生，之前就读于同区的一所普通公办初中。由于原初中综合教学水平较弱，小王能够凭借自身努力考入该重点高中，对她而言已是相当不容易。原本喜出望外的她却在进入高一第二学期后出现了情绪低落、社交困难的情况。她表示一学期下来，很难应对高中的学习任务，自感学习能力和基础都不如班级其他同学。加上她本身性格内向，成绩不好的她时常感到自卑，更加不敢靠近同学，总觉得抬不起头来。寒假里，她的父亲还遭遇了车祸，虽然捡回一条命，但是身上多处骨折，需要长时间卧床休养，给本不富裕的家庭带来了巨大的经济负担。

• 明镜台

案例中的小王就是一位典型的需要高关怀的学生。高中学习任务难度的陡然增加、前期学习基础可能也欠佳，让她的学习面临了巨大的挑战。这个时候，很容易影响学生的学习自信心。实际上，很多在小升初、初升高考入比原本预期更好的学校的学生在入校初期都有可能面临此类问题。这需要心理健康教育工作者加以注意。此外，小王的家庭在假期里还遇到了突发应激事件，打乱了她正常的生活节奏。多重因素叠加在一起，导致她出现了上述心理问题。

• 智慧谷

小王的案例让我们不禁想到，如果职初心理教师能够及时了解学生动态，尽早发现可能存在的心理问题，这对维护学生心理健康会有很大帮助。尤其是那些高关怀学生，在日常教学工作中，更加需要我们给予重视。

所谓的高关怀学生群体主要包括经济困难学生，心理问题学生，自我管理能力缺乏、学习能力偏失学生等。而做好高关怀学生的筛查，是学校心理老师为学生心理健康构筑安全防线所必不可少的一环。它的筛查策略主要有：通过观察法来了解学生心理行为状况；通过结构性谈话来了解学生心理状况；通过问卷法来搜集学生心理和行为数据；通过心理测验法来了解学生发展状况；通过研究学生心理档案来了解、评定、预测学生心理行为状况。而且在现实中，往往需要综合运用多种方法才能准确判断和及时发现问题。

具体来讲，职初心理教师可以在每学年开学初为全体新生建立心理健康档案，包括但不限于心理普测、学生面谈、班主任访谈等，以便对特殊学生给予特别关注。如果有学生出现持续的悲伤、情绪管理能力差、巨大压力、情绪起伏大等情绪困扰，或自我评价低、问题解决能力差、外控观点（怨天尤人）、认知僵化（钻牛角尖）、完美主义、无望感等认知偏差，又或者是冲动及攻击行为、药物滥用、社交困难等行为问题时，可以及时进行有效的心理干预。

我们也可以在新学期第一节课了解学生假期发生的事、学生的心情等。其他任课老师通过上课期间的观察（眼神接触）也能从侧面反映学生状况。比如上课会不会表现得没精神、呆滞、坐立不安、眼神飘忽。如果有学生问些奇怪的问题或者突然对某一问题特别感兴趣，教师可以询问他们：你怎么会想问这个问题？你最近常问某一类问题，是不是在你身边发生了什么事？

根据上海市教育委员会《关于加强上海学校心理健康教育的意见》，心理健康教育工作的主要任务包含了健全心理危机预防干预机制。我们要通过家校联系、新生入学心理健康状况调查等方式，定期对学生心理状况进行评估和建档。发挥学校心理危机干预工作网络的预警防控作用，用好危机识别与干预指导手册，从而更好地筛查出班级中的高关怀学生。

本文执笔：上海市久隆模范中学　沈静

第 72 问　如何引导全体教师共同关心高关怀学生

• 情景园

最近学生出现的心理问题较多，学校领导要求推行全员导师制，做到心理健康工作全方位、无遗漏。作为职初心理教师的小王感到很困惑，不知如何引导全体教师共同关心高关怀学生。

• 明镜台

学校里学科老师在学生心目中的地位是很高的，学科老师的态度，学科老师的话语对他们来说真的很重要。可面对那么多学生，我们又怎么能做到个别关注呢？这对学科老师来说真的是太难了。尤其是对一些心理很敏感，甚至一些有心理问题的学生，既要表示出对他们的关爱，又要做到教学公平，稍不小心就会碰到雷区。每位老师都有自己的个性，有自己的教学风格，有自己的人格魅力，有自己多年来积累的处理学生问题的经验，这些都是全体教师共同关心高关怀学生的资源。

• 智慧谷

职初心理教师可以和学校的教师团队一起探讨，了解一些心理问题的表现以及可以采用的应对方式。

1. 理解和陪伴

有时候学生不说，是因为还没有准备好。我们的理解和陪伴是最柔和的等待，让他知道我们一直都在。但要及时跟家长沟通，告知情况。

假期一个男生发了一段长微信给心理老师，说自己心情太差了，不知道该怎么办。他说一直在犹豫，想着没什么大不了的，自己想通就好，但最近他承受不住了。复课之后，第一周他说有些忙，第二周他说最近还好。后来他的一个朋友过来找心理老师，说男生情绪很糟糕，一直在问他到底发生了什么，可那个男生说："如果你一直要问，这是在把我推走。"有时，学生真的没有准备好向我们吐露心声，暴露他的伤心处，我们需要的是等待。心理老师跟男生的朋友说，你只需要告诉那个男生，我们一直陪着你，你什么时候想说都可以。但，这个时候，及时地跟家长联系是必须的，要告知情况。他不说一定有他的难处，他在纠结。我们需要的是默默的陪伴，让他知道我们一直都在。后来这名男生过来找心理老师，说医生诊断他为双相障碍。

2. 支持和接纳

一个女生被诊断为抑郁症，她说："我不希望在班级有特殊的待遇，不需要特殊的关心，这样会让自己觉得另类。但的确有时会控制不住地哭，我知道这样很丢人，但就是控制不住。我知道消极、颓废不好，但就是高兴不起来。有时头很晕，昏昏沉沉，注意力很难集中。"心理老师会告诉她，这不是你的错，是症状表现。就像重感冒会头疼一样，你现在有些低落、颓废，没有关系，你不必强装作开心。接纳它的存在，与它共存，带着它一起生活，我们会好起来的。现在抗抑郁的药物效果很好，很多初中生被诊断为抑郁症，经过治疗和休养后痊愈的例子很多。我们需要的是理解与接纳，她不是不想开心，是真的开心不起来，在她的抑郁症状还没有好转之前，她是没有能力消化我们的建议的，因为力不从心。

3. 个别化问题处理

他们很敏感，所以更需要个别处理；公开的批评，或许老师觉得没什么，但他会觉得很丢人。所以，我们尽可能地私下处理问题。他没有完成作业的原因，可能是没有办法集中注意力，可能是没有力气，可能昨天晚上他在经历着失眠的折磨，抑或在生与死之间徘徊，真的不是危言耸听，我们静下心来就能感受到他们的痛苦。不公开处理他们的问题，也是对我们自己负责，不把关系激化，才能保证正常的教学进程。给个别学生适当的宽容，可以问他："有什么困难吗？什么时候能够完成？”可以适当地宽限，但学校的规章制度没办法违反。我们可以在私下，温和而又坚定地告知。

4. 医教结合，综合干预

抑郁症如今已成为全球第四大疾病。最近几年，同学们对自己的心理情绪问题不再遮遮掩掩，越来越坦诚，在一定程度上说明他们的病耻感有所减轻。但依然会有些同学很疑惑，不知道如何面对一些有心理问题的同学，尤其是抑郁症患者。其实，抑郁症患者不是矫情，不是脆弱，不是没事找事，而是病了，病因有很多可能，我们没有能力去评判。就像重感冒，会头晕，会无力，会有一些自动生成的消极想法，甚至自杀的冲动。他们需要的不是告诉他要开心一点，他们需要的是陪伴，是理解，是倾听；如果可以，带他散散步，打打球，跑跑步，他想哭时给他一个拥抱，一个安全的空间，告诉他这没什么，一切会好的。而且一定要劝他相信专业的诊断，接受专业的治疗。如果班级中有抑郁症学生，一定要和家长保持即时的沟通，向家长反馈学生在校的情绪状态、行为状态，这是对学生的负责，更是对自己的负责。同时，还是要找比较信任的同学陪伴，或者默默地关注，保证安全。因为现在诊断为抑郁症的学生，除非病情很严重，其他的在服药期间还是要继续完成学业的。如果在此期间他没有办法上课、按时完成作业，学校教导处会有相应的应对方案，这也要和家长做好沟通。总之，无论是继续学业还是休学，一切是以学生的康复发展为目的，我们老师和家长是站在同一个立场的。

5. 多方配合，共同关怀

班主任、学科老师、心理老师、教导处、政教处要做到信息的及时互通，保障教学的常态进行，既是对学生负责，更是对我们自己负责。因为任何事情发生时，我们永远都是一体的。

本文执笔：上海市逸夫职业技术学校 王娜

第 73 问　怎么争取学科老师支持学校心理工作

• 情景园

小徐是一位新入职的老师，主要负责教授高一年级的心理健康课程，其余时间主要是做个别心理咨询和德育部门的日常工作汇报。小徐老师总觉得日常的升学、教学管理、新课程改革等都和自己没什么太大关系。和学科老师在一起，他也只能听听他们说某某学生不太努力，或者最近状态不好。有时候，学生缺课找心理老师，事后学科老师在与心理老师沟通的时候，总有一点点埋怨的表情或者欲言又止的样子。小徐老师总觉得学科老师是在怪自己多管闲事。那么，究竟怎么才能让学科老师多支持学校心理工作呢？

• 明镜台

职初心理教师初来乍到，还没有熟悉学校支持系统。主要表现在心理教师入职后职业发展的资源匮乏、学校人际支持不足、同事对于心理老师工作内容不理解等。此外，即使经过长时间的专业学习和操作，心理教师也会在职业发展中遇到工作误区和未知的盲点，因而在实际工作中很容易产生力不从心的消极感受。

“育心”工作本来是一个长期系统的工作，短期内很难看到什么具体的成效，其他学科教师感觉心理课就是哄着学生们玩儿，心理咨询就是跟学生们聊天，认为这是最轻松的一门课了。另一方面，心理课有时候也会成为考试前老师“必争之地”，这会使学校的心理健康教育很难达到预期的效果。

• 智慧谷

职初心理教师可以在学校领导的支持和关心下，从以下方面和学科教师共同努力。

1. 心理健康教育是整合的教育

成功的辅导应该是贯穿于所有的日常教学生活过程中，将一些心理健康教育的普及知识与日常生活相结合。学科老师应该具备心理健康教育的知识和技能。在课堂上尊重心理规律的教学，才是对学生产生最大效益的教学。因此，心理老师应该多多提醒和主动要求在学校各种活动如教工大会当中，多多宣传心理健康教育、教育心理学知识、教育心理规律等信息，让学科老师充分地认同学校心理健康教育是对学科教育产生重要积极影响的一门具有功能性和应用性的学科。尤其是心理健康活动课是心理老师的主阵地，不能仅仅因为考试或者老师的人情，而将心理辅导课的时间让给学科老师。而是要告诉他们，心理课也是一门非常重要的课程，心理老师重视每一节课和自己的心理健康教育工作。这会让学科老师们愈发认同心理健康教育的必要性和心理老师的坚持与态度。

2. 从多方位加深心理学的辐射

中小学生的心理健康与其学业质量和全面发展密切相关。为了提高中小学生的心理健康，是不可以完全依赖专职心理教师独自战斗的。全员心理健康教育能力，将学生的认知状况与心理状态作为教学管理和教育活动开展的基础，努力拓展心理健康教育发生的渠道，探索将学生心理发展列入各项教育教学活动的目标之中，并挖掘教育教学内容中“心理健康教育”的意义，加强教育教学中的情感性设计，尽可能将心理健康教育意识化、理性化、常态化。

抓住校级平台的教育教学展示活动。学校心理辅导活动课主要包括热身活动讨论和分享这几块内容。其实与任何学科的公开课有着异曲同工之妙，要开好一节公开课或者展示课，学科老师可能需要思考很长的时间来设计活动或者思考用哪些生成性的方法去引导学生学会和理解知识。那么，心理课就是学科老师能够借鉴和启发灵感的重要的观摩课堂之一。所以职初心理教师不要担心自己的课是不是足够成熟，而是要大胆地展示自己的公开课，这可能会使自己的课堂在学校和学科老师中的影响力大大提升。

3. 加强学习方法指导

在每学期初的时候，小徐老师可以尝试面向全校或者在年级大会之后用5—10分钟的时间介绍一些比较好的学习方法，或者是依托心理辅导课的时间将学习方法、学习习惯、记笔记的一些好方法系统地介绍给同学，或者利用学校宣传栏的空间，展示一些优秀的学习习惯或者学习方法的介绍……这都能帮助心理老师在学科教学中产生一定的教导作用，同时也能获得学科老师的一些理解和支持。

4. 建立教师心理互助平台

学科教师一直面临着升学或者合格考的压力。大部分老师也会在结婚、生子、育儿等方面遇到问题。心理老师可以结合自身的专业知识开设教师心理互助平台。通过教师心理互助的方式缓解学科老师的压力和提供抒发焦虑情绪的平台。同时也能够潜移默化地让学科老师了解心理咨询的奥秘和发展心理学的作用，真正让老师们支持心理教师的工作和想要去学习心理学相关知识。

本文执笔：上海戏剧学院附属高级中学　徐越蕾

第 74 问　有学生出现师源性心理问题，心理教师该怎么办

• 情景园

小 A 在同学小 B 的陪同下来到心理辅导室。一番纠结之后，小 B 义愤填膺地开始“投诉”自己的英语老师兼班主任：英语老师对同学们要求过高、过严，完全不顾及小 A 同学基础差、能力弱、性格内向、敏感脆弱，经常当众批评她作业写得不对、知识点没掌握好、不注意学习方法等，甚至还骂她“笨”，惹得小 A 常常伤心哭泣，愈加自卑。面对这样的“投诉”，职初心理教师小王一筹莫展。

• 明镜台

像小 A 这样的心理问题可称作师源性心理问题。师源性心理问题是指由教师对学生不当的教育行为导致学生产生的心理问题和心理疾病，表现形式有自卑、退缩、厌学、紧张、焦虑、恐惧等心理问题，以及学校恐怖症、反应性精神病等心理疾病。有关师源性心理问题的新闻报道也不时见于各大媒体，引发人们的广泛关注，如 2020 年 6 月发生于江苏的五年级小学生跳楼自杀事件，就引发了大众对相关教师的行为是否合理合法的争论。随着教师素质的提高，法治意识、心理健康教育意识的增强，师源性心理问题已经大大减少，尤其是一些极端的、明显的行为并不多见。但是如小 A 所遇到的这样的情形却还是很常见的。一方面，确实有一些老师不注意方式方法，甚至师德存在瑕疵；另一方面，也有可能师生间存在一些沟通上的误解。对于师源性心理问题，职初心理教师应该怎么处理呢？

• 智慧谷

基于上述分析，小王老师可以从以下方面来把握。

1. 其实，无论来访者“投诉”的对象是自己的老师还是自己的同学或父母，咨询师处理的原则是一样的，同样要遵守保密原则，保持价值中立，如果遇到违法、伤害的现象，同样应该毫不犹豫地突破保密原则进行报告，而一般性事件，则按常规方法处理即可。

2. 如果来访者的问题涉及心理老师的同事，心理老师可能面对的是两件事情，一件是来访者的事情，另一件是如何处理和自己同事关系的事情。对于一些小的非原则性的事情，尽量在咨询室内解决，谨慎处理。否则一不小心，或者来访者会认为你“官官相护、包庇自己的同事”，或者会让同事认为你不够尊重他，可能会引发同事之间的矛盾和不愉快。

首先，要接纳来访者的情绪，给来访者以情感上的支持，使来访者得到情绪的宣泄和释放，也得到来访者的信任和接纳。对于大一点的孩子，一般都能够明白咨询室是解决个人问题的地方，而不是来评判是非输赢的“法院”，并不会要求心理老师来“伸张正义”，而主要是为了获得心理上的支持。

其次，帮助来访者能够正确认知所处境遇，教会合适的应对方法。网上看到一个故事，说是某重点中学的学生小C学习成绩好，人也特别听话，无论是在学校还是在家里，都是人见人爱。一天，来了个代课老师布置家庭作业，要求全部课文抄三遍，第二天早上交。小C回家即抄，直抄到11点，父母说：“你肯定听错了。”小C说：“没错。”他从未不完成作业过，直到凌晨2点抄完。第二天上课，老师问：“昨天的作业谁做完了？”全班只有两人举手，一个是他，另外是一个女孩子。老师只说了一句：“谁做完了，谁是傻子。”小C哑然。此后，小C变了，不再不折不扣地做作业，书也不爱读，最后只好转学走了。像这样如果是发生在过去就读的学校、伤害已经造成的事件，主要辅导任务是帮助降低事件对当事人造成的伤害，帮助当事人从困境中走出来。但是类似的问题发生在本校，建议小王老师和学校的心理健康教育教研团队一起商量，正确面对，必要时向区心理中心寻求心理督导。

本文执笔：上海市聋哑青年技术学校　宋英卓

第 75 问　怎么与医疗机构进行协同工作

• 情景园

某班某学生近期出现作业拖拉不交、上课睡觉、体重骤减等现象，经过班主任向家长了解，发现学生在家情绪低落已经持续一周时间。心理老师介入之后，发现该生有抑郁倾向，随即指导家长带学生去上海市精神卫生中心做心理评估诊断。然而家长和孩子都以“不想学生去精神病医院”为由拒绝。家长表示，自己认识的一个朋友有国家二级心理咨询师资格证，应该可以帮助孩子。碰到这种情况，职初心理教师小李手足无措。

• 明镜台

在这个情境中，问题有以下几个方面。

首先，学生已经出现体重骤减、情绪低迷的症状，那在很大程度上已经进入抑郁状态，此时根据学校危机干预机制，属于高风险需转介，此时需要做通家长的思想工作。但家长对转介最权威的上海市精神卫生中心有很大的排斥，并寄希望于自己一个持证的朋友，对孩子的恢复来说这显然不是一个最优策略。无论是学校的心理老师还是第三方，都没有医疗结构所具有的病理性治疗能力。因此，还是要建议家长前往专业的医疗机构进行专业评估并遵医嘱进行药物治疗。

在坚持这条底线的前提下，可以与家长进一步沟通。事实上，经过了解，家长只是不愿意孩子去市精神卫生中心，在明确了专业诊断治疗的重要性后，家长在这一点上做出了妥协，但学生的阻抗势必会影响顺利转介评估。因此，在咨询沟通时与学生、家长达成共识，转介评估地点为学校所属区级心理精神卫生中心。

因为是自己本区域的学校学生，可以在取得医疗机构方的联系方式之后进行前期沟通和预约，并与家长和学生保持信息一致性。待预约当天，家长就带着案主学生前往，同时，区精卫中心的医生也和该学生预约了下次咨询的时间，整个转介过程非常顺利。

• 智慧谷

在整个转介过程中，重要的是沟通。首先是与家长和孩子的沟通，这方面不需赘述，相信学校方面能够妥善落实。关键的一点是，所谓的转介并不是心理老师或者学校把这个学生往医院方一推，便不管不顾了，而是需要学校、家庭、医疗机构三方协力，自转介起，要和家长保持联系，做好记录，指导家长遵医嘱，同时学校方面对学生提供的病例、诊断报告做好记录保存。定期进行咨询反馈，如学生情况严重，需要休学或者住院治疗，也应建档，保持家校联系。

本文执笔：上海市彭浦中学　王子浩

第 76 问　如何调动学校资源促进学生自我成长

• 情景园

小王老师是职初心理教师，他对如何结合校情设计方案，全方位推进学生自我成长的步骤和实施感到很茫然。

• 明镜台

建议小王老师先对学校资源做一个界定。

学校资源是一个宽泛的概念，广义地说，一切知识、人、行为资源都可看作是教育资源。这里研究的教育资源根据应用环节、存在形态划分，可分为人才资源、知识资源和应用资源、场所资源和活动资源。

人才资源是指学科教师、校外辅导员如法制校长、劳模、警察、科技人员以及社区各类人员（如学生家长）。

知识资源是指网络课程、优秀课件、学习资料、教师网站、学生的电子作品等。

应用资源是指能够将所学的知识加以应用的平台、环境等，例如在线题库、网上协作学习平台、专题研究性学习网站等。

场所资源是指图书馆、博物馆、体育馆、文化宫、青少年活动中心、影剧院、公园、商场以及其他学校等。

活动资源是指既包括社区内各种社区成员广泛参与的活动，如社区的运动会、音乐节、联欢会、博览会、社会实践等，还有一些与人物和历史实践相联系的纪念活动如龙舟赛等，也包括人们的生产活动和生活活动。

现代教育理论认为：学生自主发展，就是明确和尊重学生的主体地位，把学习的主动权还给学生，将老师单向传授、学生被动接受和机械接受，变为在教师指导下，学生通过多种感受器官及思维活动，将学习过程变成意义建构、主动探索与创新的过程。在这个过程中，培养和发展学生的自主意识与实践能力。

学生自主发展是指学生整体素质（包括道德品质、文化知识、学习能力、身体素质、劳动技能、心理品质、创造能力等）的全面提升。

• 智慧谷

建议小王老师和学校心理健康教育团队一起探讨，从以下方面开展实施。

1. 创设良好的校园文化环境，让资源呈现出来。教育是一种文化现象，综合实践活动的设置，要努力重塑学校文化，培植学校的创新文化氛围，大力推进科学精神与人文精神的融合。为了使学校成为学生创造的乐园，可以重新规划校园文化建设，精心构思体现人文内涵的课堂内容，为学生提供实践的舞台，努力把学习的触角伸向每一个学生的心灵深处，在楼梯、过道墙壁上布置镜框，展示学生参加活动的照片，所有这些都在潜移默化中陶冶学生的心灵与情操。

2. 构建校内外综合实践活动基地，让资源多起来。综合实践活动的实施，要面向学生完整的生活领域，从整体上把握活动的内容结构、层次和过程，关注学生现实和未来需要，为学生的发展提供开放的空间。

3. 留心校内外生活中的动态呈现，让资源活起来。课程资源蕴藏于学生好奇的天性和教师敏锐的思维之中。因为好奇，学生会有许多值得探究的问号；因为敏锐，教师会有许多值得尝试的方案，教师即资源，学生也是资源，师生在教学生活中往往还会自然生成许多新的资源。开展综合实践活动，就需要我们有这种强烈的资源意识，有广阔的课程视野，把“蓝天”当作学校，把“小溪”当作课本，把我们可见、可闻、可得的一切去粗存精，让这些也许沉睡的资源动起来，活起来。

4. 建设网上资源库，让资源聚起来。资源的开发、收集与完善不是一件易事，也非一朝一夕之功，学校有必要建设资源库。根据实际搭建一个大的框架，分出主题，分出块块，平时注意将一些已成雏形的东西归入其中。实践中我们感到，综合实践活动的课程资源处于一个不断生成的状态，是动态变化的，这种“活页”式的资源可以随时增加，也可随时重组，随时完善，这既符合经济原则，又能使资源鲜亮地呈现出来，有效地实现资源共享。

本文执笔：上海市彭浦中学　王子浩

第 77 问　如何有意识地在学校育人理念、文化建设、特色建设中融入心理健康教育工作

- 情景园

心理教师小王很困惑，不知道如何把育人理念、文化建设、学校特色建设等融入自己的心理健康教育工作中。

- 明镜台

在校园文化建设中渗透心理健康教育成为当前教育的一个重要课题。心理健康教育可以培养孩子健康的情感情绪，打开青春期孩子的心门，可以培养孩子良好的心理品质，影响他们人生观、世界观的形成。

- 智慧谷

职初心理教师和学校心理健康教育团队一起探讨，主要从以下几方面着手开展学生心理健康教育。

1. 搞好校园环境建设。校园环境建设是学校心理建设的首要任务。学校环境应以崭新面貌出现，尽可能体现整洁、明亮、美丽的风貌，要让校园墙壁、板报、鲜花草坪、绿树林荫也成为学生修身养性的环境。

2. 提高教师群体素质。教师自身的素质直接决定其教育行为。只有掌握关于儿童青少年心理发展的科学知识、按照科学的规律和方法开展教育工作、处理学生日常表现出的心理行为问题和意外事件，教师才能真正做到将心理健康教育落在实处，才能真正促进学生心理健康的发展。

3. 在学科教学中融入心理健康教育。学科教学是学校教育的中心工作，也是心理健康教育的主要渠道之一。学科教学既可以培养学生健康的心理，也可能给学生的心理造成压力。因此，教师可以通过寻找学科教学内容中的契机，把握教学的最佳时机，对学生进行心理健康教育，在学科教学中培养学生的学习情感，良好的意志、性格等，减少学科教学对学生带来的负面影响。

4. 给学生创造学习的机会。伟大的教育家陶行知先生提出“生活即教育”“社会即学校”；到处是生活，即到处是教育。新课程也提出教学要关注生活。所以教师要带领学生去观察、去发现、去学习、去参与，在动手中培养学生的观察、思考、研究的能力。并在活动中多鼓励，激发他们认识到自己的成绩、优点，继续努力向上。在实践中，学生不仅能提高动手能力、动脑能力，更学会很多书本上所感受不到的失败、成就感、喜悦、耐心、信心、希望等，为将来储备下坚实的心理基础。

5. 对个别学生进行心理辅导。心理健康教育除了要面向全体学生，还要针对学生中存在的个别差异，以及个别学生当中已经出现的各种心理行为问题进行心理辅导和干预。总之，要把这项工作做好、做细致，不仅要去了解学生的心理特点，还要对症下药，使用合适的方法，更需要家长的配合，这样才能多管齐下，达到促进学生身心健康发展的目的。

本文执笔：上海市彭浦中学　王子浩

第 78 问　如何参加学校三级危机预警制度建设，并发挥专业影响力

• 情景园

职初心理教师小王看到了一个真实的案例：江西省上饶市某小学学生家长进入校内，把女儿的男同桌杀死。据报道，传言该家长行凶动机为女儿被同桌欺负，但也有人认为事实并非如此。真相到底如何，还有待警方的调查结论。

事发现场，不少学生亲眼看见了惨案经过。对于他们幼小的心灵而言，这实在是一件极端残酷的事情。

事发当晚，学校邀请了心理专家，对家长进行培训，指导家长如何应对孩子可能出现的心理问题。

对此，小王老师感到很困惑，如果是他自己，不知道该如何处理这样的情况。

• 明镜台

此类情景属于极端性质的学校危机事件，一般来说，此类事件重点在于事件发生后如何对学生、老师目击者进行创伤后应激干预，以及各种善后处理。但我们都不希望这类事件发生，如果能在家长行凶前化解其心中的仇恨，在案主女儿被同桌欺负时有效引导……

这也体现了学校建立三级危机预警制度的必要性。危机干预，顾名思义，干预危机。人生不可能一帆风顺，总会遇到一些挫折和坎坷，有时候还会遇到一些突发性的危机事件，比如亲人去世、婚姻背叛、高考失利、交通事故、投资破产、自然灾害等。

在面对危机事件的时候，人们可能会出现痛苦、紧张、焦虑和恐惧等心理反

应，这些反应本身都是人类正常的心理和情绪反应，在合理的限度内，并不会导致心理问题的出现。这些反应具有生存适应和自我保护的功能，可以使个体对外部危险保持警觉，激发个体内部能量，促使其对危机事件做出恰当反应。

如果个体采取了有效的方式来应对危机，危机得以解决，那么个体就会从中获得成长的机会，获取生活的经验，化险为夷，顺利渡过危机。心理状态不仅会得到恢复，甚至会超越以往的水平。

过度的应激反应可能会使个体陷入无法自拔的境地。由于这些危机事件并非经常性的事件，个体很可能以前从未经历过，因此采取以往的应对方式无法解决，导致陷入压抑或崩溃的境地。

如果个体不能顺利解决面临的问题，就可能把问题进行压抑和扭曲，使其暂时隐藏起来，成为一种无形的心理隐患。问题没有得到真正的解决，导致留下心理创伤，影响人生以后的社会适应能力。

个体也可能会在强大的压力下出现心理崩溃，导致心理的停滞，个体不能再继续向前走，陷入当前困境的泥潭中，越挣扎，陷得越深。既不能自行解决，也无法加以隐藏。

因此，一个人遇到危机事件，不一定导致心理危机。只有当个体无法解决或处理不当的时候，才会出现心理失衡，这种失衡的状态就是心理危机。

如果此时个体能够得到外部的支援，对其进行危机干预，那么就会阻止危机的恶化，增强其应对危机的能力，使其心理状态转危为安，甚至超越危机前的水平，个体因危机而获得成长和发展。

• 智慧谷

建议小王老师积极参加学校建立的心理危机干预小组。危机干预小组必须由校长亲自挂帅，统筹全局，心理教师作为主要组员，开展学生危机预防和干预工作的实施。危机干预小组负责对学生组织危机预防宣传教育和生命教育，建立校级学生危机预警报告制度，关心特殊学生辅导工作，预防危机事件发生。同时在危机发生时，对危机事件进行处理、协调、指挥、通报，通过广播安定全校师生情绪，负责指挥疏散。

建立三级危机干预制度，通过三级预防，一是把危机消除在萌芽状态，二是进行及时有效的干预，保障学生身心安全，降低危机损害。

1. 一级预防

一级心理干预是基础，重点是对学生的直接心理监控。由班主任负责承担。主要任务是及时发现学生的心理问题，对有心理问题的学生给予及时的帮助和指导，也可请学校心理咨询师协助判断问题的性质和严重程度，提供具体建议和方法，并建立资料档案。

2. 二级干预

由学校专职心理教师承担，对象是行为异常或近期情绪、行为变化较大的学生；有心理障碍而表现出明显行为异常的学生；有暴力倾向或伤害他人倾向的学生；突发事件导致产生自伤企图或行为的学生等。学校心理辅导中心对学生的危机进行预诊和风险评估，提出危机干预措施，制定干预方案，给予危机学生及时的心理辅导，也可请有关专家指导，并做好咨询记录。学校相关部门、老师密切关注当事学生的思想和行为动态，做好监护工作，并注意保密，必要时要告知家长，与家长一起做好干预工作。

3. 三级转介

对有严重心理障碍和心理疾病的师生，如有严重心理障碍或抑郁症、精神分裂症等易出现自伤行为的学生，有明显的自杀征兆、发生自杀或他杀等恶性事件的学生，由学校心理教师负责制定转介计划，学校危机干预小组审定并备案。学校相关人员应联系学生家长或监护人护送并陪同学生前往转介地点，做好配合工作。有关人员做好资料搜集、整理、总结工作。

以上学生经医院诊断治疗后需要复学的，必须有家长的申请报告或医院医生的复学证明。对于不愿在学校接受心理咨询，自己有转介需要的学生和家长，学校要尊重其选择，如果有需要，学校心理辅导室为他们提供转介信息，同时了解转介后的治疗恢复情况。

本文执笔：上海市彭浦中学　王子浩

第七部分　个人成长

第 79 问　职初教师培训多、工作多，时间不够用，怎么办

• 情景园

入职近一年的王老师在这个学期结束写转正小结时，心中五味杂陈。她回顾一年的见习教师经历，深切感受到做一名合格教师，尤其是合格心理教师的不容易。一年来她不是在开会培训、集体教研，就是在上课或咨询，中间还夹杂着参与学校各种护校安全管理、做副班主任管理班级等活动，晚上则备课做课件、写学习心得，不断在进行各种学习。每天的学习和工作让她心力交瘁，她简直怀疑自己能否胜任这份工作。入职前听闻的“做老师多轻松呀，每周只要上几节”，难道只是“江湖传闻”？她有些怀疑：是因为自己的能力有问题，不能解决好培训学习和工作多的问题，才导致自己如此狼狈吗？

• 明镜台

1. 承认从理论到实践转变过程中，存在时间不够用的矛盾冲突

王老师遇到的困境不是个例。随着社会发展和时代进步，大众对教师的要求越来越高。一名大学毕业生在转身变成一位合格教师的过程中，需要参加很多学习培训以及岗位实践，时间不够用是客观存在的普遍现象。所以，对原本相信“江湖传闻”的王老师来说，产生这样的困惑就不足为怪了。

2. 职初教师的挫败感引发对自身能力的怀疑

从小受到的教育给王老师留下当教师对学生开展教育教学活动的“高大上”印象，而经历的现实情况是，每天的时间都被各种培训、琐碎的工作分解得支离破碎，由此产生巨大的心理落差，内心的挫败感比较强烈。

3. 职初教师需要成长空间及资源

一名合格教师要具备良好的思想政治素养和基本教育教学能力。因此，国家、市、区、校都会开展针对性的教师培训。总体上，针对教师的培训大致分以下几类。

思想理论学习类：作为向未成年人传道、授业、解惑的教师，为培育社会主义“四有新人”，要不断提高自身的思想政治和理论修养，通常通过教工大会、网课 360 学分自学等形式开展。

业务技能类：走进课堂开展教育教学是一名教师的基本功。市、区、学校都非常重视对职初教师的分层分类培训，通常用市区级、校级教研活动、备课活动、网课 360 学分自学形式开展。心理学科老师除了上心理活动课，还兼任专职心理辅导员，开展心理教育和咨询辅导，会有许多额外培训，比如，学校心理咨询师上岗证书培训，各种学派心理专业技能培训等。

学校规章制度和校园文化学习类：学校会根据自身发展积淀出一定的校园文化，有制定校内正常运行的各类规章制度，作为新入职教师，需要学习，尽快融入学校文化。

• 智慧谷

对于一位职初教师，面对这么多种类的学习培训，需要调整认识，基于成长需求，用积极心态来面对。结合学校工作需要和个人职业生涯规划，有步骤、有侧重点地开展。

1. 看到资源，积极认识

我们要改变“教师只需要上课”的狭隘陈旧观念，认识到理论学习对实践本身的意义。新时代对教师立德树人，遵循学生身心发展，培养“身心和谐健康、德智体美劳全面发展、担当民族复兴大任的时代新人”有更高要求。学习培训本身就是老师不断适应时代发展要求的必要手段之一，主动把参加培训学习纳入日常工作内容中。

2. 分阶渐进，注意取舍

在以上所列学习培训中，有些是通识，了解即过；而有些则需要投入许多时间和精力，我们可以结合自己的职业生涯规划，分步骤学习。比如，第一年见习教师，首先是紧跟师傅熟悉学校的规章制度和文化，了解自己的岗位职责，重点通过参加区级新教师培训，参加校级和区级教研活动、备课活动，帮助自己尽快适应课堂教育教学。对入职 3—5 年后教学上比较成熟的教师，则根据自己的适应程度和发展目标，进一步开展科研实践，这样才能可持续发展，才能更好地履行自我的职责。紧密结合教学实际，立足课堂，以研究者的眼光审视和分析教学理论以及教学实践中的各种问题，进行用心探究，以构成规律性的认识。

3. 注重历练，完善自己

历练是最好的老师。一名优秀教师的成长，必然和他的成长历程息息相关。在历练中成长，在历练中成才。树立“终身学习”的学习信条。善于挤时间，苦学加巧学。把读书学习当作一种生活，一种工作，一种快乐。通过培训，学习教育新理念，树立教育新观念，把握教育新动向。顺应时代需求，在实践中历练自己，把自己打造成为一专多能的复合型人才，提升自己的核心竞争力。

另外，心理教师还要了解和熟悉除心理教师岗位的知识技能之外的、与专业相关的多学科多岗位的知识技能，比如班主任工作、卫生老师工作、青保老师工作等，渐渐地能够从更高站位上认识自身工作，更系统地思考本职工作和个人职业生涯发展。

本文执笔：上海市风华初级中学　杨意岚

第 80 问　学校心理教师的成长路径是什么样的

• 情景园

小王在一所小学担任心理健康专职教师，目前已经工作三年了。来到这个学校之后，小王一直非常积极努力地工作。但是看到学校里有各个学科的教研组，语文、数学、体卫艺科等，大家在一起，互相研究探讨共同成长，他们都有着各自很清晰明确的成长规划和路径。而学校里心理教师就只有小王一人，虽然区里会有两周一次的教研活动，每次收获也非常大，可以向前辈老师学到很多；但在平时忙碌、烦琐的工作当中，小王还是感觉缺少头绪，还时不时冒出更多的困惑与茫然。同时，同事们的目标规划很清晰，若干年后冲刺小高、中高，自己却听说心理教师在评职称上比较吃亏，而自己还将要面对一个相当长的职业生涯，她不知道自己的成长路径将会是怎样的。

• 明镜台

心理健康教育是一个科学性和实践性都很强的教育活动，教师不具备一定的专业知识和专业能力是根本无法胜任的。因此，心理教师的成长不仅仅体现在教育教学水平的提高、职称的提升，更需要通过不断学习来完善自身的专业能力，促进自身专业成长，发挥自己的专业能力水平，而当这一切都水到渠成了，职称的晋升也就没有那么难了。

那么心理健康教师究竟需要哪些专业成长呢？从目前心理健康教育工作的发展来看，我们主要有三大任务。

1. 心理教师的常规工作中有很大一部分内容就是课堂教学，立足于课堂，上好心理健康教育课是一名心理教师必须具备的能力。而大多数的心理健康知识的宣传与普及也是在课堂上完成的，因此，课堂就是我们心理教师的主阵地。但是由于心理教师的琐事较多，分散了老师们较多的精力，有时难免会忽略课堂教学。而教师的课时与培训不足，也间接导致了教师心理健康教育能力和经验的不足。

2. 心理辅导接待学生的个别来访，并提供心理服务是学校心理教师的另一项重要工作。入职的心理教师们都是心理专业毕业的，学校也都开展了相应的心理健康教育工作，教师的工作热情也都很高，但却始终有那么一种学生的心理问题还没有得到有效解决的感觉。这是因为心理学的理论学习与实际中遇到的问题，还是有很多区别的，如何将心理学知识运用到个案实践中去，还是需要去不断探索的。

3. 教育教学科研是提升教师工作实效、促进专业发展的必经之路，开展教育教学科研有助于教师从经验型成长为成熟性、反思型教师。心理教师的工作繁杂琐碎，分散了老师们较多的精力，他们也就更缺乏开展教学研究的动力了。另外，每个学校的专职心理健康教师一般只有一至两名，他们很难组建成教学科研团队。这些都是中小学心理教师教育研究能力较弱的一个影响因素。

• 智慧谷

对于像王老师这样的新入职才三年的新教师，我们有以下一些小建议。

1. 制定规划，明确目标，落实行动

新教师们首先要对自己做一个清晰的角色定位。当我们下定决心要做一名专职的心理教师时，就要耐得住寂寞，只有沉得下心来，才能守得月明花开。成长的道路不是一蹴而就的，需要有一个过程。因此我们可以先思考一下自己的优势与特长，制定一个三年、五年成长计划，给自己量身定制一个生涯规划。

有了长期规划后，就要具体落实到每一步的行动方案上。例如：一个月计划接多少学生个案；一个学期开展多少次讲座，具体是什么内容，针对的对象是谁；一年要看多少本专业书籍；几年完成一个课题研究，等等。定下目标，有了规划和行动方案之后，我们要做的就是一头扎进去，“撸起袖子加油干”。

2. 加强学习，不断积累，静待花开

心理教师的工作性质要求我们除了要有工作的热情，更需要具备专业的能力。因此新教师们应坚持参加各类专业培训，不断学习积累，才能做专业的事，说好懂的话，做教师的陪伴者，学生的引路人。

培训的主题与内容有很多，形式也是多种多样的，如学历的提升、区域内的教研活动、各类学习小组、区心理中心举办的专业培训、个案督导、同辈辅导、心理讲座及工作坊，等等。我们可以将这些培训罗列一下，哪些培训必须参加，而且要专注、认真，哪些培训可以根据自己的喜好选择参加。

学习之后就要尝试将所学内容带回去，与学校工作相结合，不断实践积累经验。先从简单易上手的、更加容易成功的做起来，这也会让我们感受到更多的成就感，给自己建立起信心。当我们在不断尝试，逐渐在磨炼中成长起来时，成功就在不远处向我们招手了。

3. 借助系统，团队合作，抱团取暖

个体发展离不开生态系统，教师的成长离不开学校这个大舞台。在学校制度保障下，新教师们一定要学着与其他教师，尤其是班主任教师通力协作，在工作中去发现可以研究的点，在团队合作中提升科研能力。例如我们可以去多多了解教师在教学中可能遇到的困难，发现可以研究的点，然后与其他学科教师一起开展课题研究，从而更好地提升自己。

我们心理教师们只有先把成效做出来，让学校看到心理健康教育不是可有可无的装饰品，不是牵制学校、拖累学校工作的羁绊，而是有力推动学校教育教学工作开展的，学校就会重视心理健康教育工作，重视我们心理健康教师。在重视的基础上，学校就会搭设更多舞台，创设更多机会，让我们的心理健康教师展示自己的能力与才华，我们有了更多成长的空间，我们成长的道路才会愈加宽广顺畅。

本文执笔：上海市静安区闸北第一中心小学　王慧

第 81 问　承担危机干预时感觉到焦虑耗竭，怎么办

• 情景园

心理教师小张最近接待了一个特别的学生小豪。小豪已经连续好几次没有理由地不上学了。在班主任老师家访、谈心等工作干预下，小豪会勉强来上个半天学，但效果并不明显。小张就和班主任一起去家访。在小豪家，趁奶奶跑开之际，小豪将房门反锁，不肯开门让老师进去，也不愿意沟通交流。奶奶在门外叫门，小豪在里面情绪激动，相当抵触，还拿刀威胁……在僵持、交流了一个多小时之后，小豪仍不愿意去上学，她们只好回到学校，小张老师一方面担心小豪的状况，另一方面感觉干预失败，身心疲惫，非常气馁。

• 明镜台

小张老师在每年的心理工作当中，总会遇到一两个类似小豪这样严重情绪波动、情绪低落、抑郁焦虑，极端的甚至会构成自伤、伤人的危机个案。小张在承担危机干预时总会感觉到很焦虑，常常觉得自己的能力也被耗竭，有很无力的感觉。怎么会这样呢？那是因为当我们心理教师在面对危机干预时，可能会有以下几种状况。

1. 危机事件往往具有意外性、聚焦性、破坏性和紧迫性

正是因为危机事件的不可预见，加上一旦发生又是后果非常严重，让心理教师有“随时准备着”的巨大压力；又害怕这样的事情如果发生在自己的学校，自己不知该如何承担，容易产生焦虑情绪。

2. 危机事件的预防工作吃力不讨好

虽然平时的预防工作流程都已经制定并成文，但真的有疑似危机事件发生，准备启动危机预案时，却容易被误解为“狼来了”，是“小题大做”。于是怎么做，做到什么程度，又该如何防范，常规化工作该如何开展，往往让心理教师心中没底，就像揣着一颗定时炸弹般惴惴不安。

3. 危机干预的特殊性导致成就感不足

因为危机事件存在其本身的特殊性与不可预见性，当心理教师成功预防了意外事件的发生时，却往往被认为是“夸大其词”，认为本来就不是那么严重，让心理教师在成功干预后并没有获得相应的满足与成就感，“本该如此”的感觉伤害了心理教师的积极性。

4. “普度众生”的全能感与现实事件之间的冲突

很多心理健康教师都有着热心助人的激情，希望能帮到所有的学生，但在面对一些重症抑郁学生、无法改变的个案面前，仍有很多的无力感和内疚感，到最后耗费了大量的体力与精力，却收效甚微时，心理教师们往往会感觉能量都被耗尽了。

• 智慧谷

那么作为一名心理教师，我们怎么给自己加油，让自己的能量不会耗竭，调整好自己的心态，从而更加积极主动地去帮助需要帮助的学生，并有能力承担并化解一个个危机事件呢？我们有以下几个建议。

1. 团队合作，整合资源

作为学校的一名心理教师，我们一定要明确学校危机干预的三级预防是怎样的，对危机干预的流程有一个清晰的认识，同时在学校内建立完善由校级领导担任组长的危机干预小组，这将有力保障一旦危机事件发生时，学校干预系统能够及时快速有效地启动。平时，学校心理教师要保持敏锐的直觉和嗅觉，对特别个案要有足够的敏感度，一旦察觉危机事件有可能发生时，心理教师一定要有团队意识和系统意识，在学校系统内进行综合干预，团队协作，从而调动、整合更多资源一起积极行动。

2. 加强培训，提高能力

在平时的学校心理健康教育工作中，心理教师们要有危机干预的意识，针对特殊时间、特殊年级、特殊案例做好普及预防工作。例如在开学初、考试前等关键时间节点，面临即将小升初及中高考的毕业年级，有一些学业不良、情绪低落抑郁的学生等，这些都需要心理教师在平时更多关注，做好预防，防止危机事件的发生。

同时，“养兵千日，用兵一时”，心理教师要多参加危机干预培训，学习危机干预的专业技术，提高自身危机干预的能力。储备好能量，有专业支撑，这样才不至于当有危机事件发生时慌了手脚，不知所措。

3. 专家督导，朋辈辅导

心理教师在平时的个案咨询中也要及时做好记录，并学着总结、反思、调整和提高。遇到疑难问题或感觉困惑时，可以请求专家督导，帮助自己突破瓶颈，解决特殊个案中遇到的难题，也可以随时为自己赋能，让自己可以更加顺利地完成个案，帮助特别学生调整情绪，转化危机。

除了专家督导，朋辈辅导也是心理教师一个很好的缓解压力、为自己提高效能感的方式。与伙伴们在一起，在安全的环境下适时讨论、抱团取暖，就会给到自己更多的力量，“我们不是一个人在战斗”，团队的力量会陪伴心理教师们继续勇敢面对工作中的各种危机事件。

4. 调整心态，自我减压

最后，心理教师们也要学会调整自己的心态，承认自己有不足，适时放下咨询师的全能感，牢记“态度比行动重要，行动比结果重要”。当我们没办法去改变危机事件的发生时，要学着放下，我们有时真的没办法帮助到所有的学生，只要尽力了就好。

我们心理教师也要学会自我减压，调整好状态，才能再次投入工作。可以用自己习惯和喜欢的方式，例如体育运动、购物逛街、撸猫撸狗、养花弄草，等等。心理教师只有自己的状态调整好了，心情愉悦了，才能更轻松地去面对工作中的压力，再次满血复活。

本文执笔：上海市静安区闸北第一中心小学　王慧

第82问　感到自己的知识能力储备不足，怎么办

• 情景园

王老师担任学校心理教师近三年了，却感到在日常工作中自己的知识能力积累不足以完成工作任务。比如，在与学生进行个别心理辅导时效果不佳，王老师感到是由于自己的专业能力不足造成的；在心理活动月的方案设计中王老师也常感到自己设计的活动缺乏创意，不能调动学生参与的积极性；在对学校老师进行心理培训时，面对老师们提出的教育教学困惑，王老师也似乎不能给出令人信服的建议。王老师为此感到烦恼，不知该如何改变这一状况。

• 明镜台

王老师希望能认真完成本职工作，她对完成工作的质量有自己的评价，从中可以看出她对工作有着较强的责任心。王老师感到自己的知识能力积累不足以完成学校交办的工作，产生这种不胜任感的原因可能是以下几个方面。

1. 对自己的工作没有科学的定位从而带来不胜任感

心理教师对是否按照自己的预期完成工作任务比较关注，但有些心理工作并不是单方面的努力就能产生预期的效果，特别是个别心理辅导。要注意，在学校从事学生个别心理辅导的心理教师，从其本质属性和职责上说，他依然是教师，而不是心理医生。学校心理辅导老师采取发展模式（尽管它发挥着补救性的功能，但依然是着眼于学生的自我成长与发展），这与心理医生的作用不尽相同。如果心理教师对自己的工作没有科学的定位，就会产生不胜任感。

2. 自我要求过高从而产生自我怀疑

如果心理教师从学生、同事、领导那里得到的评价不够理想，就会产生不胜任感。首先要悦纳自己，用坦然的心态接纳自己的全部，包括自己的优点和缺点。如果预先给自己设定一个较高的目标，力求他人的满意，一旦做不到就深深自责、沮丧消沉，由此会对自己的能力全面怀疑和否定。

3. 因专业知识以及工作能力不足而产生不胜任感

由于专业知识以及工作能力的因素造成难以完成学校交办的工作，这就需要理解教师专业发展的五个阶段：（1）新手阶段，课本知识丰富，缺乏经验，具有刻板性；（2）熟练新手阶段，课本知识与教学经验逐渐整合；（3）胜任型教师阶段，目的明确，能处理复杂的问题和情境；（4）业务精干型教师，已经接近自动化、快捷性、流畅性和灵活性；（5）专家型教师，自觉性和自动化水平高。

如果是职初心理教师，尽管有一些心理学基础知识储备，但在实现理论知识与教育实践经验之间的融会贯通方面还需历练，学校心理工作不仅需要专业的知识，更需要理论联系实际，在实践中进行循证研究。

• 智慧谷

1. 寻求资源加入，凝聚心理辅导团队

美国斯密特博士建议心理教师“建立你工作体系的第一步，是寻求其他人或组织的加入，并记得与你的同事们合作”。吴增强教授也曾提道，学校心理辅导教师是完成学校心理辅导各种任务的主角，需要面向学生、家长和教师提供咨询、顾问和指导等服务，心理辅导教师要尊重一般教师（特别是班主任）在学校中的地位：他们是学校教职员中的主体。唯有他们的协助与合作，才能达到帮助学生的目的。

2. 胸怀专业发展规划，脚踏实地持续成长

目前，上海中小学的新教师有一年的入职培训时间，规定每周开展各项培训。在这个阶段，新心理健康教育教师需要着重发展最重要的两个基本技能——个体咨询技能和心理健康教育课的教学技能。

作为职初心理教师，可以结合自身的实际情况为自己的专业发展进行一个规

划，如在职初的第一阶段，通过专业培训提升业务能力，通过积极参加教学展示与评比活动，磨炼青年教师的课堂掌控能力和教学实践能力。第二阶段，心理健康教育教师已经掌握咨询技术和教学方法。在这个阶段心理健康教育教师可以发展自己擅长的咨询技术，磨炼自己的教学特色。第三阶段，发展自己的家庭教育指导能力和心理科研能力，接受更高阶的个案督导将有助于专业水平上升到一个新的台阶。

作为心理教师，在入职时就拥有基本的国家二级心理咨询师或学校中级心理咨询师的证书，与业务相关的进修（或证书的获取）也应有所规划，如沙盘游戏咨询师认证课程、生涯规划指导、体验式团体辅导培训、家庭教育指导师培训等相关课程进修。

科学研究是学科发展的永恒动力，发现工作中遇到的困难如教学难点、咨询个案等，将其转化成研究课题，在查阅文献、设计方案、操作实施过程中提升解决问题的能力，以课题为中心，利用多种网络媒介，利用校级、区级、市级乃至更高级别的交流平台，群策群力，集思广益，交流合作，共同提升专业素养。同时也允许自己有不足。

3. 拓宽视野，人文底蕴厚积而薄发

王阳明说“知者行之始”，陶行知说“知是行之成”。作为心理教师，不妨在业余时间拓宽一下视野。这个视野可以是平行知识视野：与当前教育教学紧密相关、能产生立时效能的知识视野范畴，关注的是教学内容与教学对象，是与自身教育教学进程齐头并进的知识素养。这个视野也可以是前行知识视野：与当前教育教学相关，关注的是科学与人文素养的养成，是推动教育教学进步的知识素养。这个视野也可以是纵深知识视野：看似与当前教育教学无关、不知道什么时候能派上用场的知识，其关注的是教师深层次素养的养成。

本文执笔：上海市静安区大宁国际学校　曹珺

第 83 问　学校领导希望心理教师工作再主动一些，怎么办

• 情景园

有了两年工作经验的小朱老师在学期初制定了学校的心理健康教育工作计划。计划中，囊括了心理活动课的编排、心理咨询的设置、心理社团的组织以及心理讲座的开设。信心满满的小朱老师将工作计划交给分管领导进行审核，领导首先肯定了朱老师的工作认真，但也提出了需要改进的部分：从学校的角度来审视这份工作计划，心理教师的工作并没有真正和全校师生产生很好的联结。所以，学校领导鼓励小朱老师在筹划心理工作的时候再主动一些。如果能够针对全校学生有不同指向的侧重，能够结合教师团队（尤其班主任团队）共同营造学校积极向上的心理氛围，心理工作一定会迎来新的局面。

• 明镜台

1. 打开心理格局，审视工作内容

处于职初阶段的小朱老师，已经尽可能地把自己想到的工作纳入学期的工作计划中，值得鼓励。但这恰恰是我们职初阶段教师因缺少工作经验而意识不到的地方，试问一句：看着满满当当的工作内容，真的将心理工作覆盖到学校的每一位师生了吗？这样看似实在的心理计划真的制定得扎实吗？你所预期的成效真的能够营造全校积极健康的心理氛围吗？以心理活动课为例，仅仅开设在一个年级。心理社团和心理讲座的覆盖面就更小。心理咨询的设置中如果缺少了教师团队的协助，仅靠心理教师一人，是无法做到及时排摸、有效干预的。因此，我们要将工作的格局放大，不局限在固定的工作模块中。

2. 体悟工作内涵，调动各方资源

如何在心理工作中再主动一些？我们需要明白学校心理健康教育工作是一种全员参与的发展性教育，其根本目的在于培育校内每一个学生的良好心理素质。作为心理教师的我们需要有这样一种使命感和全局观。此外，我们必须清楚，心理教师绝不是一个人在战斗，因为学校各个层面的教师团队都是心理工作中重要的一环，都是我们可以协调整合的资源。唯有妥善调动各方资源，从宏观的角度做好统筹规划，我们才能化被动为主动，突破心理工作的难点，打开新视野，创造新格局。

• 智慧谷

1. 主动与年级组协作，突破与学生联结的难点

在制定心理健康教育工作计划的时候，我们可以主动地与年级组合作，尝试在每个学年内针对不同年级，通过多途径开展丰富的心理学科校园活动，形成具有学校特色的心理学科活动内容体系，这促使心理工作融入各个年级，被每位师生熟知并认可。

（1）低年段——携手并肩，走进心理驿站

心理驿站是学校开展心理健康教育工作的重要场所，鼓励并吸引学生自主走进驿站，是让其信任心理教师的良好开端。低年段的班级可以利用午间时间轮流来到心理驿站，与心理教师做做游戏，说说心里话，以此拉近孩子们与心理教师的距离。

（2）中年段——由点及面，聚焦教育主题

在与年级组的商讨中，我们可以创设带有心理特色的教育主题，如习惯培养、注意力训练、时间管理等。心理教师可以利用区中小学生心理健康教育发展中心的讲座资源，邀请专家来校为全体学生开展相关讲座。此外，心理教师可以借助学校家长沙龙的平台，确立相关的主题讲座，由心理教师与家长合力举办讲座分享，共同主持，帮助家长认识问题，提供方法，增进家校合作，为学生的健康发展齐心助力。

（3）高年段——心理课程，助力健康发展

心理辅导活动课一般在四年级开设，在以《小学生心理健康自助手册》作为参考教材外，心理教师需要在实践中逐渐形成自己的思考，诸如结合学校办学特色，开展以合作游戏为主的团体辅导，或是开设聚焦情绪调节的心情管理课程。根据五年级学生的需求，还可以增设“考前压力辅导”系列课堂，引导学生合理调节学习压力，调整心态。在毕业季阶段，为学生开设青春期系列讲座，帮助学生调整身心的变化，认识青春期，迈入崭新的人生阶段。

2. 主动与班主任协作，夯实学生工作的基础

要说对班级中学生心理状态最为了解的人群，班主任肯定是其中之一。班主任团队作为学校德育工作的先行者，他们同样是心理工作中的中坚力量。因而，在进行学生心理状态排查的工作中，心理教师就要主动出击，与班主任团队建立有效的联结。我们可以参与班主任会议，问问老师们在与学生沟通中的困惑，谈谈最近遇到难处理的学生个案，见缝插针地向班主任们开展专业的心理知识宣讲，帮助其科学地了解学生常见的心理问题以及专业的心理干预措施。如此，班主任在与学生沟通的过程中，就能更好地开展学生排查的工作。当产生需要心理干预的个案时，心理教师与班主任的合作将成为助力学生问题改善最稳固的保障。

3. 主动建立具有群众基础的心理队伍

心理教师除了要与班主任团队形成联结，还要清楚学校中的每一位教师都是心理队伍中的重要一员。我们要在工作计划中主动地针对全体教师开展适切的专题辅导，如情绪疏导、压力管理，帮助全体教师调节身心，以最好的工作状态投入每日的工作。在日常交往中，关注教师们的心理需求，提供及时的帮助。这样的工作开展有助于提升心理学科在学校工作中的认同感。那么，不管我们在开展何种心理活动时，都能得到教师们的支持和认可，心理工作在全体教师的齐心协力中必然能够打下坚实的基础。

本文执笔：民办上海上外静安外国语小学　朱杰

第 84 问　常常觉得自己没有存在感，怎么办

• 情景园

小王是学校的心理健康专职教师，学校里就只有她一名心理教师，办公室是在远离其他教师办公室的心理咨询室里，除了上课以外，王老师经常一个人在办公室里备课、写教案、做咨询等，感觉比较孤单。有时学校开展分小组教学研究、分小组学习讨论的活动时，小王要么一个人单独搞教研，要么就是加入其他小组一起学习，感觉比较尴尬。而当学校有重大心理健康教育活动，需要策划讨论时，小王作为一名普通心理教师，也只有参与的份，很多想法和决策都因为各种原因而没办法实施。小王老师感觉非常苦恼，常常觉得自己很没有存在感。

• 明镜台

小王老师的苦恼可能也是很多心理教师都会有的，在学校里感觉比较孤独，有时感觉事情烦琐、处处都少不了，但有时又好像可有可无，没有存在感。产生这种感觉的原因可能有以下几个方面。

1. 缺乏学科归属感

在学校这个大家庭中，每个学科都有一个团队，都有好几位教师担任教育教学工作，在这个教研小组中，教师们可以经常开展讨论交流，当有问题时，也可以随时随地得到帮助和支持。而心理教师团队人数较少，很多学校里甚至只有一名心理教师，因此在日常教学工作中，经常是心理教师一个人在学校里工作，有问题时可能需要自己一个人去面对，心理教师就往往会感觉孤单，没有归属感。

2. 常有工作无力感

心理健康教育工作琐碎，而且牵涉面广。班主任面对的可能只是自己一个班级学生，自己班级中需要重点关注的也可能就是那么几个特别学生；而心理教师可以说是全校学生的“班主任”，要关心到全校的学生，尤其是要给全校的特殊学生做咨询，工作量很大。而每每心理教师做了很多的工作，付出了很多努力，却没有取得很大的效果时，就会让心理教师感觉很挫败、很无力。

3. 感觉不到存在感

出于学科专业特点以及助人理念，几乎每位心理教师都会对工作充满热情，希望帮到更多可以帮到的学生，因此也会对自己的工作提出更多更高的要求。但是有些学校可能并没有将心理健康教育工作放在一个特别重要的地位，而同时心理健康专职教师作为一名普通教师，如果缺少学校的行政支持，所能够开展的工作也相对有限，没有办法形成一个系统，让心理教师在学校工作中的参与感不足，找不到存在感。

• 智慧谷

对于有着和小王老师一样困惑的心理教师们，我们可以通过以下几个方法来增加自己的存在感。

1. 主动出击、融入团体

我们心理教师要尝试走出自己的舒适圈，走出自己的小办公室，下沉到各个教师办公室去，主动出击，去跟学科教师、班主任们交流。例如问一问最近班级里有没有碰到过什么棘手的事情、学生们的情绪是否稳定、有什么需要心理教师提供帮助和支持的。这样一方面不至于让自己太孤独，可以融入教师团队中，另一方面也可以在与教师们的交流沟通中，第一时间发现可能的隐患，去及时干预。心理教师们也可以主动走进教室，走近学生们，多“刷脸”去提高自己的存在感。

2. 小事入手、积聚能量

我们心理教师可以将自己手头的工作分一分类，从一些相对简单、更容易成功、在自己能力范围内的工作做起，从而更好地提升自己的成就感，帮助自己更有激情地投入工作中去。

例如小王老师发现二年级的学生小 A 情绪暴躁、老是惹是生非，同时在学习上很不认真，经常不完成作业，丢三落四，成绩也很差。王老师发现小 A 其实是有着注意力缺陷的问题，需要去医院做进一步评估，配合药物治疗，加上体育锻炼和行为训练来改善。在王老师的指导干预、家长和老师的陪伴辅导下，小 A 的情况很快有了较大的改善。这个个案学生的成功转变，给了教师和家长极大惊喜，家长们口口相传、教师们的认可鼓励也让小王感受到极大的成就感。

渐渐地，有更多的家长、教师会把一些特别的学生转介给王老师，让王老师做进一步评估干预。这一份份信任，让王老师体验到了满满的幸福感，被需要的感觉让王老师充满激情，于是更加充满热情地投入工作当中。

3. 调整目标、合理期待

心理教师要学会调整自身目标，学会合理期待。知道自己能做的和不能做的，放下心理咨询师的全能感，清晰定位自己在学校中的作用，配合学校开展好心理健康教育工作。

我们可以深度思考一下：在学校心理健康专职教师的这个位置上，我们能做的到底是什么？学校需要的是什么？教师和学生们需要的又是什么？而自己需要学校帮助与支持的又是哪些？当我们思考好了，内心情结处理好了，在面对一些困难的议题时，我们才能清楚自己能力范围内可以做到的，而不至于在无法做到的事情前有深深的挫败感和无力感，从而怀疑自己的价值，没有存在感。

本文执笔：上海市静安区闸北第一中心小学　王慧

第 85 问　感觉学校领导对自己的工作不够重视，怎么办

• 情景园

学期将尽，小茅老师所在的学校组织了全学科的教学论坛，以此总结每个学科在育人工作中的成效和思考。除了主学科以外，综合学科中的每一位教师代表纷纷上台，滔滔不绝地介绍所处学科的工作亮点。看着同事们呈现一年来的工作成效，展示核心的特色课程，坐在台下的小茅老师有点沮丧：一年来，自己所从事的各项心理工作同样在有条不紊地开展中，在区域专家的指导下，还创设并践行了心理学科的特色课程，成为学校德育工作中的五大核心课程之一。没能参与论坛的小茅老师不免觉得，学校领导对自己的工作不够重视，自己的努力没有得到认可。

• 明镜台

我们能够理解像小茅老师这样努力付出，坚守在学校心理岗位中的青年教师。然而，当自己没能参与全校的论坛，除了自怨自艾，我们应该及时反思，调整归因方式：心理学科不被看见，自己的工作是否存在纰漏，具体是哪些环节出现了问题呢？

1. 流于表面，难以深入人心

小茅老师虽然开展了各项学校心理健康教育工作，但对于同事们而言，大家评判的标准更倾向于心理工作是否能够真正帮助学生或作用于家庭。倘若忽略了这一点，即使内容再繁复、形式再花哨，心理工作也会失去真正的价值。如果教师们无法看到这一点，心理学科在学校体系中就难以被同仁们所认可。此外，教

师亦是我们心理工作的对象之一，每学年需要定期对教师团体开展适切的心理讲座或是团体辅导。在这些活动中，教师们如果没能直接受益，心理工作势必难以深入人心。

2. 疏于宣传，难以被人熟知

即便工作确实略有成效，但如果没有将积极的宣传纳入工作内容中，还是会被人疏忽。很多时候，心理教师一个人坐在自己的心理辅导室，独立于其他办公室，这就给宣传自己的工作造成了障碍。当我们疲于忙碌的时候，需要适当地让同仁们知道我们在运筹帷幄。当我们取得成效的时候，需要适时地让学校知道心理工作价值非凡。

3. 仅靠蛮干，难以上青天

我们始终提醒职初教师，心理教师绝不是一个人在战斗。工作的重心之一就是配合学校领导搭建并协同心理健康教育队伍，上传下达，让学校的每一位教师都真心实意地加入进来，让每一位教师都成为学校心理工作中坚实的力量源泉。这才是从根本上解决让心理工作被更多人看见、认可的策略。

• 智慧谷

1. 以扎实为基准，建立评估机制

使心理工作深入人心的前提，就是先要了解工作对象所需。无论是学生、家长，还是教师，开展某项具体的工作前我们可以通过问卷调查、随机访谈等形式，搜集最为集中的问题或看法。以此为基础，设计切实可靠的操作方案，帮助问题得到改善。诚然，心理问题的改善与否绝不是靠一两次的活动就能达到效果的，但我们正是借各种工作内容为突破口，打开视角，发现问题，进而设计后续可实行的工作。这样，就形成了具有连续性，指向明确的心理工作体系。

每次开展完相应的活动后，需要有评估。例如：针对心理课，可以在学期末设计兴趣调查表，征集孩子们对心理课的意见；针对心理活动，除了孩子们，可以请参与的教师同仁们提提意见，帮助更好地提升活动设计；针对个案辅导，班主任和家长都需要参与评价。唯有如此，我们的心理工作才更接地气、更被需要。

2. 以活动为平台，做好积极宣传

宣传的意义不在于从事表面工作，而是要让心理健康教育的种子撒播到校园的每一个角落，每一个人的心中。我们在进行宣传工作的时候，也是对这份工作的回顾和梳理，能够从中获得新的启发。每年5月，每所学校都会举行大型的“心理活动月”，我们就可以利用这样的契机做好心理工作的宣传。如海报的设计宣传，主题升旗仪式的举行，各类学生活动的开展，成果的汇报等，每个环节都可以让校园内洋溢着积极向上的心理氛围。

心理工作想要得到重视，更在于平日一点一滴的累积，我们可以利用好心理辅导室的区域，带领孩子们布置主题板报，向全校师生科普心理知识，宣传心理工作，展示社团成果。借助有意识的宣传，心理工作会被越来越多的人熟知。从熟知到认可，需要我们的坚持和稳步提升。

3. 以团队为力量，构建整体工作

心理教师要思考如何与同事们形成联结，当这支队伍的力量越来越强大，心理工作肯定会越来越受重视。作为职初教师，与其固守于自己的心理辅导室，不如主动地加入年级组，将座位设立在某个年级组办公室。这样，就方便和同事们交流、融入，能主动问问学科教师们是否有需要协助干预的学生个案，及时提供专业的心理援助，和学科教师站在同一战线。利用这样的环境，还可以见缝插针地向同事们谈谈专业的心理知识。

在拥有良好人缘的前提下，我们构建学校心理工作体系的时候就能够真正地将班主任团队、年级组团队纳入计划方案中。学校的同仁们才会协助心理教师开展各项工作，共同为学生的心理健康保驾护航。

本文执笔：民办上海上外静安外国语小学　朱杰

第 86 问　觉得自己的工作达不到预期、感到失落，怎么办

• 情景园

王老师担任学校心理教师近 3 年了，她在工作中追求“完美”：每次接到工作任务，都用大量的时间反复思量，力求把事情做到最好，但结果总是不如人意，达不到自己的预期，王老师感到很失落。周围的同事觉得她做事很纠结，领导觉得她缺乏工作效率，王老师感到很苦恼：认真对待每一项工作是自己的初衷，但结果不尽如人意，也得不到周围人的理解，真不知道该怎么办。

• 明镜台

我们看到，王老师希望能认真完成本职工作，她对完成工作的质量有自己的评价，从中可以看出她对工作有着较强的责任心，她追求完美，对自我要求很高，好处显而易见：一是有强烈的动机去努力达到目标；二是能有效规避错误。

但是，如果没有把握好追求完美的“度”，往往也会给自己带来困扰。

1. 由于过度追求完美而形成拖延

完美主义和自我妨碍行为（self-defeating behavior）有很高的相关，尤其是过度的拖延。由于对于犯错和失败的恐惧，有些人往往很难开始着手去做一件事情，在纠结的过程中容易放弃。

2. 由于过度追求完美造成容错力差

容忍错误的能力变得差，任何事情只要有一点瑕疵，就容易全盘否定。但现实工作中永远不可能毫无瑕疵，所以经常陷入沮丧和自我怀疑。

3. 不自觉地产生抵触负面意见的情绪

在反复思量的过程中，感到自己为工作付出了很多，面对别人的建议或意见时，会不自觉地想：别人所说的我都考虑过，别人提出的建议对我没有什么作用，他们都不理解我的难处。

• 智慧谷

1. 先从内心的觉察开始，设定合理预期。是什么让自己变得如此追求“完美”？不妨先问以下 3 个问题：

（1）是否有对于失败的恐惧，常常把失败或没能达到设定的目标，看作是自己能力不足所导致的，成了证明自己无能、无价值的证据，因此非常害怕失败。

（2）是否存在“非黑即白”的想法。非黑即白（black or white）是一种典型的负性自动化思维，如果没有成功，那么就是彻底的失败。计划中的一环没有完成，整个的计划就都废了。

（3）是否缺乏安全感。完美主义的倾向往往是幼年就开始形成的。小时候，只有取得完美的成绩才会得到父母的关注和赞扬，这增加了变成讨好者的可能性。外界也一直传递给自己“理想要远大、要做最好”的信息。意识到并纠正错误信念，绝对完美是不存在的。所以要学会接受失误，建立现实思维，如：设定较为切实的目标和计划，并且学会适当调整自己的行为。与其把关注点放在“我做这件事怎么这么不顺，我不能犯任何错误”之类的想法，不如尝试静下心，看看自己到底能做到什么样子。能力，是随着我们的努力发展进步的，只要坚持努力，就会有所提升。

2. 感悟工作的初心，笃行初心的状态追求完美的人，对于优秀的渴望是外部驱动而非内部驱动的，是遵从外界（包括父母、朋友、学校、社会）施加给他们的标准。

由此去感悟工作的初心，从内部驱动入手，体会工作初心的状态。古语云，不忘初心，方得始终。人们总是乐于谈论工作效率，工作模式优化，但关于工作的初心才是核心。很多情况下效率或者模式化，都会因为工作者本身心理上的一些负面因素而影响工作的推进。事物要走向一个完善的过程，必然需要精益求精，而精益求精的本质，想必还是对工作本身价值和内在意义的充分认知和热爱。因此，作为心理教师，如果工作中感到疲乏了，产生了失落感，不妨静下心来，找寻工作的初心。

3. 享受工作，自我充实寻找“职业锚”。如果把职业生涯比作一艘航船，船要能经受风浪，就必须配有坚固的锚。据此，提出了“职业锚”的概念，在职业生涯中，要克服职业倦怠，保持良好的工作状态，就必须找到自己的“职业锚”。

怎样才能找到自己的职业锚？必须回答三个问题：我在职业上最擅长什么，最不擅长什么；工作中什么令我最有充实感；我对什么感到最有价值。据此选择自己最擅长、最喜欢的工作，体现自我价值。简单地把工作当作谋生的途径，就会沦为工作的奴隶，情绪为工作所左右，目的一旦落空，就会产生焦虑感；相反，把工作当作事业去追求探索，才能在从事工作的过程之中寻找到乐趣，感受到幸福，达到享受工作的境界。

本文执笔：上海市静安区大宁国际学校　曹珺

第 87 问　要靠加班才能完成工作，怎么办

• 情景园

王老师大学毕业后担任某中学的心理教师近 3 年了，她发现自己时常要加班，才能完成工作。有上级的检查，她不得不加班，面对不同的检查有不同的资料要整理；有学生家长预约来访但不能是上课时间，她不得不加班，因为学生家长是下班以后才有时间；学生的个案进行整理、研究也需要花费大量时间。加班的时候，王老师就会困惑：是心理教师工作的特殊性造成要经常加班，还是自己的工作效率低造成经常要加班呢？

• 明镜台

王老师担任学校心理教师近 3 年，还处于职初阶段。引发经常加班的原因有很多，可以从以下几个方面来分析。

1. 了解学校接受的各项检查中哪些方面与心理工作有关。学校接受的各项检查中有些是有具体检查年限的，其检查的项目一般是既定的，王老师需要问清楚相关事宜，梳理好需要检查的项目，写入每学期的工作计划中，有序开展工作就不会造成加班补资料的情况。有些检查是受社会突发事件影响而增设的，但会有具体工作要求，按照工作要求安排好工作即可。

2. 根据心理教师工作的特殊性及时调整自己的工作时间。心理教师要做好学生的个别心理辅导，一般中午的时间可以进行心理辅导活动，但如果由于某种原因只能在学生放学后进行心理辅导，心理教师也应及时调整。比如下班后，有学生向心理教师反映自己有不良心理状态时，心理教师不会因为是下班时间而对学

生置之不理。由于心理教师工作的特殊性而形成的“加班”无法避免。

3. 对自己的工作效率进行反思，有些情况下的加班是受工作效率影响的。而影响工作效率的因素有很多：工作状态、业务能力、时间管理能力、与同事的协调能力等，王老师可以从主客观因素方面去思考自己的工作效率问题。

• 智慧谷

1. 制定合理的工作计划，通过对工作的“复盘”反思精进

加班要是有质量的加班，而不应该是明明无事可干，但碍于“领导没走，同事没走，那么自己也不能走”的思维把时间都耗费在无效的等待之中。要做到有质量的加班，首先要调整心态，转化成积极的行动力。为自己的加班任务设置一个个小目标，每完成一个小目标就给予自己一点小奖励，以此激励继续工作；其次，要提醒自己不能打着加班的名义进行“拖延”活动。比如知道今天要加班后，反而工作节奏慢下来，美其名曰加班的仪式感：先去吃个加班饭或者聊会天感悟加班的意义，其实质是一种“为了加班而加班”的拖延心理。再次，可以在工作结束后的半小时进行工作的复盘，反思精进自己的业务能力，找出工作中浪费时间的环节，在下次工作中注意改进，最终实现提高工作效率的目的。

2. 思考“帕金森定律”，感悟加班时的心理

每个人都有一个心理界限，这个心理界限会帮助我们区分“我”和“非我”。这个界限也让我们知道，自己的意愿不等于世界的意愿，世界不会因为我们的意愿而围着我们转。如果某人把完成任务看作是世界的意愿，偷懒（惰性）是个人的意愿，为了实现某种平衡，就要打破心理界限，“加班”就是很好的借口，既满足了世界的意愿（完成任务），但实际上是在“偷懒”（低效工作）。换言之，如果从内心认为完成任务是自己的意愿，那么所谓加班带来的困扰就不会被提及，就如同在做自己喜欢的事情时通常不会计较时间一样。

加班是个很神奇的事情，通常来说加班是因为事情多，但一个常年加班的人往往会发现：事情如果没那么多的时候，他照样有可能忙到同样的时间。这就涉及有名的帕金森定律：不管一个任务的复杂程度是怎样的，它总会自动填满你给它分配的所有时间。不同的人做同一件事所花的时间可以有很大的差别。比如，

一个有效率的人可以在10分钟内看完一张报纸，并且获取自己当天想要的信息；而一个懒洋洋的人可能花一天的时间也没能断断续续把报纸的头条文章看完。

这个定律还可以这样理解：一件工作的复杂程度，取决于你给它分配了多少时间。所以，有时候加班并不是因为事情真的太多了，而是你下意识地就打算花那么多时间来完成。如果你一直在加班，不妨停下来想一想吧，你是不是真的把时间都利用上了，还是说，有很多时间其实都挥霍掉了？

3. 提升业务能力，从根本上实现提高工作效率

作为职初教师，需要通过进修学习，不断提升业务能力，现在付出的时间换来的是日后的高效工作。“能量守恒”也可以用在工作上，不积跬步无以至千里，1.01的365次方约等于37.8，而0.99的365次方连0.03也不到。定期梳理，制定工作流程图，让一部分可以程序化的工作变得更简洁。坚持每天一点点的进步，收获令自己满意的成长值。因此，加不加班不是问题，问题在于为何加班，加班是否有效。

本文执笔：上海市静安区大宁国际学校　曹珺

第 88 问 心理教师感觉自己的压力大，怎么办

• 情景园

大学毕业后，小李终于如愿以偿地走上了讲台，做了一名九年一贯制学校的心理教师，圆了她那甘当蜡烛、“燃烧自己，照亮别人”的儿时梦想。可是，当梦想照进现实，在工作一年后，她发现这份工作很繁重：一大早到校做护导老师，巡视校园保障学生在校内的安全；课堂上面对着一群叽叽喳喳初涉世事的孩子，总感觉课堂教学不够吸引学生；中午要对好几个班主任推荐过来的学生进行辅导；放学后要加班做心理健康教育宣传板报；晚上还要在家备课做课件、整理咨询记录……教师的工作是如此琐碎与繁重，占据了太多时间和精力，让她有点儿吃不消，心里老是担心不能胜任这份工作。在即将开学之时，她竟然担心到睡不好，甚至失眠了。

• 明镜台

小李老师是很多职初心理教师的缩影。在人们心目中，教师就是智慧品德的完美化身，尤其会觉得心理教师韧性足，抗压能力强。小李抱着崇高的职业理想投身其中，却发现教师生存现状是以下一幅情景。

1. 工作负荷重

教师责任的重大、教师工作的琐碎与繁重，是其他很多行业不能比拟的。从前是备课、上课、改作业、管学生“四面出击”，现在加上交报表、迎检查、师培、开会，变成了“八面受敌”，大家俨然成了“事务型”教师。工作重复性高，长期重复性的工作渐渐销蚀了心里的工作热情。

2. 情绪消耗大

作为心理辅导教师，我们要像一个容器那样盛纳来咨询师生的问题与情绪，充分与他们共情，帮助他们探索困扰自己的问题。一次咨询下来，身心常常极度疲乏。但来不及休息调整，马上要去班级上课，咨询记录常常要晚上加班整理。日常工作中越来越多遇到需要危机干预的学生，感觉自身能力捉襟见肘，还常常战战兢兢，生怕自己哪句话没说好而被追究责任。另外，在时空上我们的工作“无边界性”，很难界定说“我的工作结束了，可以真正放松了”，还要经常充当“救火员”，大晚上接到班主任转来的家长咨询求助。看到一些学校在家校冲突时对教师的处理，也会感到唇亡齿寒，渐渐失去工作动力。

3. 工作头绪多

一般一所学校只有 1—2 名心理教师。作为学校的小众人员，心理教师除了上心理活动课，还要全面负责开展心理健康教育：通过开展心理健康月活动、组织讲座等为全体学生的身心健康成长提供指导，为教师的心理健康与专业发展提供服务；参与学校文明校园创建、家庭教育指导服务和学校教育科研；编制师生调查问卷，为学校教育、教学工作及日常管理提供决策咨询服务，使学校教育教学和管理工作更符合教育规律，符合学生身心发展规律等。另外，被抽调做一些临时、突发性的学校工作也是常有的事。当然，除了工作上的压力，像小李这样的职初教师还面临个人生涯中找对象、成家、生育子女等现实问题。

• 智慧谷

压力源≠压力，当中还有我们“人”的因素。压力的调整要靠我们自己。我们可以主动调整对工作的认知，寻找资源支持，拥有成功完成工作的自信心。

1. 制定合理目标

有益、适度的压力能够提高我们机体的反应，聚集活动的能量、提高活动效率、挖掘出个体潜力。所以，在制定个人发展目标和工作计划时，要分近期和远期目标，分步骤实现。不预设自己能做什么和不能做什么，带着好奇去看自己能够适合哪些工作。基于实际情况，定在“跳一跳”能达到的高度，让自己处于最近发展区。

在这个过程中，设定好工作与生活的界限。这个界限很难是时空上的，更多的是心理上的界限。不是绝对地平衡工作与生活，就像跷跷板一样处于动态平衡之中，经过一段时间适应，工作转化为一种生活的常态，形成家庭生活和工作之间的良性互动。

2. 提升实际能力

当工作要求超出个人能力、事情的发生并不是由人们自己控制的时候，压力就会急剧增长。所以，我们要在工作中充分利用工作资源，比如学校提供的各类专业培训、网络课程等，加强自学，提升专业能力，这样在处理工作时就会逐渐变得游刃有余。做好时间管理，做驾驭时间的高手，提高单位时间利用效率，实现事半功倍的效果。完善人际支持，积极跟重要他人比如教研组长、分管主任沟通，获得他们的认可和支持，这样，在开展工作时就会更顺畅，更容易做成事，你也会进步更快，更自信。

3. 培养乐观精神

对自己目前和将来的成功做积极归因。看到自己入职以来取得的成果：课堂教学越来越流畅、心理月活动设计得到大家认可……这些成绩的取得不是靠运气，而是自己努力付出的结果，是自己能力的体现。我们要培养自己多看工作、学习和生活中的积极面，并积极灵活归因，最终养成乐观精神。

4. 提高心理韧性

当然，人生不如意事十之八九，当遇到问题和困境时，我们要承认、接纳和面对存在的问题与困难。接纳是一种力量，接纳意味着改变。“我接受这个问题与困难的存在，我也接受它带给我的紧张焦虑和不安！”任何心态调整都是以接纳自己当前的真实状态为前提的，压力源是客观存在的，不会因为我们的拒绝就消失。当我们不过分关注某件事的时候，它的力量就会变得微弱，我们也会变得平静，此刻就是我们解决它的最佳时机。

然后我们根据情境特点，进行灵活应对。（1）行动应对：直接解决问题，或者寻求帮助合作解决问题，这样就消除或减少了压力源。（2）情绪应对：放下抱怨，把情绪宣泄，改变压力引发的情绪。（3）认知应对：认知再评价，转移注意（积极重新关注），增强应对压力的能力。

推荐大家学习正念，它是一种自我调节的精神训练法。当压力源来临时，面对、接受、处理、放下。当遇到让自己情绪不佳的事件时，你可以不用急着做出回应，不去想事件本身，回到当下的感受。认识和接受目前的状态，仅仅了解它，不要评判它，你的正念或许正在开始，一种新的生命视角会渐渐为你打开。

当然，心理教师也是普通人，我们的优势可能是比其他老师多了一份自我觉察力。因此，当我们觉察到压力时，我们更要积极寻找资源，寻求支持，提早预防，避免压力过载。

本文执笔：上海市风华初级中学　杨意岚

第 89 问　如何在个案督导中提升自我

• 情景园

2020 年新冠肺炎疫情期间，镜老师参加了某心理平台公益咨询服务，通过在线和电话形式参加了值班和热线咨询。在两次咨询后，镜老师发现自己出现了无力感，她明显感觉这不是体力上的，而是来自内心深处。她疑惑自己是否出现了共情疲劳，或者出现了技术难题。三天之后，她接受了专家督导。

督导师对镜老师的咨询过程给予指导，分析困扰并提出建议。镜老师在督导中，重新看待咨询目标的设置并不断觉察、反思，看见自己情绪卷入的原因，也逐渐释然，增强了信心。

• 明镜台

心理督导是对心理咨询师职业化过程的专业指导，是提高专业水平的过程，也是分享知识、澄清思路、提升技巧的学习。近年来，心理咨询督导越来越凸显其重要价值，成为提升咨询师胜任力的重要途径和资格认证的条件，也是提升心理教师工作能力与心理素质的一种工作模式。

2002 年以来，我国建立心理咨询师国家考试制度。随后，中国注册心理师协会、心理学会等机构在不同的时间段，开展了注册心理督导师的认证，逐步形成了中国职业心理师的评估认证成长体系。

作为心理师的“咨询师”，督导在平级或者更高级别心理师的过程中，发挥着以下作用。

1. 厘清问题，提高咨询者的专业能力

督导师引导咨询师熟练掌握专业理论、技巧和方法，督导咨询过程中的干预策略与伦理规范，提高受督导者分析和解决个案问题的能力，如厘清来访者的核心问题是什么，咨询目标的建立是否适当等，帮助咨询师在生涯中成长提高。

2. 打破僵局，促进咨询师的个人成长

新手咨询师对于咨询场景、个案和来访者类型等往往会有一些限制性想法。督导能帮助治疗师看清工作中的盲点和不足之处，消融或者解开咨询中胶着的部分，推进咨询进程。

3. 处理情绪，化解被督导者的情绪困扰

一般来说，督导时通常会出现所谓的“平行过程”，即治疗师呈现出了病人在治疗中的状态，而督导师感受到了治疗师在治疗中的情绪。因此，督导不仅为新手咨询师提供专业支持，而且也提供情感支持，维护其心理健康。

• 智慧谷

督导的最终目的是连接科学与实务，形式一般有团体督导、个别督导、同行督导（也叫同伴互助、同侪督导）、自我督导。作为在所有与心理学工作有关的活动中最复杂的一环，督导者不仅要具备心理学的相关知识，更要具备相当的实践能力和操作技巧。而受督导者要在其中获得成长，需要注意以下几个方面。

1. 全观自己个案的咨询过程

心理督导是一种自成一体的干预过程，可以用来分离并描述那些心理督导所独有的理论基础、操作技术和存在问题。与其他的心理干预方法一样，心理督导实践也要求实施者进行特定的前期准备。

对于督导的个案，心理咨询师要围绕要点进行撰写，如基本情况、成长史、症状评估、个案概念化、目标定位、基本设置、进程、需要督导的问题等，其中，“需要督导的问题”是关键。个案概念化，则非常考验咨询师的专业素养和精准的判断能力。

督导师也有不同的技术取向。如精神分析取向的督导师，从精神分析客体关系的视角帮助咨询师更好地理解个案。焦点解决督导模式重视正向资源、成功经验、优点以及问题不发生时的例外。萨提亚取向督导师，则从内在冰山隐喻督导个人行为的原点，探索出个体行为最核心、最本质的部分。

2. 明晰“需要督导的问题”

紧扣自己的问题与咨询中的困惑，才有意义。被督导的个案咨询过程，可以是单次咨询，也可以是一个疗程的咨询，但都要明确自己需要督导的问题、困难或疑惑，希望从督导中获得的成长或改变等。

督导前还应记录下来自己在个案辅导过程当中的特定事件，反思成功与失败之处。比如在危机干预中，督导师引导咨询师看到，如何确保多重关系不会影响自己的专业判断，并且不会危害寻求专业服务者。

3. 觉察自己在督导中的成长

在陷入胶着状态、让咨询师沮丧的困扰中，督导者会引导被督导者回归到咨询师本身：你中立吗？你感受怎样，接纳吗？看看自己内在有哪些原因？这种自我觉察涉及情绪、观点、议题等个人成长部分的内容，较多与咨询中的移情与反移情有关。需要特别强调的是，督导也需要严格遵循保密原则与督导契约，督导的目的是督导师在帮助咨询师完成它的个案，而不是帮助个案。

近年来，静安区开展了区域性心理教师专业成长教研模式探索，通过创设情景和任务驱动，为全区心理教师提供资源和情感支持，取得了较好的效果。咨询师作为与问题打交道的“特殊人群”，既容易累积负面情绪，也可能产生心理枯竭的现象。作为咨询师的咨询师，专家督导厘清咨询中的“盲点”，为咨询师的职业化、专业化提供了强有力的专业指导；而朋辈督导中，咨询师相互温暖，给予力量与支持。督导中，既可以看见自己情绪卷入的原因，顿悟或释然，也有可能豁然开朗，提供打开另一种咨询思路，提高应对复杂案例的能力。

本文执笔：上海市共康中学　孙惠颖

第 90 问　如何通过研修活动提高自己的专业能力

• 情景园

小朱老师加入“静安心理”这个大家庭已经有两年多的时间了。每一次教育学院组织的研修活动对处于职初阶段的他来说，都是一场丰富而又深刻的学习之旅。无论是专业理论学习，还是课堂课例研讨、个案讨论，教研结束后，他的内心都会充盈着满满的学习收获，在紧迫感的同时，他也感觉到困惑：要学习的内容这么多，我到底该怎么做？怎样丰富自己的专业知识并将它们纳为己用，运用于自己的学校工作呢？

• 明镜台

学以致用，当小朱老师思考这些问题的时候，他已经步入了专业化成长的道路。那么，他为什么会感到困惑？究其原因，有以下两点。

1. 愿望太强烈，唯恐挂一漏万

出于对教师全面培养的考量，开展的研修活动形式多样，内容丰富。我们虽然能够理解职初教师迫切的学习意愿以及充分的学习能力，但想要把每次活动涵盖的专业知识全部掌握，则需要一定的时间。如果做不到，也不用着急而有挫败感。即便是学习能力再强的教师，也要尝试分析自身不足，从诸多领域中确定“我最喜欢的是什么？我最需要的是什么？”，进而罗列具体的阶段目标，选择最为适切的板块进行学习和运用。

2. 实践不充足，消化需要时间

职初阶段的教师踏上工作岗位，难免会存在经验不足的情况。对于没有切身实践过的领域，如果想要靠仅仅几次参加研修活动的学习来弥补差距，恐怕难以达到理想的效果。此外，由于实践的不充足，给学习后的真正理解造成了难题。我们脑海中印象深刻的仅仅是活动讲授中相关主题的一部分，并不能将每个关键点做到充分理解。

因此，在参加专业研修和学习的同时，我们可以借助研修活动中的专业知识以及系统的操作路径，作为学校工作的参照，在实践中加深理解。

• 智慧谷

1. 逐级划分，理清思路

研修活动所涵盖的专业知识对于职初教师来说，都是专业发展所必需的养分。区别于大学阶段学习的专业知识，这些内容很可能是全新的领域，需要花费足够多的时间和精力来吸收。既然不能囫囵吞枣，那就要求我们有计划地将这些内容进行划分，而后逐一内化。

我们可以按照研修主题对学校心理健康教育工作的指导意义逐级划分。例如，第一等级是最为首要的专业知识，是学校工作中的关键部分，如危机干预、学期工作计划制定等。第二等级是日常性工作，是心理工作中的常规部分，如个案咨询、课堂实践、校园心理活动组织等。第三等级可以是自己擅长或喜爱的工作，也可以是正在困扰自己的难题工作，如心理讲座开展、团体活动辅导等。基于此，我们有了理性对待这些专业知识的心态，不急躁、不茫然，有计划地学习是促进专业知识扩展和深化的第一步。

2. 分项开展，积累经验

依托于明确的层级划分，我们就能制定对相关专业知识拓展和深化的目标。

针对第一等级的专业知识，我们需要督促自己立刻完善学习。结合在研修活动中的收获，反思该知识领域对应的学校工作是否有所欠缺，运用阅读书籍或文献、请教区域同伴或专家等途径，及时调整具体的工作举措，达到真正的学以致用。

针对第二等级的专业知识，我们可以将研修活动中的专业知识进行详细的梳理，由易到难逐条进行实践。在实践的过程中，必然会产生新的困惑或心得，这都可以作为专业知识理解过程中的催化剂，做好记录，勇于在之后的研修活动中提出，获得同伴的反馈和意见。

针对第三等级的专业知识，建议选择其中的某一项进行拓展。首先，整合周边的学习资源，从体验开始。其次，在感受中发现这一领域的魅力，让自己能够发自内心地接纳。再次，系统地学习，夯实自身在这一领域的专业水准。最后，把握学校工作中的契机，以此作为阶段学习的考核，评估自己的收获与不足。

3. 阶段总结，深化学习

研修活动的主题通常会不定时地重复出现，这样的“回炉再造”于我们而言，应当是一次极佳的阶段总结。对于再次强调的专业知识，我们是否已经熟练掌握？对于相关的工作内容，我们是否已经有条不紊开展或已经产生了校本化的工作模式？但即便主题相同，每次学习后肯定会有新的收获，这也提醒我们，学无止境，温故知新。新的收获将继续引领着我们迈入新的思考，走向新的成长。

本文执笔：民办上海上外静安外国语小学　朱杰

第91问　需要但又不敢开口向同行请教，怎么办

• 情景园

有点儿内向的小王老师入职近一年，最近忙着准备开见习期汇报课。作为学校唯一的心理教师，没有人可以商量课该怎么备。开课前，她把教案一字一句打磨过好几遍，感觉自己备课已经很充分了，听课老师仍然能指出许多她没想到的点，还就提问设置给出诸多合理建议。她觉得自己有好多地方需要向同行学习，但是怎么学，学什么，她还是有很多困惑。

• 明镜台

小王面临这样的困局，原因有三：首先她体贴懂事，体谅同事都很忙，不愿意拿自己的事情打扰到别人，全靠自己一个人琢磨；第二，她心思细腻，又有些自卑，害怕向别人请教显示出自身不足；第三，她觉得资源不足。校内老师没有同学科的，校外心理教师又校情不同，遇到工作中不懂不会的地方，生怕多问引起别人反感，不敢跟人多交流请教。

小王老师要明白，职初心理教师在工作中遇到问题很正常。想要胜任心理教师这个工作岗位，除了要不断学习，提高个人品德修为，还需要在心理活动课的设计与实施、心理咨询、危机干预、心理教育活动设计与实施（能与相关部门沟通、有机整合，把心理教育元素和理念融入学校原有活动中）、课题研究、影响力等专业技能方面努力。这样单打独斗，在快节奏的工作面前会常常感觉无法应对。

向别的教师请教有助于大家对老问题形成新看法，也是会受到大家欢迎的。另外，学习同行的成果和经验不仅仅是学习对方解决问题的具体做法，也可以是

可借鉴的思路和策略。只有常常努力才能看着毫不费力。同行的经验也不是凭空得来的，也是在数十年如一日的工作实践中磨出来的细致功夫。所以小王老师一方面要努力自己琢磨，另一方面也要大胆学习同行的成果和经验。

• 智慧谷

对于青年教师而言，向同行学习是一个事半功倍的快速成长的方法。小王老师还要不断突破自己，敢于求助，充分利用身边各类同行资源，学习他们的成果和经验。客观上讲，我们身边还是有许多资源的。

1. 向书本、杂志、网络学习

书和杂志文章往往是作者对自己工作经验与思考的总结和提炼。有针对性地选一些教育教学的经典著作，学界前辈、优秀教师撰写或编写的书，比如：《给教师的一百条建议》《如何成为高效能教师》《静悄悄的课堂》《像冠军一样教学》等；理论与实践兼顾的心理学教育学的专业杂志，比如：《大众心理学》《中小学心理健康教育》《心理辅导》等，多看多读，以后也可以模仿把自己的工作经验总结成文投稿。还有一些资优的网站、公众号，比如学科网（http：//www.zxxk.com）；国家教育资源公共服务平台（http：//www.eduyun.cn）等。

2. 向身边成熟的优秀教师学习

新教师最缺的就是教学经验。虽然学科不同，但是身边成熟的优秀教师行之有效的方法，我们是可以虚心求教的。学习方式可以是多元的：可以就某个问题私下个别求教某个老师；还可以积极参加各级公开课展示、教学评比、课例研讨活动，做一名听者，各年龄各层次各学科都听听，这些都是学习的好时机。当然，老盯着一两个人学，人家也会烦，可以制作一个时间表，每周坚持听 1—2 节课。长期坚持，别人也就不以为怪，也向大家表明你学习的诚恳。做好听课笔记，充分利用好听课学来的经验，当然不要生搬硬套，要在融合中摸索，摸索着前进。有什么新主意就去设计、施行，观察结果。在区级教研活动中，主动去靠近工作成绩优异的外校教师，见缝插针请教自己提前整理好的工作中的困惑。

3. 向专家、名师学习

心理教师的工作内容决定了不仅仅要上好课，还要能做咨询、开展危机干预、开展心理教育宣传活动、科研等。在市区两级层面会有很多相关专业培训。跟教研员沟通，让他了解你的学习需求，积极争取学习机会，多见世面。一般这种专业培训都会请市区两级专家、名师执教，在参加培训时多跟专家互动，多反馈自己的学习感受和思考，创造机会让专家针对你的问题或困惑多做一些指导。如有机会，自己积极争取申报成为名师工作室学员，在名师指导下，在咨询、上课、活动设计、科研等方面将得到快速提升。

当然，学习后要结合学校实际，制定适合学校的实施计划，不用全面，可以选一两个小点切入，跟分管领导汇报，获得支持后开展会更顺畅。“一个教师写一辈子教案难以成为名师，但如果写三年反思则有可能成为名师。”每次学习后、实践后都要把得失及时记下，只有对教材不断研究、对自己的课堂不断反思，才会快速成长。经过一段时间实践和反思，用图表、文字等把一些工作流程形象化，逐渐形成自己的经验和成果。到那时，你就成为别人眼里可以给人提供经验的同行。

本文执笔：上海市风华初级中学　杨意岚

第 92 问　青年教师要开展科研，怎么办

• 情景园

9 月，一年一度的区科研课题申报又开始了。参加工作两年的心理教师小王也想申报。她仔细看了通知，发现既有青年教师课题，还有一般课题和重点课题。科研室主任鼓励她：在职业发展的“懵懂期”，就要以科研为“抓手”促进成长。她也听过一位优秀心理教师的成长历程经验介绍：高素质的专业化教师，要通过对自身教学历程的回顾，认真总结教学经验，在科研中提升心理辅导能力。小王跃跃欲试，但又有些困惑：如何把教育教学中的任务、难题转化为科研课题呢？如何以课题研究为依托，有效开展心理健康教育，成为一名优秀的心理教师？

• 明镜台

1. 认识科研课题在教育教学中的重要作用

科研课题有助于心理教师实现两个转变：一是由师范生向教师的角色转变，二是本体知识向心理辅导能力的转变，这是优秀心理教师成长历程中非常重要、关键的阶段。一般来说，心理教师应具备六种能力：建立和使用心理档案的能力、分析诊断能力、团体辅导和个体辅导的能力、沟通合作的能力、研究能力和自调控能力。

2. 扎根实践是科研课题切入点的来源

中小学科研课题是基于实践、研究实践、反映实践、促进实践的工作。有些老师认为自己不是理论工作者，只要能把心理辅导开展好了就好；有些老师认为科研高大上，脱离实际或者并无多大用途；也有的老师懒于动笔，缺少科研意识。

学校心理健康教育是一项科学性和专业性极强的工作，特别要求心理教师具备一定的研究能力。研究离心理辅导工作并不遥远，研究就在我们身边，心理教师要开展的是扎根于心理健康教育实践、学校校情、学生学情的研究，是生发于教师教育教学中的，以及教育、教学实践中遇到的困惑、困难转化而来的。

苏霍姆林斯基说：“如果你想让教师的劳动给教师带来乐趣，使天天上课不至于变成单调乏味的义务，那你就应当引导每一位教师走到研究这条幸福的道路上来。”承担或者参与课题研究，是有效促进自己专业发展，提高自己业务素质的主要途径之一。

• 智慧谷

青年教师的课题，一般都是个人课题。心理教师要善于通过课题研究解决教育教学和发展中的困难与问题，了解和把握学校心理健康教育的特点及规律，提高专业技能与水平，促进工作的科学化和规范化。

1. 在选题中提高反思能力

科研先进个人高老师深有体会地说：“最令我感慨的是，以前出于功利考虑的科研课题从未得奖，而这一次，我申报课题完完全全是希望通过这个来解决教学中的问题，来提高自己的教学质量，结果我的结题报告得了二等奖。”

选题是一个类似沙里淘金的过程。心理教师的任务很多，除了心理专项任务如心理辅导课、咨询与辅导、讲座与培训等工作外，还有协调性的工作。任务实施中，可以把教育教学中的收获或者遇到的各种具体问题转化为课题，选择适合青年教师研究的小课题。

选题是回顾反思的过程，也是发现问题、分析问题、解决问题的思考过程。青年教师选题应注意下列要求：（1）选择感兴趣又切口小的课题，如“心理课的导入环节设计研究”就比“如何上好心理课”具体且易操作。（2）选题需要解决力所能及的课题，比如如何让心理辅导课堂既开放又有序，课堂教学中如何对待学生的不同意见等，都可以作为选题的方向。（3）选择突出具体研究内容的课题，如某一种心理辅导技术在辅导中的运用，当然也可以有新的视角，在既有研究基础上再探索。

2. 在文献综述中提高理论水平

选好方向后，需要对某一领域、某一专业或某一方面的课题、问题或研究专题搜集大量相关资料，然后通过阅读、分析、提炼、整理当前课题、问题或研究专题的最新进展、学术见解或建议，对其做出综合性介绍和阐述，这就是文献综述。

教师遇到的教育教学问题，转化为研究课题，可以称之为“问题课题化”。在追踪某个问题时，必然要关注“他人的经验”并借鉴他人的经验，这就是文献综述的过程，在查阅大量的文献和资料的过程中，能有效提高该课题涉及的理论知识水平和他人的既往研究，提高知识层次，开阔视野。

3. 在方案设计、实施中提高科研素养

在课题研究中，教师能较快地系统了解和掌握科研的方法。课题方案的设计本身就是一个逻辑性很强的思维过程。以上海市青年教师教育科学研究项目申报表为例，课题的设计方案主要包括：（1）立论依据：本项研究的价值和意义、研究现状分析、参考文献。（2）研究方案：研究目标、研究内容、研究方法、研究步骤。（3）完成研究的条件分析：现有研究工作基础、研究的外部条件、自身研究能力、研究经费、设备等。（4）成果形式：最终完成时间、预期成果形式。其中，如何设计方案，是中心内容。此部分要详细写明课题研究的具体内容、方法和措施，即把课题研究的内容细化为各个小问题或具体内容，并针对各部分内容设计研究方法、途径和策略。

课题的实施又是另一个话题。无论是问卷设计、方法选择、问题对策、研究进程、撰写开题报告与结题报告等各个研究环节，都能让青年教师得到切切实实的锻炼与提高。

本文执笔：上海市共康中学　孙惠颖

第 93 问　怎么把心理辅导课作为教育科研的切入点

• 情景园

小丁老师发现，下午第一节辅导课上，有些同学投入活动的积极性不高，显得有些被动。小丁想，这到底是教学内容与方法的原因，还是同学们疲倦的原因？为了提高辅导课效果，小丁老师以教材为蓝本，不断改进教学方法，做了很多尝试来激发学生兴趣，也有了很多对“真问题”的思考。

在听课、评课教研活动中，小丁为优秀同行的巧妙设计击节叫好，也看到有的心理辅导课流于表面，在一节课中堆砌了多个活动和技术，看起来很热闹，效果却不甚理想。她越来越觉得，要真正上好心理健康教育课，要注重心理辅导课教育的艺术，把自己的课堂建设成为引导孩子形成优秀个性品质的土壤。在不断的反思中，她准备将自己的思考转化为课题研究。她坚信基于教学任务的心理科研，无论对专业的提升，还是对课堂效果的提高，都会大有裨益。

• 明镜台

1. 心理辅导活动课是学校开展心理健康教育的重要形式

作为发展性的心理辅导活动形式，心理辅导活动课又称为心理健康教育课，是学校按同一年龄段的学生心理发展的规律和特点，通过各种团体心理辅导活动，有目的、有计划地去培养、训练、提高学生的心理素质，维护学生的心理健康，达到健全和完善人格品质的心理辅导形式。而对心理辅导活动课程的有效研究，可以推动心理辅导活动课程的科学发展，增强活动课程的实效性。

2. 教师的研究要以课堂为中心

心理辅导活动课程具有重要的现实意义，它是当前学校心理健康教育的重要方式和有效手段。《上海市教育委员会关于印发〈上海市中小学专题教育整合实施指导意见（试行）〉的通知》（沪教委基〔2014〕54 号）中明确提出：要“开设好各类专题教育，确保相应的课时。各校至少有一个年级每班每两周有 1 节生命教育心理健康活动课”。

3. 科研要服务于心理辅导课，有助于促进心理辅导目标的实现

心理辅导课程不同于其他课程，它有两个目标：发展性目标和预防性目标。其中发展性目标主要侧重于学生心理潜能开发、心理素质培养，促进自我完善和健康成长，为今后的生活质量打下基础；而预防性目标是帮助学生及时发现自己在学习、生活、成长中的心理问题，学会矫治和调节心理偏差的方法，培养良好的心理适应能力和积极健康的情绪。心理辅导课程不是强调心理学知识的掌握，而是应当保证全体学生全身心的参与，人人平等、相互促动，在参与的过程中不断地获得情感体验，从而促进学生个性良好发展。

4. 研究有助于心理教师的专业成长

心理辅导课的对象、目标、内容、过程、策略与评价，都可以作为研究对象。课题研究，如教师生涯历程的源头活水，既为教师的成长发展注入能量，又以不断的反思涤清思维淤积的河床。目前，上海已连续举办了七届学校心理健康活动课大奖赛。无论对参赛者，还是观摩者，既是取经学习的机会，也是体验、感悟与蜕变的专业成长。

• 智慧谷

1. 围绕辅导课的主题、内容选择研究方向

研究方向可以是专题研究，也可以是问题、困惑、难点、热点研究，勇于质疑问难。心理辅导课的主题一般有生命教育、自我认识、适应教育、人际交往、情绪管理、学习辅导、青春期教育、生涯教育等。从这些主题出发，可以开展预备年级适应教育、青春期异性交往的研究、学习适应性研究等。还可以考虑主题的现实感，解决学生真实存在的问题，如考前心理辅导、有效谈话的研究。也可以根据当时当下的情况选择主题，如围绕新冠肺炎疫情开展的系列心理辅导等。

心理辅导课的课堂结构与授课模式也是重要的研究内容，青年教师的研究项目适合选择切口小、内容实、周期短（一般为一年）的课题，聚焦于课堂实实在在的问题，是基于课堂的研究行为。比如，个案研究、教学环节研究，都可成为研究的切入点。

2. 围绕活动课的设计、方式选择研究方法

课题研究常用的方法有调查研究法、观察法、实验研究法、行动研究法、经验总结法、个案研究法等。在辅导设计研究中往往要考虑是否因地制宜，是否结合了学生年龄特征与实际生活、文化背景等。目前，后现代技术的研究越来越会引起重视，如叙事、焦点、绘画、OH 卡等辅导课的应用。笔者开展的表达艺术心理在中学生团体心理辅导中的实践研究，属于技术的应用研究。

3. 围绕心理课的效果开展课堂诊断、评价研究

心理课的标准众说纷纭，但总体来说，要体现认知、情感、行为的统合。可以从辅导理念、研究成果是否有实效等方面诊断，也可以反思课堂教学中的问题，分析、积极改进。

教学反思是促进教师专业发展和自我成长的核心要素，青年教师可以从教学反思、个案、课例入手，如教学反思日记研究，即把教学中遇到的问题、经验、策略与方法、感悟与体会记录下来进行分析与总结。典型和有效的活动体验、操作与点评、有意义的教学事件，也可以作为研究的切入点。

北京教育科研研究院副教授白玉萍提出心理辅导课要“有趣、走心”，这四个字，也可以看成广大心理教师开展心理辅导研究的出发点与目的。

本文执笔：上海市共康中学　孙惠颖

第 94 问　如何根据教后反思开展科研

• 情景园

晓蓉是一名心理健康教育课的青年老师，每次在心理课结束之后，她对如何进行教后反思感到十分困惑。因为在心理健康课上，她觉得自己经验少，方法自然就少，对有些问题还做不到深入与孩子探讨，并给予孩子方法的指导。她的带教老师建议她要做好每堂课的课后反思，并说课后反思是使经验型教师向科研型教师转化的桥梁，还说："写一辈子教案只能是一名普通老师，而认真写三年反思就可能成为名师。"晓蓉十分疑惑："作为心理健康课的新老师，写反思真的会对我很有帮助吗？真的这么重要吗？"另外，晓蓉也想了解，如何通过教后反思将它提升为心理科研。

• 明镜台

教师的科研能力是教师在教育科研实践活动中形成的，直接影响教育科研效率，是教育科研任务顺利完成所必须具备的主观条件。主要包括科研课题的选择能力，课题实验方案的制作能力，课题实验的操作能力，实验资料的收集、整理和分析研究能力，课堂教学的科学研究能力，科研论文、研究报告的撰写能力等。而教学反思是一种有益的思维活动和再学习方式，每一位优秀教师的成长都离不开教学反思。我国著名心理学家林崇德也提出"优秀教师 = 教学过程 + 反思"的成长模式。教学反思是教师以自己的教学实践为思考对象，对自己在教学实践中做出的行为以及所产生的结果进行审视和分析的过程。因此，教学反思是教学的各个环节中审视、修正原始经验的实践行为，它促使教师经验的提炼与升华，从而转变为一种需要有明确目标并有先进理念支撑的科研行为。

• 智慧谷

1.“科研型的教学反思”思什么

我们所进行的心理学科的教学反思贯穿于心理活动课设计和开展的全过程，分为课前反思、课中反思和课后反思三个阶段。通常我们可以通过评课、做教学案例、写教学手记等方式来开展这三种反思。

（1）从评课中获得反思的“灵感”。我们可以从同行教师根据交流观摩自己课堂的实际情景，分析提出的问题并进行反思。还可以通过学生反馈，从学生那里了解到自己这堂心理活动课开展的效果情况，分析提出改进措施，使之达到学生期望的效果。还可以通过专家前来听课评课会诊的建议，从中发现自己的课堂实施中的不足，并及时反思如何解决问题。

（2）写教后札记更多是重在分析、总结，不仅要记录下自己心理课堂的成功与失败，而且还要写进自己的感悟，补充意见，使其成为今后教学的借鉴。可能有的问题一时难以解答，就应及时记录下来这些问题，并及时反思，以便在今后的教学中对症下药。这样做，一方面可以丰富自己的教学思维和教学经验，另一方面也能促使自身教科研水平的提高。

（3）教学案例是我们心理教师通过一堂心理课或某个课堂中的环节展开探讨反思后撰写的一种教学个案，它的最大特点就是真实，是心理教师在亲身实践中不断反思，通过一些具体的教学片段或剖析或对比，说明一些道理，具体地领悟到怎样做更能符合新理念。这样，教学问题可以得到一定程度的解决，科研意识也就会随之得到一定程度的丰富。

2.“科研型的教学反思”怎么做

我们的科研过程一般包括以下几个步骤：发现问题—分析问题—提出假设—验证假设。而我们的科研型的教学反思也分为以下四个环节：具体经验 → 观察分析 → 抽象的重新概括 → 积极的验证。在此过程中提高教师的反思能力，从而提高科研能力。

3. 可进行的多种科研型反思方式

我们可以通过以下的反思方法来充实我们的科研素材：

（1）内省式反思，即通过自我反省的方式来进行反思，可通过反思日记、课后备课、成长自传等方式完成。

（2）学习式反思，即通过理论学习或通过与理论对照进行反思。

（3）交流式反思，即通过与他人交流来进行反思，可用观察交流、学生反馈、专家会诊和微格教学等方法。微格教学，即以少数学生、教师或专家为对象，在较短的时间内尝试做小型的课堂教学，并把教学过程制成录像，课后反复观看交流，积极听取他人的意见和建议。这是一种新型的教学反思的技术手段，青年教师可以运用这种微格教学的方式，开展更深入具体的行动反思，引导自己的科研实践。

（4）研究式反思，即通过科研视角来进行反思。以研究的态度从事教学、以研究的视角反思教学、以反思的成果改进教学，促进科研的探索。

学做研究型心理教师是相对于经验型心理教师而言的，它能使你在心理教育领域中，积极主动地反思自己的心理教育教学行为，具有心理教师的职业敏感性、反思意识、合作精神和科研意识，及时发现心理教育教学工作中的问题，针对心理活动课堂上的问题积极探索研究，主动吸收心理教育科学理论和同行经验，提出新的切实可行的改进方法，不断地改进自己的心理教育教学工作。因此，积极进行教学反思是青年教师踏上科研之路的基本功，“积累—总结—再积累—再总结”，这是教科研的必经之路，没有捷径。青年教师可别忽视哟！

本文执笔：上海市彭浦初级中学　洪颖馨

第 95 问　如何结合教育教学经验开展科研

• 情景园

晓华是一名职初心理教师。她十分喜欢自己的工作岗位，每天认真备课，开展学生的心理辅导活动课等。带教老师让晓华撰写工作经验小结，并且让她开展课题研究。晓华不禁感到困惑："我做了一些事情，但是好像还在摸索过程中。要总结工作经验，我好像也没有什么经验啊。而且，怎么把经验转化为科研成果呢？"晓华虽然很想做，但心中却有万般无奈，对于开展科研有"想说爱你不容易"的心态。

• 明镜台

总结工作，并且从中开展科研，是教师从经验型走向科研型的必然路径。就教学工作来说，除非我们善于从经验中汲取教益，否则，二十年的教学经验也许只是一年工作的二十次重复，我们就不可能有什么改进。因此，青年教师需要结合经验向科研型转化，就是要把我们的日常工作科研化，也就是我们用最新的教育、教学理论来审视、指导具体的教育、教学的工作经验。通过科研做课题——发现问题，"想好了做"这种比较科学、规范的形式来解决我们工作中的问题和困惑。

总结工作，并且从中开展科研，是反思和调整自己的教学行为的机会。科研有一个研究的中心（理论支撑），有具体的操作思路。课题研究同时也是把我们自己的日常工作经验总结、归纳成有一定理论依据的经验，然后再用于指导具体的工作，提高自己的教育、教学水平，使教学更有效。说白了，科研就是在一定理论指导下，有计划地开展我们的日常教育、教学工作，并在工作中不断地反思，改进自己的工作方式，从而提升自己的教育理念和教学水平。

回顾自己做课题的历程，我感觉我们可以从平时的心理健康教育教学经验中找准课题研究的切入口。一般来说，一线老师研究的课题小，与日常教学工作的相关性高、实用性强。一线教师参与教育科研活动，实际上是要求在更高的水平层次上展开教学活动，即从强化日常教学经验中蕴涵的科研成分着手，以科研的思路去重新审视教学过程，发现问题、思考问题，形成解决问题的策略，并通过教学实践经验使其得到验证与完善，从而使我们的心理健康教育教学工作逐步向最优化方向发展，同时也使自身的素质水平得到提升与飞跃。

• 智慧谷

从工作经验中寻找科研的切入点，首先我们要有问题意识。要做教育、教学的有心人，平时时时处处留心观察，在工作中要多问几个为什么——教育教学的行为中，为什么有效、为什么无效，这些有效或者无效的原因是否有一些共性的规律，是否有一些值得改进的地方。这些就可以成为我们科研的切入口。

从工作经验中寻找科研的切入点，需要我们有“学生为本”的意识。我们心理科研的最终目的是为了促进每位学生的发展。我们的研究是为学生服务的，我们研究的对象是学生，在课题研究中了解学生的现状是必不可少的。因此，在日常工作中我们要树立“学生为本”的意识。可以通过设计调查问卷、谈话法、观察法等了解学生的认知、能力、情感等方面的现状，并进行分析，从而寻找课题研究的来源。学生的困难就是我们要研究的课题，学生的不足、缺点就是我们要研究的课题。

从工作经验中寻找科研的切入点，需要我们有理论框架。青年教师善于从教育教学经验出发去查阅与学习有关的理论文献，对自己的实践经验进行进一步的科学思考。通过学习既提升自己的教育、教学的理论素养，为自己做课题寻找理论支撑，也能确定好我们立足经验而提升理论的课题研究的基点。

作为一线心理教师，可以从以下几个方面来提高自己的心理科研教育、教学理论认识水平。(1) 学习专业理论知识。如教育学、心理学方面的书籍、报刊。做课题时查阅资料是免不了的事。大量阅读有关教育、教学的书籍，有利于形成自己的教学理念。（2）学习心理教育大纲。学校心理健康教育大纲是指导我们心理健康教育工作的理论依据，也是新的教育观念、理论在学科中的具体反映。就目前来说，“心理教育文件大纲解读”是有必要反复学习的，它能使我们以最快捷的方式汲取心理课题研究的理论知识，了解心理教育的最新发展趋向。

从工作经验中寻找科研的切入点，需要我们学习他人的科研成果。青年教师学做课题时，很有必要去收集别人关于同类课题的研究资料，学习他人的经验。这样，能使我们了解自己所做的课题是在什么层面上：别人在这个问题上已经做过哪些工作？解决了哪些问题？还有什么有待我们去研究的？他们用什么方法研究的？结果是否科学？了解别人研究的程度，一方面可以让我们根据自身的特长、能力有选择地进行具体的研究，另一方面，可以避免“撞车事件”，不要重复别人的老路，造成精力、物力上的浪费。

另外，要善于合作交流，要得到领导、老师、同行、学生、家长等的支持。领导、同行、学生、家长和老师共同搭建实验的舞台，这是科研成功的基础。一个成功的课题研究，离不开大家的支持。课题研究需要一个研讨的氛围，需要理论、经验、实践的指导……因此，我们在做课题的时候要主动地把课题研究中遇到的困难与科研室的老师、同组的老师，甚至是不同学科的老师去交流、沟通，尽可能得到别人的帮助和支持。这样对搞课题研究帮助很大。

我们教师专业成长的需要、解决实际问题的需要，有助于养成我们严谨的工作作风，能够更加科学化、系统化地进行教学管理等。我们应该学会将经验与研究相结合，“学思相长”。

本文执笔：上海市彭浦初级中学　洪颖馨

图书在版编目（CIP）数据

中小学职初心理教师百问百答 / 周瑾，李正刚，秦蓁主编 . -- 上海 : 文汇出版社 , 2021.1

ISBN 978-7-5496-3413-2

Ⅰ . ①中… Ⅱ . ①周… ②李… ③秦… Ⅲ . ①中小学－心理健康－健康教育－问题解答 Ⅳ . ① G444-44

中国版本图书馆 CIP 数据核字 (2020) 第 272027 号

中小学职初心理教师百问百答

主　　编 / 周瑾　李正刚　秦蓁
责任编辑 / 徐曙蕾
封面装帧 / 王　川

出版发行 / **文匯**出版社
上海市威海路 755 号
（邮政编码 200041）
经　　销 / 全国新华书店
印刷装订 / 上海普顺印刷包装有限公司
版　　次 / 2021 年 1 月第 1 版
印　　次 / 2021 年 1 月第 1 次印刷
开　　本 / 720×1000　1/16
字　　数 / 300 千字
印　　张 / 19

ISBN 978-7-5496-3413-2
定　　价 / 58.00 元